## WARUM ES UNS NOCH NIE SO GUT GING

Martin Schröder

# Warum es uns noch nie so gut ging
und wir trotzdem ständig von Krisen reden

Sämtliche Angaben in diesem Werk erfolgen trotz sorgfältiger Bearbeitung ohne Gewähr. Eine Haftung der Autoren bzw. Herausgeber und des Verlages ist ausgeschlossen.

© 2018 Benevento Verlag bei Benevento Publishing Salzburg–München, eine Marke der Red Bull Media House GmbH, Wals bei Salzburg

Alle Rechte vorbehalten, insbesondere das des öffentlichen Vortrags, der Übertragung durch Rundfunk und Fernsehen sowie der Übersetzung, auch einzelner Teile. Kein Teil des Werkes darf in irgendeiner Form (durch Fotografie, Mikrofilm oder andere Verfahren) ohne schriftliche Genehmigung des Verlages reproduziert oder unter Verwendung elektronischer Systeme verarbeitet, vervielfältigt oder verbreitet werden.

Medieninhaber, Verleger und Herausgeber:
Red Bull Media House GmbH
Oberst-Lepperdinger-Straße 11–15
5071 Wals bei Salzburg, Österreich

Redaktion: Jonas Wegerer, Freiburg
Satz: MEDIA DESIGN: RIZNER.AT
Gesetzt aus der Minion, Trade Gothic
Umschlaggestaltung: Büro Jorge Schmidt, München
Umschlagabbildung: Jörg Greuel
Printed in Slovakia

ISBN 978-3-7109-0058-7

# Inhalt

Warum wir Pessimisten zuhören,
obwohl Optimisten recht behalten     7

**TEIL 1**
**Geht unser Land den Bach runter? – Lebensqualität
und Zufriedenheit in Deutschland**     33

| | |
|---|---|
| Steigt unser Wohlstand? | 40 |
| Sind wir zufrieden mit unserem Einkommen? | 61 |
| Was kann man gegen Ungleichheit tun? | 64 |
| Machen wir unsere Umwelt kaputt? | 67 |
| Bedroht uns der Terrorismus? | 72 |
| Müssen wir Angst vor Kriminalität haben? | 76 |
| Können wir all die Einwanderer verkraften? | 83 |
| Wird die Gesellschaft kälter? | 90 |
| Sind wir zufrieden? | 100 |

**TEIL 2**
**Versinkt der Planet im Chaos? – Lebensqualität
und Zufriedenheit im Rest der Welt**     105

| | |
|---|---|
| Geht unser Wohlstand auf Kosten anderer? | 105 |
| Geht unser Wohlstand auf Kosten der Natur? | 134 |
| Gibt es weltweit immer mehr Gewalt? | 145 |
| Ist die Demokratie auf dem Rückzug? | 160 |
| Wird die Welt dümmer? | 167 |
| Wird die Welt unglücklicher? | 173 |

Warum wir die Welt nur besser machen können,
wenn wir sie sehen, wie sie wirklich ist     181

Anmerkungen     198

## Warum wir Pessimisten zuhören, obwohl Optimisten recht behalten

Wenn Sie zu einem beliebigen Zeitpunkt der Menschheitsgeschichte geboren werden könnten, welcher wäre Ihnen am liebsten?

Fast alle empirischen Daten zeigen, dass die beste Antwort zugleich die überraschendste ist: Heute! Noch nie hat ein so großer Anteil der Menschheit ein so langes, sicheres und zufriedenes Leben geführt wie heute. Noch nie lief so wenig schief auf der Welt. Krieg in Syrien, Hunger in Afrika, zunehmende Ungleichheit in eigentlich reichen Ländern: All das lässt solch eine Aussage bestenfalls ignorant oder zynisch, schlimmstenfalls unanständig wirken. Doch das ändert nichts an den Fakten: Ich werde in diesem Buch mit Dutzenden objektiven Indikatoren dokumentieren, dass noch nie ein so großer Anteil der Menschheit in Wohlstand und Frieden gelebt hat. Ich werde mit repräsentativen Daten zeigen, dass noch nie so viele Menschen so zufrieden mit ihrem Leben waren, dass noch nie ein höherer Anteil an Ländern demokratisch war, und sogar, dass die Menschen noch nie so intelligent waren. Deutschland ist bei alledem keine Ausnahme. Schaut man sich an, wie lange, gesund, sicher, zufrieden und wohlhabend Deutsche durchschnittlich leben, findet man kaum einen Indikator, der nicht eine Verbesserung anzeigt. Das heißt nicht, dass alles gut ist, aber es heißt, dass das meiste, was Menschen im Leben wichtig ist, heute viel besser ist, als es in der Vergangenheit war. Doch ich werde hier ebenfalls zeigen, wie diese Tatsache von kaum einem wahrgenommen und wie sie von einigen sogar verschwiegen wird. Wir sprechen ständig von Krisen, obwohl es uns noch nie so gut ging. Wir schätzen die Lage der Welt negativer ein, als es objektiv zu rechtfertigen ist.

Über die Hälfte der Deutschen meinen, dass die Welt schlechter wird. Aber 99,5 Prozent aller Deutschen unterschätzen gleichzeitig den realen Rückgang weltweiter Armut.[1] Damit wissen die Deutschen zwar nicht weniger über die Welt als Briten, Franzosen oder Amerikaner. Doch im Vergleich mit Schimpansen müssen sie sich geschlagen geben. Immer wieder hat der Forscher Hans Rosling Menschen gebeten, zwischen drei Antwortmöglichkeiten zum Zustand der Welt zu wählen. Die Schimpansen hätten, so will es die Wahrscheinlichkeit, jedes dritte Mal die richtige Antwort gewählt. Doch nicht einem Drittel, sondern lediglich 9 Prozent der Deutschen ist klar, dass 60 Prozent aller Mädchen in Ländern mit niedrigem Einkommen mittlerweile die Grundschule absolvieren; nur 6 Prozent ahnen, das heute weniger als halb so viele Menschen bei Naturkatastrophen sterben wie vor 100 Jahren und 80 Prozent aller Einjährigen geimpft werden. Die Deutschen sind mit ihren pessimistischen Einschätzungen keine Ausnahme. In allen getesteten Ländern stimmt eine Mehrheit der Aussage zu, dass die Welt schlechter wird. 80 Prozent der Befragten können die Fortschritte der Welt jedoch schlechter einschätzen als Schimpansen, weil sie die realen weltweiten Verbesserungen nicht kennen. Kein Wunder, dass Demoskopen von einem Zusammenbruch des Zukunftsoptimismus sprechen.[2]

Dabei geht es gar nicht um bloßen Optimismus; ich selbst bin kein besonders optimistischer Mensch. Und es geht auch nicht darum, die Welt positiv zu sehen, obwohl sie schlecht ist. Es geht vielmehr darum, sich klarzumachen, dass die Welt anhand messbarer Fakten weitaus besser ist, als wir gemeinhin denken. Es geht nicht um Optimismus, sondern um Realismus. Denn derzeit sind wir pessimistischer, als die Daten es hergeben, und damit messbar dümmer als Schimpansen. Das hat nichts mit Bildung zu tun. Bei den Tests über den Zustand der Welt schneiden viele »Universitätsprofessoren, bedeutende Wissenschaftler, Investmentbanker, Manager von Weltkonzernen, Journalisten, Aktivisten und sogar führende politische Entscheidungsträger [...] sogar schlechter ab als der Durchschnitt der Bevölkerung, einige der schlechtesten Ergebnisse überhaupt kamen von einer Gruppe von Nobelpreisträgern.«[3] Doch wie kann es sein, dass Menschen Nobelpreise gewinnen, aber die Welt ungenauer beurteilen als ihre auf Bäumen lebenden Artverwandten?

## Drei Wahrnehmungsfehler machen uns zu Pessimisten

Drei psychologische Fehler lassen uns die Welt negativer sehen, als sie ist, weil sie unsere Wahrnehmung verzerren. Der erste Wahrnehmungsfehler ist der sogenannte »rosa Blick« auf die Vergangenheit – und ja, er heißt in der Wissenschaft tatsächlich so. Psychologische Experimente zeigen, dass wir die Vergangenheit durch eine rosarote Brille betrachten, selbst wenn sie uns auf die Nerven ging, als sie noch Gegenwart war.[4] Denken Sie einmal an Ihre Fotoalben. Diese enthalten fast nie traurige Szenen. Ähnlich funktioniert unser Gehirn. Wir bewahren traurige Erinnerungen kaum auf.[5] Das ist schön für die Vergangenheit; doch mit diesem rosa Blick kann die Gegenwart nicht mithalten. Wir schwelgen in Nostalgie, obwohl es uns heute objektiv besser geht.

Der zweite Wahrnehmungsfehler ist der sogenannte Negativitätsbias. Dutzende psychologische Studien zeigen, dass uns negative Signale stärker beeinflussen als positive. Wenn Sie ein Problem haben, denken Sie die ganze Zeit daran. Ist es gelöst, freuen Sie sich allerdings nicht in dem Maße, in dem es Sie vorher belastet hat, sondern vergessen es einfach. Der Anblick einer einzigen Kakerlake kann Ihnen Ihr Lieblingsessen vermiesen. Aber egal wie viele Lieblingsgerichte auch aufgetürmt werden, die eine Kakerlake wird dadurch nicht weniger eklig. Selbst die faktisch selbe Information können Sie sich besser merken, wenn sie negativ verpackt ist: 80 Prozent aller Ehen überdauern die ersten zehn Jahre (positiv), 20 Prozent aller Ehen werden in den ersten zehn Jahren geschieden (negativ). Typischerweise können Menschen sich die zweite, negative Formulierung besser merken, weil schlechte Nachrichten ihre Aufmerksamkeitsfilter leichter passieren.[6] Das war früher durchaus sinnvoll. Wer Gefahren übersah, konnte im nächsten Moment tot sein. Wer Positives übersah, hatte höchstens schlechte Laune. Noch heute kann ein Negativitätsbias sinnvoll sein. Denn ohne ihn würde man sich nicht mehr auf wichtige Probleme konzentrieren, sondern lediglich in Freude über das bisher Erreichte schwelgen.

Doch was früher einfach sinnvoll war, ist heute zum Spielfeld einer regelrechten Katastrophenlobby geworden, die mit unserer Angst Geld verdient. Zwar sind wir aufgrund unseres Negativitätsbias von schlechten Nachrichten angezogen wie Motten vom Licht. Doch moderne Medien stellen uns gerne Flutlichtstrahler auf. Denn sie bedienen den – neben der rosaroten Vergangenheitsbrille und dem Negativitätsbias – dritten großen Wahrnehmungsfehler, den Verfügbarkeitsbias. Dieser Denkfehler sorgt dafür, dass wir das Eintreten eines Ereignisses für umso wahrscheinlicher halten, je leichter wir uns an ein ähnliches Ereignis erinnern können. Auch das ist prinzipiell sinnvoll: Was wir öfter wahrnehmen, ist während 99 Prozent der Menschheitsgeschichte auch öfter passiert.[7] Doch moderne Medien tricksen diesen Verfügbarkeitsbias aus. Sie können das an sich selbst beobachten: Haben Sie einen Horrorfilm gesehen, erscheint der Flur plötzlich bedrohlich, der gestern noch langweilig wirkte. Haben Sie *Der weiße Hai* gesehen, wirkt der Strand gefährlich, an dem Sie gestern noch seelenruhig badeten. Experimente zeigen, dass Sie aufgrund dieses Verfügbarkeitsbias heute einen Krieg für wahrscheinlicher halten, wenn Sie gestern einen Facebook-Post über einen Krieg gesehen haben. Dabei ist es egal, ob Ihnen diese Information glaubhaft erscheint.[8] Denn ob wir wollen oder nicht, unser Gehirn ersetzt komplizierte Fragen wie »Werden Kriege häufiger?« durch einfache Fragen wie »Habe ich in letzter Zeit etwas über Kriege gehört?«. Und selbst wenn Kriege seltener werden, können Medien mehr darüber berichten, schließlich sehen Journalisten es als ihre Aufgabe an, über das zu berichten, was Menschen nicht sowieso schon erwarten. Und je seltener Kriege, Hungersnöte oder Flugzeugabstürze sind, umso berichtenswerter wird deswegen jeder einzelne. Tatsächlich kann man von keinem Journalisten, dass er berichtet, wie kein Krieg ausgebrochen, keine Hungersnot entstanden, kein Flugzeug abgestürzt und kein Atomkraftwerk explodiert ist. Zudem berichten Journalisten am Dienstag oft nur darüber, was am Montag passiert ist, statt die letzten 10, 20, 50 oder 100 Jahre zusammenzufassen. Und sie unterliegen »denselben Megatrugschlüssen wie jeder andere auch«[9] über den Zustand der Welt, sodass sie uns ebenfalls nicht darüber aufklären können, ob die Welt besser oder schlechter wird.

Doch wenn uns niemand informiert, inwiefern die Welt langfristig besser oder schlechter wird, können wir auch nicht beurteilen, ob wir uns heute in Alarmstimmung befinden sollten. Wir sind äußerst bestürzt, wenn 14 Menschen bei einem Terroranschlag in Berlin umkommen. Denn zum Glück sind wir an Terroranschläge nicht mehr gewöhnt. Und so setzen wir diese Nachricht nicht in Relation zu den 30 000 Toten, die an jedem durchschnittlichen Tag des Zweiten Weltkriegs starben und damit damals einen niedrigeren Nachrichtenwert hatten als die Nachricht vom Berliner Anschlag heute. Um zu erklären, warum in einem verheerenden Krieg 30 000 Kriegstote zur medialen Normalität werden, während uns in einer relativ friedlichen Welt 14 Terrortote schrecken, lohnt ein Blick auf das Weber-Fechner-Gesetz. Es besagt, dass wir Steigerungen nur relativ zum vorherigen Niveau wahrnehmen. Einem Gewicht von 50 Gramm merken wir an, wenn es nur um ein Gramm schwerer wird. Doch ein Gewicht von 5 Kilogramm muss mindestens 100 Gramm schwerer werden, damit wir einen Unterschied bemerken. Genauso nehmen wir in einer furchtbaren Welt nur eine gigantische Zunahme an Schrecken wahr, während wir heute, in einer objektiv vergleichsweise sicheren Zeit, hypersensibel gegenüber Problemen werden.[10]

Da wir schneller sensibler werden, als die Welt besser werden kann, denken wir, dass die Welt schlechter wird, einfach weil wir nicht merken, dass unsere Ansprüche steigen. In diesem Buch werden Sie sehen, dass Deutsche heute mehr Zeit mit ihren Kindern verbringen und gleichzeitig mehr Angst haben, sie zu vernachlässigen. Sie werden sehen, wie der weltweite Hunger abnimmt, während wir zugleich schockiert über Armut sind. Und Sie werden sehen, wie weniger Menschen an Gewalt sterben, während wir zunehmend Angst vor Krieg, Terrorismus und Kriminalität haben. Für sich genommen sind höhere Ansprüche begrüßenswert, schließlich ist jedes Kind ohne elterliche Zuwendung, jeder Mensch in Armut und jeder gewaltsame Tod einer zu viel. Doch wir dürfen unsere gestiegene Sensibilität für Unglück nicht mit einem Anstieg des Unglücks selbst verwechseln. Und da wir zunehmend erwarten, dass Flugzeuge sicher landen, Städte nicht in Flammen aufgehen und Menschen nicht umgebracht werden, Medien aber nur mitteilen, wenn das Gegenteil passiert, verschärft sich der Widerspruch zwischen der medial erfahrenen Wirklichkeit und den gestiegenen Ansprüchen an die Welt. Es geht nicht darum, reales Unglück zu beschönigen. Ich bin empirischer Sozialforscher und werde die Daten zeigen, wie sie sind, egal ob positiv oder negativ. Und natürlich ist es furchtbar, dass überhaupt noch Menschen im Krieg sterben oder Hunger leiden. Aber sollten wir nicht genau deswegen erfahren, ob dies heute seltener passiert? Genau das zeigt dieses Buch, sodass Sie sich selbst einen Eindruck vom Zustand der Welt machen können.

Einen realistischen Eindruck von der Welt verhindern nicht nur unsere eigenen Wahrnehmungsfehler, sondern auch eine regelrechte Katastrophenlobby. Das ist kein echter Lobbyverein. Vielmehr kann man Intellektuelle so nennen, die hauptberuflich Theorien darüber entwerfen, wie schlecht unser Leben ist. Die Einstellung vieler Soziologen, Politikwissenschaftler und Philosophen lässt sich mit einem Spruch zusammenfassen, der dem Ökonomen John Kenneth Galbraith zugeschrieben wird: »Wir sind uns alle einig, dass Pessimismus ein Anzeichen überlegenen Intellekts ist.« Viele Intellektuelle gefallen sich in der Pose des überlegenen Warners, der sich als Gegengewicht zur dekadenten Gesellschaft fühlen kann, indem er normalen Menschen klarmacht, wie sie bloß »Werkzeug mächtiger Kräfte wie Industrieunternehmen und Militärdiktatoren« seien.[11] Ein in dieser Hinsicht fast schon komisches Beispiel ist der Philosoph John Gray, der den Glauben an Fortschritt für einen gefährlichen, quasi-religiösen Kult hält, der die Menschheit daran hindert, ihre katastrophale Lage wahrzunehmen.[12] Ich werde seine Vorhersagen und die anderer Intellektueller mit empirischen Daten konfrontieren, wobei sich immer wieder zeigen wird, wie unglaublich wenig sie mit der Realität zu tun haben.

John Gray ist keine Ausnahme. Schlagen Sie das Feuilleton einer beliebigen Zeitung auf. Sie werden von der Meinung überwältigt, dass unsere Welt den Bach runtergeht (und wir abgebrühten Intellektuellen haben es schon immer gewusst). Sie werden diese Meinung allerdings häufiger von Theaterintendanten, Schriftstellern und Philosophen hören als von Epidemiologen, Demografen oder anderen empirisch arbeitenden Forschern. Denn die tatsächlichen Daten geben eher Anlass zu der genau gegenteiligen Meinung. Auch aus diesem Grund vermeiden die großen Kulturkritiker eine Auseinandersetzung mit repräsentativen empirischen Daten, die messen, wie sich die Lebensqualität über die Zeit tatsächlich verändert hat. Bisher waren solche Daten auch sehr rar. Die meisten von mir genutzten Datenbanken gibt es erst seit 10 oder 20 Jahren.

Weil man ihnen bisher nicht mit Daten widersprechen konnte, bestimmten Pessimisten die Schlagzeilen, obwohl Optimisten langfristig immer wieder recht behielten. Das hat der Menschheit die letzten 200 Jahre verhagelt. Denn immer wieder reagierte sie mit radikalen Mitteln auf die Vorhersagen der schrillsten Untergangspropheten. Doch diese radikalen Reaktionen wuchsen sich selbst zu einigen der größten Katastrophen des 20. Jahrhunderts aus. Lassen Sie mich dies mit ein paar Beispielen aus der desaströsen Wirkungsgeschichte des Pessimismus illustrieren.

## Wie die Katastrophenlobby uns immer wieder in die Irre führte

Seit Anfang des 19. Jahrhunderts hat sich die weltweite Lebenserwartung ungefähr verdoppelt, der durchschnittliche Lebensstandard hat sich sogar verzwanzigfacht. Legt man diese Maßstäbe zugrunde, verbesserte sich die Lebensqualität seit Anfang des 19. Jahrhunderts stärker als in der gesamten vorherigen Menschheitsgeschichte. Man könnte meinen, Menschen waren guter Stimmung, als das anfing. Doch weit gefehlt. Vielmehr schrieb der Philosoph Arthur Schopenhauer, dass Optimismus ihm »nicht bloß als eine absurde, sondern auch als eine wahrhaft ruchlose Denkungsart erscheint, als ein bitterer Hohn über die namenlosen Leiden der Menschheit.« Wäre die Welt »noch ein wenig schlechter, so könnte sie schon nicht mehr bestehen«.[13] Doch als Schopenhauer dachte, der Regler sei schon voll aufgedreht, hatte der Cheflobbyist der Katastrophenlobby sich noch gar nicht zu Wort gemeldet. Karl Marx predigte die unvermeidliche Verarmung der Arbeiterklasse. Diese führe zu einem »mehr oder minder versteckten Bürgerkrieg innerhalb der bestehenden Gesellschaft bis zu dem Punkt, wo er in eine offene Revolution ausbricht und durch den gewaltsamen Sturz der Bourgeoisie das Proletariat seine Herrschaft begründet«. Marx war sich sicher, dass die Ziele der Arbeiterklasse »nur erreicht werden können durch den gewaltsamen Umsturz aller bisherigen Gesellschaftsordnung«.[14]

Die gewaltsamen Umstürze, die »die unvermeidliche Verarmung« beenden sollten, kosteten Millionen von Menschen in kommunistischen Ländern das Leben.[15] Viele Länder, die auf eine gewaltsame Revolution verzichteten, erlebten, wie wir sehen werden, langfristig eine ganz andere Revolution: den revolutionären Anstieg des materiellen Lebensstandards. Hätten die Pessimisten des 19. Jahrhunderts nachgemessen, wie sich der Lebensstandard normaler Menschen verbessert, hätten sie gemerkt, dass sie den Kapitalismus zwar zähmen, aber nicht abschaffen müssen. Millionen Menschen hätten dann an der Verbesserung des Lebensstandards der kapitalistischen Länder teilhaben können. Es ist verrückt: Nicht das, wovor Marx die Menschheit warnte, wurde schlussendlich zum Problem. Zum Problem wurde vielmehr, dass Länder die radikalen Schlussfolgerungen dieses Untergangspropheten tatsächlich umsetzten. Und das ist immer wieder passiert: Weil die Menschheit auf Pessimisten hörte, geschahen einige der schlimmsten Katastrophen.

Denn bevor jemand auf die Idee kam, die nächste Warnung vor dem totalen Zusammenbruch mit etwas mehr Besonnenheit zu betrachten, hatten sich die Untergangspropheten eine neue Katastrophe ausgedacht. Ende des 19. Jahrhunderts hatten Schriften wie *Entartung* des Arztes Max Nordau »in weiten Kreisen die Meinung verbreitet, das industrialisierte Europa sei von einer Welle der Degeneration erfaßt worden, die eine Reihe von krankhaften Störungen mit sich gebracht habe – Armut, Alkoholismus, moralische Perversion, politische Gewalt und so weiter«. Dadurch hatte um die Jahrhundertwende »ein großer Teil der Intellektuellen das Vertrauen in die Selbsterneuerungskräfte der westlichen Zivilisation verloren«. Das soziale Gefüge der modernen Gesellschaft schien die Menschen nicht mehr zu schützen und für Sicherheit zu sorgen. Vielmehr wurde durch die »komplizierten Mechanismen der Zivilisation […] eine Wende zum Schlechteren« erwartet, gar der »Abstieg in ein Chaos, das schrecklicher sein werde als jede vorzivilisatorische Wildheit«.[16]

Aus solchen Untergangsfantasien entstand Anfang des 20. Jahrhunderts die nächste Idee, diesmal gleich: *Der Untergang des Abendlandes*. So hieß der Bestseller von Oswald Spengler, der genau dies vorhersagte. Der Untergang war – wie schon bei Marx – unvermeidlich und wissenschaftlich bewiesen. Spengler versprach, »das ganze Phänomen der historischen Menschheit wie mit dem Auge eines Gottes zu überblicken«. Das hört sich erst mal prima an, schließlich ist die Perspektive der Götter in der menschlichen Literatur naturgemäß rar gesät. Doch Spengler war ein ziemlich ängstlicher Gott; über sein eigenes Leben schrieb er, es gebe »ein Gefühl, das alles, alles beherrscht hat: Angst. Angst vor der Zukunft, Angst vor Verwandten, Angst vor Menschen, vor Schlaf, vor Behörden, v. Gewitter, v. Krieg, Angst, Angst.« Wer meint, mit dem Auge eines Gottes die Menschheitsgeschichte zu überblicken, und gleichzeitig Angst vor allem hat, der sollte vielleicht nicht die Zukunft der Menschheit vorhersagen, sondern sich lieber um einen Termin beim Psychologen bemühen. Doch erneut bekam der größte Pessimist die größte Aufmerksamkeit. Und in Bezug auf Pessimismus ließ Spengler nichts zu wünschen übrig. Er orakelte, Europäer und Nordamerikaner würden nach Zusammenbrüchen und Kriegen kulturlose »Fellachen« – einfache Ackerbauern. Hinzu kam sein Antisemitismus:»Vernichtend wirkt das Judentum, wo es auch eingreift«, weil es Deutschland als »Wirtsvolk betrachtet«.[17] Spenglers apokalyptische Thesen beruhten auf keinerlei messbaren Daten, sondern ausschließlich auf seiner gottgleichen Beobachtung, dass Weltreiche irgendwann untergehen.

Wie er zu seinen Voraussagen kam, bleibt unklar. Klar ist jedoch, dass durch Spengler »die Rede vom Ende der westlichen Zivilisation so natürlich geworden [war] wie das Atmen. Daß der moderne Westen zum Untergang verurteilt war, bezweifelte niemand. Umstritten war nur die Frage, warum.«[18] Mitte der 1930er Jahre trieb es Martin Heidegger auf die Spitze, als dieser sogar eine Krise des Seins an sich diagnostizierte:»Der geistige Verfall der Erde ist so weit fortgeschritten, daß die Völker die letzte geistige Kraft zu verlieren drohen, die es ermöglicht, den [...] Verfall auch nur zu sehen und als solchen abzuschätzen. [D]ie Verdüsterung der Welt, die Flucht der Götter, die Zerstörung der Erde, die Vermassung des Menschen, der hassende Verdacht gegen alles Schöpferische und Freie hat auf der ganzen Erde bereits ein Ausmaß erreicht, daß so kindische Kategorien wie Pessimismus und Optimismus längst lächerlich geworden sind.«[19] Zu diesen absurden Diagnosen kam auch noch die falsche Therapie. Denn viele Menschen erklärten sich den vermeintlichen Untergang durch die vermeintliche Verunreinigung des Blutes nordischer Rassen und griffen wieder einmal zu radikalen Mitteln. Dass in den Vereinigten Staaten und vielen skandinavischen Ländern die Sterilisation von Menschen mit Behinderung salonfähig wurde, war noch harmlos im Vergleich mit der industriellen Vernichtung der Juden und anderer Menschengruppen in Deutschland; doch die Angst vor dem Untergang des Abendlandes rechtfertigte alles. Der Historiker Arthur Herman beschreibt, wie »die Furcht vor Degeneration und die Forderung nach staatlichen Lösungen fortschrittliche Praktiker in die Arme derer trieb, die bereit waren, alle Mittel des Staates aufzubieten, um die Zivilisation zu ›retten‹ – koste es, was es wolle«.[20]

Hätte man stattdessen einfach in Ruhe nachgemessen, hätte man gemerkt, dass nichts von dem stimmte, was Spengler schrieb. Selbst wer die kruden Thesen einer Unterwanderung höherwertiger Rassen glauben wollte, hätte bemerken können, dass Daten sie nicht belegen. Doch bevor irgendwer irgendetwas messen konnte, war das Unglück schon geschehen. Der Untergang eines ganz erheblichen Teils des Abendlandes hat nicht stattgefunden, weil die schrillsten Warner recht hatten, sondern ganz im Gegenteil, weil genug Menschen auf sie gehört und radikale Lösungen für Probleme, die es gar nicht gab, abgeleitet hatten.

Das hinderte die jedoch weder Untergangspropheten daran, das nächste Katastrophenszenario aus dem Ärmel zu schütteln, noch alle anderen, wieder zuzuhören. Als Nächstes war nicht mehr die zunehmende Verelendung, sondern der zunehmende Wohlstand der Menschen das Problem. Der wachsende Konsum der Massengesellschaft, so wurde jetzt erklärt, zerstöre die natürlichen Lebensgrundlagen. Mit diesem Argument wollte die nächste Generation der Katastrophenlobby der Menschheit weismachen, dass sie am Ende sei.

Rachel Carson versetzte 1962 mit ihrem Buch *Der stumme Frühling* eine ganze Generation in Angst und Schrecken. Das Buch begann mit der Schilderung einer »Stadt im Herzen Amerikas, in der alle Geschöpfe in Harmonie mit ihrer Umwelt zu leben schienen. [...] Dann tauchte überall in der Gegend eine seltsame schleichende Seuche auf, und unter ihrem Pesthauch begann sich alles zu verwandeln. Irgendein böser Zauberbann war über die Siedlung verhängt worden. [...] Einige Menschen waren plötzlich und unerklärlicherweise gestorben, nicht nur Erwachsene, sondern sogar Kinder, die mitten im Spiel jäh von Übelkeit befallen wurden und binnen weniger Stunden starben. Es herrschte eine ungewöhnliche Stille. Wohin waren die Vögel verschwunden?«[21]

Was war das für ein schauriges Szenario? Carsons meinte, mit DDT und anderen Pestiziden würde die Menschheit die Tierwelt ausrotten, und sich selbst gleich mit. Für die Entdeckung von DDT war 1948 der Medizin-Nobelpreis vergeben worden. Denn das Pestizid bringt schädliche Insekten zur Strecke. Die amerikanische National Academy of Sciences meinte noch 1970: »Nur wenigen Chemikalien verdankt die Menschheit so viel wie DDT. Es hat nicht nur die landwirtschaftliche Produktivität erhöht, sondern auch unzählbare Menschenleben vor Krankheiten wie Typhus und Malaria gerettet. Es wird geschätzt, dass DDT in den letzten zwei Jahrzehnten 500 Millionen Menschenleben gerettet hat, die ansonsten durch Malaria umgekommen wären.«[22] Carson aber meinte, dass sich in Menschen mittlerweile 5 bis 648 Teile DDT pro Million Teilchen Körpermasse eingelagert hätten, wobei »3 Teile pro Million ein lebensnotwendiges

Enzym im Herzmuskel hemmen; nur 5 Teile pro Million haben Nekrose, das heißt: Zersetzung von Leberzellen verursacht.« Menschen hätten demnach bis zu 130-mal mehr DDT akkumuliert, als zur Zersetzung ihrer Leberzellen nötig wäre. Jeder vierte Mensch, prophezeite Carson deswegen, werde den Pestizidtod sterben.[23] Um zu solchen Zahlen zu kommen, hatte sie wissenschaftliche Quellen falsch und sogar manipulativ genutzt.[24] Immerhin wurde zur Abwechslung einmal nicht gefordert, irgendwen umzubringen. Und was konnte schon dagegensprechen, ein Pestizid zu verbieten?

Eine ganze Menge. Denn nachdem tatsächlich immer mehr Länder DDT verboten hatten, fehlte ihnen die wirkungsvollste Waffe gegen Insektenplagen. Mit den Insekten kehrten Missernten, Hungersnöte und Malaria in Gebiete zurück, aus denen sie verschwunden waren. Schätzungen gehen von jährlich 1 bis 2,5 Millionen Malariatoten aufgrund des DDT-Verbots aus.[25] Nichts hätte dagegengesprochen, rational zu überlegen, unter welchen Umständen DDT mehr Schaden als Nutzen anrichtet. Nicht einmal Carson selbst forderte ein sofortiges Verbot. Wieder einmal war nicht die Warnung an sich das Problem. Doch weil die Warnung zu panikartigen Verboten führte, mussten abermals Menschen sterben.[26]

Die Brüder William und Paul Paddock nutzten nun die – auch durch das DDT-Verbot – entstandenen Missernten und Hungersnöte, um die nächste Panikwelle zu verbreiten. In ihrem Bestseller *Famine, 1975! America's Decision: Who will survive?* verkündeten sie, »katastrophale Hungersnöte« in Asien, Afrika und Lateinamerika seien »unvermeidlich.« Bald werden dort Anarchie, Militärdiktatur, Inflation und Chaos herrschen, weil Millionen Menschen verhungern. Deswegen müsse man jetzt aufhören, Ländern wie Ägypten oder Indien zu helfen. Dies sei so sinnlos, wie »Sand ins Meer zu werfen«. Würde man die hoffnungslosen Länder verhungern lassen, könne man sich auf die wenigen übrigen Fälle konzentrieren.[27] Der Biologe Paul Ehrlich stimmte in seinem Verkaufsschlager *The Population Bomb* zu:

»Der Kampf, alle Menschen zu ernähren, ist vorbei. In den 1970er Jahren werden Hunderte Millionen Menschen verhungern. Zu diesem späten Zeitpunkt gibt es nichts mehr, was eine substanzielle Erhöhung der Sterberate in der Welt verhindern kann.« Er sei zwar »versucht, den Leser mit Statistiken zu beeindrucken«, doch das wolle er ihm »ersparen«.[28] Stattdessen erzählte er lieber von hungernden Kindern, die man nun sterben lassen muss, da die Nahrungsmittel nicht reichen.

Zwar war den Paddock-Brüdern und Ehrlich damit alle Aufmerksamkeit sicher. Doch zum Glück hörte die Weltgemeinschaft diesmal nicht auf die Untergangspropheten. Denn abermals verkehrte sich die vermeintlich besiegelte Katastrophe in ihr genaues Gegenteil. Als die Paddocks und Ehrlich ihre Bücher veröffentlichten, hungerten circa 40 Prozent der Menschheit. Heute sind es noch 13 Prozent. Damals bekam jede Frau noch durchschnittlich 5 Kinder. Heute sind es weniger als 2,5. Doch auch das hinderte Paul Ehrlich nicht daran, 30 Jahre später noch zu orakeln: »Eine vollständige Lösung durch die Erhöhung der Sterberate kann bald über uns hereinbrechen.[29] Ich weiß nicht, wie es Ihnen geht, aber wenn ich das Wort »Lösung« höre, denke ich nicht gerade an eine »Erhöhung der Sterberate«. Neben ihrem eigenartigen Verständnis von Lösungen haben die Untergangspropheten noch etwas gemeinsam: »Bald« ist ihr Lieblingswort. Denn damit können sie den Untergang immer wieder in die Zukunft verschieben. Doch wenn jemand in einem Buch aus dem Jahr 1968 schreibt, dass eine Bevölkerungsbombe »bald« explodiert, und 2009 dasselbe schreibt, frage ich mich, wie eine Bombe 50 Jahre lang »bald« explodieren kann. Hier zeigt sich das Muster, dass Menschen immer wieder dachten, die Welt stehe vor dem Untergang, und immer wieder hätte etwas Gelassenheit gutgetan. Doch niemand lernte dazu.

Bevor irgendwer merkte, dass Ehrlichs Bevölkerungsbombe einen Zündfehler hatte, prophezeite der sogenannte Club of Rome 1972, dass die wichtigsten Rohstoffe bald aufgebraucht seien, und versetzte die Menschheit damit in die nächste Panik.[30] Angesichts der bekannten Reserven sollte 1981 das letzte Gramm Gold geschürft und 1992 der letzte Tropfen Öl gepumpt sein. Mitte der 1990er Jahre seien alle Zink-, Zinn-, Silber-, Blei,- Erdgas-, Quecksilber- und Kupferreserven verbraucht.[31] Der *Spiegel* titelte gleich vom »Ende der Menschheit«, die *Zeit* meinte: »So geht die Welt zugrunde.« Der bekannte Intellektuelle Daniel Moynihan fasste die Stimmung mit den Worten zusammen: »Nichts in der Gegenwart bringt mehr Trübsinn, als sich die Zukunft vorzustellen.«[32] Wer bisher gedacht hatte, dass man den Untergang des Abendlandes nicht mehr toppen könne, wurde nun eines Besseren belehrt, jetzt ging es gleich um den Untergang der Welt.

Tatsächlich kann man gegen die Grundidee des Club of Rome nichts einwenden. Endliche Ressourcen gehen irgendwann zu Ende. Doch bisher hat die Menschheit keine einzige Ressource aufgebraucht. Und nicht nur das. 1980 hat Paul Ehrlich eine Wette des Ökonomen Julian Simon angenommen: Ehrlich konnte sich beliebige Rohstoffe über einen beliebigen Zeitraum aussuchen. Würden diese teurer, würde er gewinnen. Würden sie billiger, würde Simon gewinnen. Ehrlich wettete, in zehn Jahren seien Kupfer, Chrom, Nickel, Zinn und Wolfram teurer. Doch teurer wurde nur der Scheck, den Ehrlich Simon ausstellen musste. Denn während die Bevölkerung schneller als in der gesamten Menschheitsgeschichte zunahm, sank der Preis jedes einzelnen Rohstoffes.[33] Bisher ist wenig vom Ende endlicher Rohstoffe zu merken. Der Ölpreis ist immer noch halb so hoch wie 1980, als Simon und Ehrlich ihre Wette abschlossen. Die Schwarzseher der Rohstoff-Generation verschieben den Zusammenbruch deswegen immer weiter in die Zukunft.

In der Tat hatte der Club of Rome 1972 den vollkommenen Zusammenbruch erst »innerhalb der nächsten 100 Jahre« prognostiziert.[34] Doch über so lange Zeiträume bricht jedes exponentiell wachsende System zusammen. Denn nicht-lineares Wachstum läuft Amok, wenn es sich selbst überlassen ist. Ein einfaches Beispiel: Stellen Sie sich vor, Sie verdoppeln einen einzigen Cent jeden Tag, einen Monat lang. Klingt, als ob dabei nicht viel rauskommt, oder? Aber am Ende des Monats sind Sie Multimillionär. Spielen Sie es einmal durch. Verdoppeln Sie einen Cent 30 Mal. Also auf 2 Cent, 4 Cent, 8 Cent, 16 Cent und so weiter. Nach 30 Verdoppelungen haben Sie über 10 Millionen Euro. Wenn man nicht-lineares Wachstum in die Zukunft fortschreibt, ist das Ergebnis abenteuerlich. Und genau deswegen kommt es meist anders als vermutet. So wurde im 18. Jahrhundert prognostiziert, Städte könnten niemals ihre heutige Größe erreichen. Denn wie sollte man die Kohle in immer mehr Häuser liefern, und wo sollten all die Pferde untergebracht werden? Ich kenne Sie zwar nicht. Aber wo Sie ihr Pferd unterbringen, ist wahrscheinlich nicht Ihr größtes Problem. Es ist deswegen selten sinnvoll, von den Beschränkungen aktueller Technologie auf die Probleme der Zukunft zu schließen. Das heißt nicht, dass man nicht auf Warnungen eingehen kann. Aber zumindest sollte man überlegen, ob diese Warnungen auf guten Daten basieren und vielleicht schlimmere Folgen haben könnten als die Katastrophen, vor denen sie uns bewahren sollen.

Doch Sie ahnen mittlerweile vielleicht, was als Nächstes passierte. Bevor jemand anmerken konnte, dass der Weltuntergang schon wieder ausgefallen war, war schon das Gerede von der nächsten Katastrophe da. Der *Spiegel* titelte 1981: »Saurer Regen über Deutschland. Der Wald stirbt.« Kurze Zeit später war ein Baby mit Atemschutzmaske auf dem Titelblatt, darunter die Schlagzeile: »Saurer Regen – Lebensgefahr für Babys«. Forstexperten warnten, in den Wäldern ticke eine »Zeitbombe«. Eine »Umweltkatastrophe von unvorstellbarem Ausmaß« stehe bevor, »die gigantischste Umweltkatastrophe, die es je gab«, das Waldsterben sei nur der »Auftakt zu einem gigantischen, globalen Vegetationssterben, das auch den Menschen nicht verschont«. Da erschien der Vergleich zu »einem ökologischen Hiroshima«, den der *Spiegel* zog, schon fast untertrieben. Professor Peter Schütt hatte gar Zweifel, »ob wir noch fünf Jahre haben«, um den Tod der großen Wälder abzuwenden. Professor Bernhard Ulrich war sich sicher: »Die ersten großen Wälder werden schon in den nächsten fünf Jahren sterben. Sie sind nicht mehr zu retten.« Es regne schon kein Wasser mehr, sondern »verdünnte Lösungen von Schwefel- und Salpetersäure«. Man solle sich auf »Krebsepidemien vor allem bei Kindern« vorbereiten. Im Jahr 2000 werde Deutschland »keine Straßenbäume mehr in den Städten« haben. Und diesmal sei wirklich kein Zweifel möglich, »allenfalls ein pathologischer Ignorant« würde übersehen, dass der Wald stirbt.[35]

Doch die pathologischen Ignoranten behielten wieder einmal recht; das Waldsterben fiel aus. Derselbe Professor Ulrich, der Anfang der 1980er Jahre meinte, große Wälder seien nicht mehr zu retten, bemerkte 1995 in einem Artikel einer Fachzeitschrift lapidar: »Die Hypothese weitverbreiteten Waldversterbens in der nahen Zukunft ist nicht durch Daten unterstützt.«[36] Dabei war das Waldsterben ein Jahrzehnt zuvor noch unvermeidbar gewesen. Es fand allerdings nicht in den Wäldern, sondern in den Köpfen statt. Denn anstatt Experten mit unterschiedlichen Meinungen zu befragen oder selbst in den Wald zu gehen, sprachen Journalisten fast ausschließlich mit den Professoren Schütt und Ulrich. Und nachdem der Mythos einmal in der Welt war, schrieben sie einfach voneinander ab: Der Mythos konnte sich halten, obwohl er mit der Realität kaum etwas zu tun hatte. 2003 wurde das Waldsterben dann offiziell für beendet erklärt.

Aber bitte nicht durchatmen. Denn eine Regel galt auch hier: Bevor der eine Untergang ausfallen konnte, stand der nächste schon vor der Tür. Noch bevor das Waldsterben abgesagt wurde, begannen die Vereinten Nationen im Jahr 1992 ihre Agenda 21 mit der Feststellung, der Hunger auf der Welt werde immer schlimmer. Spitzenpolitiker bezeichneten Rinderwahnsinn als potentielle »Katastrophe unvorstellbaren Ausmaßes«. Die Medien fragten, ob wir Monate oder nur noch Wochen haben, bis die ersten Ebola-Fälle in Deutschland bekannt werden. Und erinnert sich noch jemand an den Y2K Bug, der Computer auf der ganzen Welt lahmlegen sollte, weil diese Jahreszahlen nur zweistellig speichern? Der *Spiegel* bezeichnete ihn als »Armageddon der Generation Microsoft«. Experten in der *Zeit* äußerten angesichts des Y2K Bug nur »verhaltene Zuversicht [...], die Struktur der Gesellschaft zusammenzuhalten«.[37] Da erschien die grassierende Angst vor Arbeitslosigkeit schon fast nebensächlich.

Und was passierte? An Rinderwahnsinn sind weltweit bisher weniger als 300 Menschen gestorben, in Deutschland kein einziger. Gegen Ebola wurde ein Impfstoff entwickelt, was den Medien jedoch kaum eine Meldung wert war. Der Y2K Bug sorgte für keine einzige gravierende Störung. Und als die Vereinten Nationen meinten, der weltweite Hunger nehme zu, lebten noch 35 Prozent der Menschheit in absoluter Armut; heute sind es unter 10 Prozent. Dass die Arbeitslosigkeit im vereinten Deutschland noch nie so niedrig war wie heute, scheint angesichts der derzeitigen Horrorszenarien auch schon fast nebensächlich.

Mittlerweile würde es Sie vielleicht selbst verwundern, wenn das Fehlschlagen irgendwelcher Negativprognosen zum Innehalten der Untergangspropheten geführt hätte. Und als im neuen Jahrtausend das menschliche Genom entschlüsselt wurde, dauerte es tatsächlich nicht lange, bis der Philosoph John Gray wusste: »Wenn etwas über das gegenwärtige Jahrhundert sicher ist, dann, dass die Macht, die die Menschheit durch neue Technologien hinzugewinnt, dazu führt, dass grausame Verbrechen gegen sie begangen werden. Wird es möglich, Menschen zu klonen, so werden daraus Soldaten ohne oder mit verkümmerten Emotionen gezüchtet.«[38] Auch sollten Eltern ihre Kinder bald aus einem Katalog zusammenstellen. Tatsächlich werden heute Gentests durchgeführt, aber vor allem, um Tot- und Fehlgeburten auszuschließen.

Dann kam der Angriff auf das World Trade Center, der uns alle verständlicherweise schockte. Denn nach unseren Maßstäben starben dabei viele Menschen. Doch die Anschläge von New York forderten so viele Todesopfer wie der Zweite Weltkrieg in drei durchschnittlichen Stunden. Jeder Tote ist einer zu viel. Aber musste man gleich den Dritten Weltkrieg ausrufen? Denn aufgrund dieser aufgeheizten Stimmung begannen die USA und ihre Verbündeten Kriege in Afghanistan und Irak, die wenig bewirkten, außer einer Million Toten.[39]

Aber ist die Angst vor Terror nicht gerechtfertigt? War es nicht sinnvoll, drastische Vergleiche zu ziehen und entsprechend drastisch zu handeln? Das Gefährlichste am Terrorismus ist die Angst vor dem Terrorismus. Nach 9/11 hatten die Amerikaner solche Angst, in ein Flugzeug zu steigen, dass sie auch lange Strecken mit dem Auto fuhren. Doch pro zurückgelegtem Kilometer ist die Wahrscheinlichkeit, im Auto zu sterben, höher als im Flugzeug. Nach Hochrechnungen von Gerd Gigerenzer sind 1595 Menschen gestorben, weil sie Auto gefahren und nicht geflogen sind. Das sind 6-mal so viele, wie in den gekaperten Flugzeugen 2001 umgekommen sind.[40] Die Angst vor Terror war insofern tödlicher als der Terror selbst. Ein Deutscher muss heute über 2 Millionen Jahre leben, um auch nur eine 50-prozentige Chance zu haben, Opfer eines Terrorangriffs zu werden. Selbst im Jahr 2016, von einigen deutschen Medien »Jahr des Terrors«[41] genannt, war es über 300-mal wahrscheinlicher, bei einem banalen Haushaltsunfall umzukommen, als durch einen Terroranschlag. Wenn Sie vor etwas Angst haben wollen, fürchten Sie sich vor Ihrer Leiter.[42]

Das Muster wiederholte sich wieder und wieder: Nie sind die Szenarien der Untergangspropheten auch nur annähernd so katastrophal eingetreten, wie sie prophezeit wurden. Vielmehr hat die daraus hervorgehende negative Sicht selbst große Schäden angerichtet. Es wird Zeit, daraus zu lernen und die Welt zu betrachten, wie sie ist, anstatt wieder und wieder in kopflose Panik zu verfallen, weil wir vermuten, dass die Welt den Bach runtergeht. Ein erster Schritt wäre, nur auf die Warnungen der Katastrophenlobby einzugehen, wenn dies selbst keine Katastrophen produziert. Den Wald gäbe es wahrscheinlich auch noch, wenn Autos keine Katalysatoren bekommen hätten, aber geschadet hat es nicht. Nichts spricht dagegen, erneuerbare Energien zu erforschen, wenn der Club of Rome vor der Endlichkeit unserer Ressourcen warnt. Denn wenn sich alle Warnungen als Fehlalarm herausstellen, stehen im schlimmsten Fall ein paar mehr Solarzellen und Windräder herum. Zweitens sollten wir verlässliche Daten von den Weltuntergangspropheten fordern. Marx, Spengler, Carsons nahmen nicht für sich in Anspruch, statistisch repräsentative Daten zu haben. Und das störte auch kaum jemanden. Hätte man nachgemessen, hätte man allerdings keine langfristige Verarmung der Arbeiterklasse, keine Verunreinigung vermeintlich höherwertigen Blutes und keine verheerende Verpestung durch DDT gefunden. Das Problem ist, dass auch heute die meisten Menschen sich nicht auf Messungen verlassen, sondern auf Meinungen und Medien, deren Berichterstattung ein viel zu negatives Bild der Welt vermittelt, sodass wir – genau wie in der Vergangenheit – den Untergangspropheten auf den Leim gehen.

Um das zu illustrieren, habe ich eine Datenbank mit allen Zeitungsartikeln erstellt, die jemals in den Wochenzeitungen *Der Spiegel* und *Die Zeit* erscheinen sind.[43] Damit kann man die Berichterstattung über Krieg zu den tatsächlichen Kriegstoten in Relation setzen. Die schwarze Linie in der folgenden Grafik zeigt Ihnen, dass im Jahr 1950 noch mehr als 20 von 100 000 Menschen in Kriegen umgekommen sind (insgesamt ungefähr 600 000 Menschen). Im Jahr 2015 sind dahingegen nur noch 1,7 von 100 000 Menschen in Kriegen gestorben (insgesamt ungefähr 120 000 Todesopfer). Damit ist die Wahrscheinlichkeit, in einem Krieg umzukommen, seit 1950 um über 90 Prozent zurückgegangen. Ich weiß nicht, wie es Ihnen geht, aber ich bin fast vom Stuhl gefallen, als ich diese Zahlen zum ersten Mal gesehen habe. Dass unsere Zeit heute irgendwie nicht so schlimm ist wie jene des Zweiten Weltkriegs, war mir schon klar. Aber dass Kriege in den 1950er, 1960er, 1970er und sogar 1980er Jahren tödlicher waren als alles, was wir in den letzten 20 Jahren erlebt haben, davon hatte ich nicht die leiseste Ahnung.

### Berichterstattung »Krieg« versus reale Kriegstote[44]

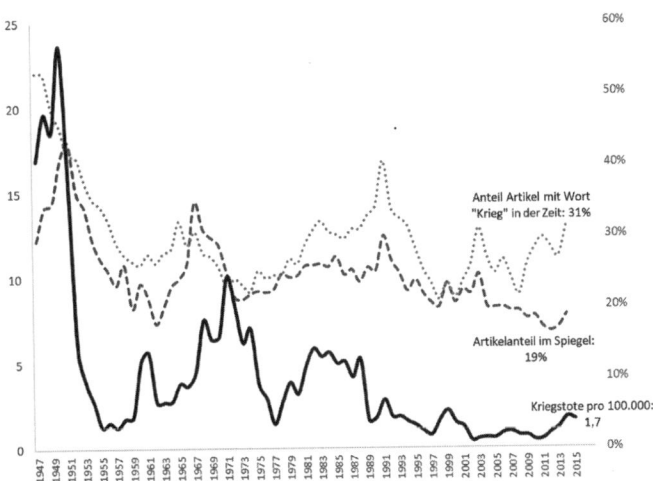

Die beiden unterbrochenen Linien zeigen jedoch, dass heute das Suchwort »Krieg« in den Artikeln der Zeit und des Spiegels kaum seltener zu finden ist als früher, obwohl de facto immer weniger Menschen in Kriegen sterben. Auch Bücher thematisieren Kriege heute genauso oft wie früher.[45] Es gibt weniger Kriegstote, aber das Thema ist so präsent wie eh und je. Jetzt stellen Sie noch in Rechnung, dass nicht mehr nur Zeitungen und Bücher über Kriege berichten, sondern auch das Fernsehen und Internet. Dann sehen Sie, wie Sie immer mehr mit einem Thema konfrontiert werden, das eigentlich immer bedeutungsloser wird. Kriege sind furchtbar. Doch dass viele Menschen in Kriegen umkommen, ist eine zunehmend nur medial erzeugte Realität. Dass überall Krieg herrscht, war noch nie so falsch wie heute. Doch durch die Medien können Sie dies nicht erkennen.

Dasselbe Muster findet man in der Berichterstattung über weltweite Armut. Zeitungen erklären, es herrsche »grassierende Armut«. Doch die verrückte Wahrheit ist: Absolute Armut ist massiv zurückgegangen. In der einen Minute, in der Sie diesen Absatz lesen, entkommen weltweit über 100 Menschen dem Hunger. Und das für immer. Die beiden gepunkteten Linien in der nächsten Grafik zeigen Ihnen, dass um 1950 noch circa drei Viertel der Menschheit in extremer Armut lebten, wohingegen 2015 nur noch ungefähr 10 Prozent der Menschheit unter der international anerkannten Armutsgrenze waren.[46] Die Definition absoluter Armut hat sich von einem Zeitraum zum anderen leicht verändert, darum finden Sie zwei Linien in der Grafik. Wichtiger ist jedoch, dass beide Linien sinken. Egal wie man absolute Armut misst, sie wird seltener.

**Berichterstattung »verhungern« und weltweite Armut**[47]

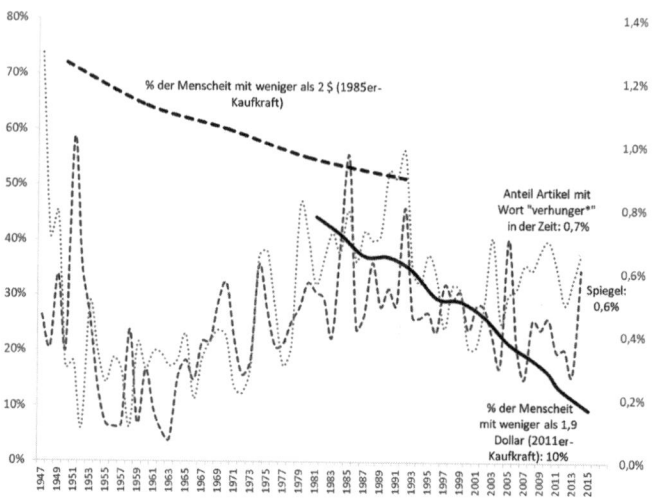

Doch während ein immer geringerer Anteil der Menschheit in Armut lebt, stellen die beiden grauen Linien dar, wie nicht weniger Artikel in *Spiegel* und *Zeit* verhungernde Menschen thematisieren. Von 1950 bis zum Jahr 2000 thematisierten durchschnittlich 0,45 Prozent aller Artikel in *Zeit* und *Spiegel* verhungernde Menschen. Von 2000 bis 2015 waren es sogar 0,49 Prozent aller Artikel.

Selbst Anfang der 1980er Jahre lebte noch fast die Hälfte der Menschheit in extremer Armut. Heute ist es nur noch ungefähr ein Zehntel der Menschheit. Natürlich ist es richtig, über Probleme zu berichten. Doch dass heute genauso viel über verhungernde Menschen berichtet wird, obwohl es viel weniger von ihnen gibt, kann möglicherweise erklären, warum nur 0,5 Prozent der Deutschen klar ist, wie stark die weltweite absolute Armut tatsächlich zurückgegangen ist. Und dieses Phänomen ist nicht auf Krieg und Armut beschränkt. Obwohl die Welt messbar besser wird, wird die Berichterstattung keineswegs positiver. Meine Messungen zeigen, dass seit Anfang der 1950er Jahre Suchworte wie »Verbesserung«, »Freundschaft« und »erfreulich« seltener in *Zeit* und *Spiegel* vorkommen; Suchworte wie »Katastrophe« und »Krise« finden sich jedoch ungefähr doppelt so oft wie früher. Und wenn das selbst bei Deutschlands besten Zeitungen so ist, wie ist es dann wohl bei den weniger guten?

Diese negative Berichterstattung hat nichts mit Fake News oder Lügen zu tun. Es geht eher darum, was die Berichterstattung aus- und weglässt. Alle sind sich einig, dass Medien über eine spektakuläre Hungersnot berichten sollten. Aber kann man von ihnen nicht verlangen, auch über den langsamen, stetigen Trend zurückgehender Armut zu berichten? Es steht außer Frage, dass Medien über einen Kriegsausbruch berichten sollten. Aber wer erzählt uns, dass Kriege heute 90 Prozent weniger Opfer fordern als vor 60 Jahren? Wir empören uns über eine Lohnlücke von 22 Prozent zwischen den Geschlechtern. Aber wer macht uns klar, dass diese Lohnlücke vor 70 Jahren noch 80 Prozent betrug, ohne dass irgendwer sich aufregte? Wir erfahren von jedem Flugzeugabsturz. Aber von wem erfahren wir, dass Fliegen in den letzten 80 Jahren 2100-mal sicherer geworden ist? Wir sind schockiert über jährlich 3000 Verkehrstote in Deutschland. Aber wer lässt uns wissen, dass noch 1970 6 Mal so viele Menschen bei Verkehrsunfällen gestorben sind? Medien berichten über die Löcher im Käse, und das ist auch gut so. Aber wer erzählt uns dann etwas über den Käse?

Der Negativitätsbias der Medien ist natürlich nicht vollkommen fehl am Platz, schließlich kann es auch nicht darum gehen, vorhandenes Unglück zu beschönigen. 10 Prozent der Menschheit in absoluter Armut sind immer noch 10 Prozent zu viel, und die Tatsache, dass viele Probleme an Dringlichkeit verlieren, ist kein Grund, die Hände in den Schoß zu legen. Tatsächlich kümmern wir uns heute um Probleme, die die Menschen vor 20 oder 50 Jahren kaum als solche verstanden, geschweige denn sich darum überhaupt gekümmert hätten. Vor 30 Jahren waren Jugendliche gestresst, weil sie in der BRD nicht wussten, ob sie bald bei einem Atomangriff umkommen, und in der DDR nicht wussten, ob der Staat sie ausspioniert. Glaubt man Jugendmagazinen wie *Bento* oder *Neon*, sind sie heute gestresst, wenn sie sich zwischen zwei Toiletten, Karriereschritten oder dem nächsten Safe Space entscheiden müssen, weil eine Mikroaggression in den Schriften Goethes oder Shakespeares sie traumatisiert hat. Viele unserer heutigen Probleme sind, verglichen mit denen der Vergangenheit, geradezu lächerlich. Und vielleicht ist das gar nicht schlecht. Dass Menschen es sich aufgrund einer friedlicheren Welt leisten können, immer sensibler gegenüber Gewalt zu werden, kann die Gesellschaft ermutigen, ihre Ziele höher zu stecken. Auf dem richtigen Weg zu sein ist schließlich kein Grund, stehen zu bleiben.

Gefährlich ist jedoch, diese höhere Sensibilität für Unglück mit einer schlechteren Welt zu verwechseln. Um das zu vermeiden, bräuchte man irgendeinen objektiven Maßstab, mit dem man nachvollziehen kann, ob die Welt schlechter wird oder ob wir sensibler werden.

Doch wenn Medien und viele Intellektuelle einen Anreiz haben, die Welt negativer zu beschreiben, als sie ist, wie können wir dann etwas über den Zustand der Welt erfahren? Wir könnten denen zuhören, die sehr leise sind. Tausende oft schüchterne, manche würden sogar sagen, lichtscheue Statistiker und Archivare haben in den letzten zwei Jahrzehnten einen unglaublichen Datenschatz zusammengestellt, der die historische Entwicklung von Wohlstand, Gewalt, Demokratie, Gesundheit und Lebenszufriedenheit erfasst. Diese Daten zeigen nicht nur Verbesserungen auf, sondern auch negative Entwicklungen. Entsprechend will ich keine einseitig positiven Daten präsentieren. Als empirischer Sozialforscher präsentiere ich Daten so offen wie möglich und möchte keine bestimmte Lesart nahelegen. Dabei ist auch wichtig, darauf hinzuweisen, dass besonders weit zurückgehende Daten zunehmend ungenau werden. Deswegen kann man nicht jede Nachkommastelle der Daten, die ich Ihnen im Folgenden präsentiere, auf die Goldwaage legen, sondern muss vor allem die Richtung der langfristigen Trends beachten. Umso verrückter ist, dass dabei trotzdem ein ziemlich klares Bild entsteht. Mit wenigen Ausnahmen ging es Menschen in Deutschland und auf der ganzen Welt noch nie so gut wie heute, und es geht ihnen zunehmend besser. Wenn Sie das anders sehen, können Sie davon ausgehen, dass Sie – mit Verlaub – immer noch verarscht werden. Wenn Sie sich nicht für alle Zeiten von der Katastrophenlobby ins Boxhorn jagen lassen wollen, dann schauen Sie sich die Daten auf den folgenden Seiten an. Dabei präsentiere ich Ihnen zuerst, wie sich das Leben in Deutschland in den letzten Jahrhunderten verändert hat, und daraufhin, wie das Leben im Rest der Welt sich verändert hat. Glücklicherweise sind diese Veränderungen so interessant und erstaunlich, dass das ziemlich unterhaltsam werden wird.

## TEIL 1

# Geht unser Land den Bach runter? – Lebensqualität und Zufriedenheit in Deutschland

Materieller Wohlstand ist ein sehr guter erster Indikator, um die Lebensqualität eines Landes zu messen, und ein sehr schlechter, wenn man es dabei belässt, schließlich ist nicht nur Geld wichtig. Deswegen werden wir uns zuerst anschauen, wer in Deutschland wie viel verdient und wie sich dies verändert hat, aber auch, wie sich Sicherheit, menschliche Wärme, die Umwelt und schlussendlich die subjektive Lebenszufriedenheit der Deutschen entwickelt haben.

Um den Lebensstandard der Deutschen einzuschätzen, bietet es sich an, diesen erst einmal mit Ihrem eigenen zu vergleichen. Erlauben Sie mir deswegen eine in Deutschland eigentlich verbotene Frage: Wie viel verdienen Sie? Überschlagen Sie für sich, wie viel Geld Sie persönlich im Monat zur Verfügung haben, egal woher dieses kommt. Nehmen Sie jedwedes regelmäßige Einkommen, also nicht nur Ihr Erwerbseinkommen, sondern auch eventuelle Einnahmen durch Miete, Rente, Arbeitslosengeld usw. Aber rechnen Sie nur mit Ihrem persönlichen Einkommen. Wenn Sie mit jemandem zusammenleben, zählt dessen Einkommen nicht. Es geht um das Geld, das Sie persönlich regelmäßig im Monat zur Verfügung haben. Haben Sie eine Zahl? Gut!

Jetzt schätzen Sie Folgendes: Wie viel Prozent aller Deutschen haben ein geringeres Einkommen als Sie? Haben Sie eine Zahl? Gut! Denn mit diesem Prozentwert ordnen Sie sich einem sogenannten Prozentrang oder Perzentil zu. Wenn Sie beispielsweise meinen, 50 Prozent aller

Deutschen haben mehr als Sie und 50 Prozent weniger, dann verorten Sie sich am 50. Perzentil, genau in der Mitte. Vielleicht halten Sie sich aber auch eher für arm und meinen, dass nur 20 Prozent der Deutschen weniger haben als Sie, dann sehen Sie sich am 20. Perzentil. Oder Sie halten sich für eher wohlhabend und meinen beispielsweise, mehr zu haben als 70 Prozent aller Deutschen, dann befinden Sie sich aus Ihrer Sicht also am 70. Perzentil – und so weiter. Schätzen Sie einfach, wie viel Prozent aller Deutschen weniger haben als Sie. Haben Sie aufgrund Ihres verfügbaren Einkommens Ihr vermutetes Perzentil? Prima!

Nun schauen Sie sich die folgende Grafik an. Diese zeigt für jedes Perzentil, wie viel Kaufkraft Menschen dort monatlich haben. Suchen Sie sich das Perzentil, das Ihrem Einkommen am nächsten kommt.[1] Wenn Sie monatlich beispielsweise 1693 Euro netto zur Verfügung haben, gehören Sie dem 53. Perzentil an und liegen damit knapp über der Mitte. Wenn Ihr Einkommen in der Nähe von 428 Euro liegt, gehören sie zum 10. Perzentil, 90 Prozent der Deutschen hätten monatlich mehr als Sie.

Und, wo stehen Sie? Überrascht? Wenn Sie Ihren Prozentrang falsch eingeschätzt haben, haben Sie auch die Einkommensverteilung in Deutschland falsch eingeschätzt. Und das machen fast alle. Genau genommen macht fast jeder denselben Fehler: Man verortet sich zu weit in der Mitte. Selbst Journalisten schreiben von einem »Mittelschichtsverdienst von 8000 Euro«.[2] Das liegt daran, dass fast jeder in seiner eigenen kleinen Blase lebt. Wer ein hohes Einkommen hat, kennt auch andere Leute mit hohem Einkommen und hält einen hohen Verdienst daher für normal.

Wer monatlich 2119 Euro ausgeben kann, gehört schon zu den obersten 30 Prozent, und wer ein Einkommen von 3283 Euro hat, zu den obersten 10 Prozent der deutschen Gesellschaft. Das bedeutet beispielsweise, dass auch eine Grundschullehrerin mit viel Erfahrung zu den wohlhabendsten 10 Prozent gezählt werden kann. Und selbst in die obersten 5 Prozent gelangt man bereits mit ungefähr 4000

Euro netto. Verstehen Sie mich nicht falsch, das ist eine Menge Geld; aber viele Menschen stellen sich die Top-5-Prozent der Verdiener als komplett abgehoben vor, als Leute, die ihren Alltag auf Jachten und Helikoptern verbringen.

**Monatlich individuell verfügbare Euro je Perzentil 2016[3]**

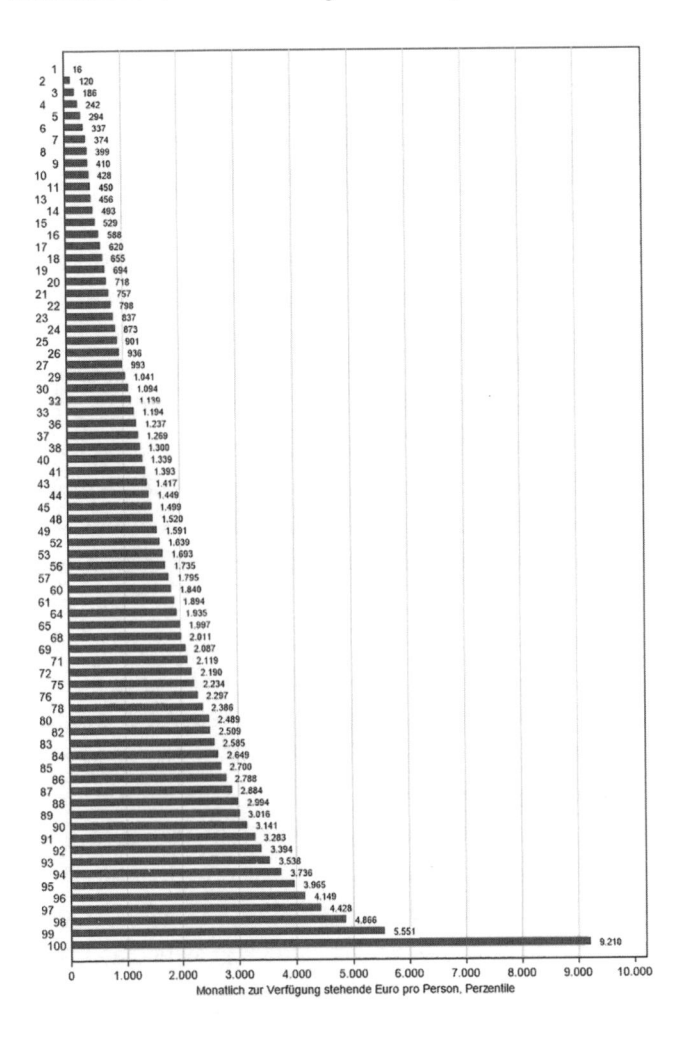

| Perzentil | Euro |
|---|---|
| 1 | 16 |
| 2 | 120 |
| 3 | 186 |
| 4 | 242 |
| 5 | 294 |
| 6 | 337 |
| 7 | 374 |
| 8 | 399 |
| 9 | 410 |
| 10 | 428 |
| 11 | 450 |
| 13 | 456 |
| 14 | 493 |
| 15 | 529 |
| 16 | 588 |
| 17 | 620 |
| 18 | 655 |
| 19 | 694 |
| 20 | 718 |
| 21 | 757 |
| 22 | 798 |
| 23 | 837 |
| 24 | 873 |
| 25 | 901 |
| 26 | 936 |
| 27 | 993 |
| 29 | 1.041 |
| 30 | 1.094 |
| 32 | 1.196 |
| 33 | 1.194 |
| 36 | 1.237 |
| 37 | 1.269 |
| 38 | 1.300 |
| 40 | 1.339 |
| 41 | 1.393 |
| 43 | 1.417 |
| 44 | 1.449 |
| 45 | 1.499 |
| 48 | 1.520 |
| 49 | 1.591 |
| 52 | 1.639 |
| 53 | 1.693 |
| 56 | 1.735 |
| 57 | 1.795 |
| 60 | 1.840 |
| 61 | 1.894 |
| 64 | 1.935 |
| 65 | 1.997 |
| 68 | 2.011 |
| 69 | 2.087 |
| 71 | 2.119 |
| 72 | 2.190 |
| 75 | 2.234 |
| 76 | 2.297 |
| 78 | 2.386 |
| 80 | 2.489 |
| 82 | 2.509 |
| 83 | 2.585 |
| 84 | 2.649 |
| 85 | 2.700 |
| 86 | 2.788 |
| 87 | 2.884 |
| 88 | 2.994 |
| 89 | 3.016 |
| 90 | 3.141 |
| 91 | 3.283 |
| 92 | 3.394 |
| 93 | 3.538 |
| 94 | 3.736 |
| 95 | 3.965 |
| 96 | 4.149 |
| 97 | 4.428 |
| 98 | 4.866 |
| 99 | 5.551 |
| 100 | 9.210 |

Monatlich zur Verfügung stehende Euro pro Person, Perzentile

Und sogar in das allerreichste Prozent gelangt man mit weniger als 10 000 Euro monatlich. Deutschlands Einkommensskala ist deswegen nach oben hin stärker gedeckelt, als fast alle denken. Natürlich gibt es ein paar Superreiche, aber es sind wahrscheinlich weit weniger, als Sie dachten.[4] Ebenso überraschend ist für die meisten die Tatsache, dass selbst jemand, der sich im einkommensstärksten Prozent befindet, ungefähr 6-mal so viel Einkommen hat wie jemand in der Mitte, aber eben nicht 100-mal so viel oder noch mehr. Wir hören in den Nachrichten oft von spektakulär verdienenden Vorstandsvorsitzenden, vergessen darüber aber, dass das wirklich nur eine Handvoll Menschen sind, die selbst für das bestverdienende Prozent nicht repräsentativ sind.

Aber was ist mit den Menschen ganz unten? Vielleicht haben Sie gesehen, dass das ärmste Prozent mit 16 Euro und das zweitärmste Prozent mit 120 Euro monatlich auskommen muss. Das liegt daran, dass die Perzentile lediglich persönliches Einkommen anzeigen. Viele leben jedoch in Haushalten, in denen nicht sie, sondern ihr Partner das Geld verdient. Stellen Sie sich eine nicht-berufstätige Frau eines Chefarztes vor – Sie können es sich gerne auch andersherum vorstellen. Deren eigenes Einkommen ist gleich null, sie ist damit im ersten Perzentil angesiedelt. Ihr Lebensstandard kann aber trotzdem hoch sein. Sinnvoll ist es deswegen, die Einkommen auf Haushaltsebene einzuschätzen. Dies wird mit der sogenannten Äquivalenzgewichtung getan. Dabei zeigt sich, dass sogar ein Haushalt in den ärmsten 2 Prozent noch 450 Euro pro Haushaltsmitglied hat, also etwas mehr als den Hartz-IV-Satz. Zudem bekommen diese Haushalte in der Regel eine Wohnung gestellt. Selbst ein Haushalt in den ärmsten 10 Prozent hat einen Lebensstandard, der ungefähr 900 Euro pro Haushaltsmitglied entspricht. Ein Haushalt genau in der Mitte hat einen Lebensstandard, der dem eines Singles mit etwa 1800 Euro entspricht. Und selbst ein Haushalt am 95. Perzentil, also an der Grenze zu den 5 Prozent der reichsten Haushalte, ist zwar wohlhabend, aber nicht völlig abgehoben, denn jedes Haushaltsmitglied hat hier einen Lebensstandard, der dem eines Singles mit circa 4000 Euro entspricht. Selbst das reichste Prozent der Haushalte hat erhebliche, aber nicht völlig absurde 9564 Euro pro äquivalenzgewichtete Person. Nach unten hin gibt es damit sehr wenige Leute, die richtig arm sind, nach oben gibt es weniger Superreiche, als man oft annimmt.

Anders verhält es sich dagegen mit dem Vermögen. Dies ist in Deutschland viel ungleicher verteilt. Aber nicht unbedingt dort, wo Sie vermuten. Wenn Sie in die Rentenkasse eingezahlt haben, besitzen Sie möglicherweise das Äquivalent von einer Million Euro Vermögen, auch wenn Ihr Sparkonto so gar nicht danach aussieht. Denn selbst recht mickrige 1000 Euro Rentenansprüche pro Monat sind schon ungefähr so viel wert wie 300 000 Euro Vermögen (das monatlich etwa 1000 Euro Zinsen generiert). Schön und gut, sagen Sie, doch von den Ansprüchen an die Rentenversicherung können Sie sich heute nichts kaufen. Eine Million auf dem Bankkonto wirkt deutlich konkreter als das Versprechen, eine Rente zu bekommen. Wenn also einige riesige Vermögen haben und andere nichts, kann man das schon beunruhigend finden. Die folgende Grafik zeigt Ihnen, wie viel Vermögen (abzüglich Schulden, ohne Ansprüche an die Rentenversicherung) Menschen an den unterschiedlichen Perzentilen der Vermögensverteilung haben.

Zunächst fällt auf: Ein Haushalt in den ärmsten 5 Prozent hat sogar ein negatives Nettovermögen, nämlich 3000 Euro Schulden. Ein Haushalt genau in der Mitte, am 50. Perzentil, hat ein sogenanntes Medianvermögen von 60 400 Euro. Dahingegen muss ein Haushalt fast eine Dreiviertelmillion haben, um zu den reichsten 5 Prozent aller Vermögensbesitzer zu gehören. Ohne Renten- und Pensionsansprüche zu beachten, ist die Vermögensverteilung sehr ungleich. Das durchschnittliche Nettovermögen eines Haushalts in Deutschland beträgt 214 500 Euro; das heißt, so viel hätte jeder Haushalt, wenn man das gesamte verfügbare Vermögen über alle Haushalte gleichmäßig aufteilen würde. Doch so ein Durchschnittswert sagt wenig aus, wenn drei Viertel der Haushalte sehr viel weniger haben.

### Nettovermögen je nach Haushaltsperzentil 2014[5]

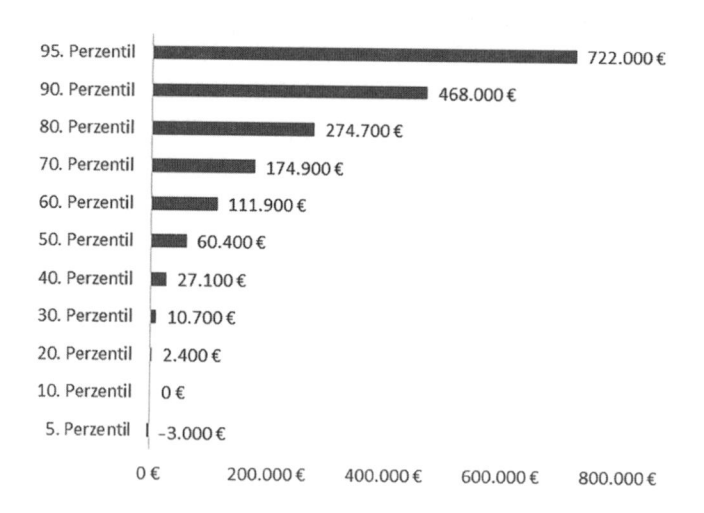

| Perzentil | Nettovermögen |
|---|---|
| 95. Perzentil | 722.000 € |
| 90. Perzentil | 468.000 € |
| 80. Perzentil | 274.700 € |
| 70. Perzentil | 174.900 € |
| 60. Perzentil | 111.900 € |
| 50. Perzentil | 60.400 € |
| 40. Perzentil | 27.100 € |
| 30. Perzentil | 10.700 € |
| 20. Perzentil | 2.400 € |
| 10. Perzentil | 0 € |
| 5. Perzentil | -3.000 € |

Aber Sie dürfen sich dieses Vermögen der Deutschen nicht als Geld vorstellen, das irgendwo rumliegt. Ungefähr drei Viertel des Vermögens der Deutschen sind Sach- und keine Finanzvermögen. Und dieses Sachvermögen ist in aller Regel: das Eigenheim. So haben Hauseigentümer mit abgezahlter Hypothek ein Nettovermögen von durchschnittlich 482 500 Euro, während Mieter ein Nettovermögen von nur 51 800 Euro haben. Vermögen ist also meist ein abbezahltes Haus. Deswegen geht das Vermögen auch stark mit dem Alter einher. Haushalte mit 25- bis 34-Jährigen haben durchschnittlich nur 50 700 Euro Vermögen, wohingegen Haushalte mit 55- bis 64-Jährigen durchschnittlich 374 400 Euro Vermögen besitzen. Wer jung ist, hatte noch keine Zeit, Vermögen aufzubauen. Das bedeutet aber auch, dass die heute Unvermögenden morgen oft Vermögen haben werden, was der ungleichen Verteilung den Schrecken nimmt.

So wichtig wie die Frage, wie viel Einkommen oder Vermögen Menschen objektiv haben, ist deswegen die Frage, ob sie sich insgesamt als arm oder reich sehen. Denn wer arm ist, muss sich noch lange nicht so fühlen, und wer reich ist, muss sich nicht reich fühlen. 2014 hat die Allgemeine Bevölkerungsumfrage der Sozialwissenschaften (ALLBUS) die Deutschen gefragt, welchem der zehn Einkommensdezile sie sich zuordnen. Diese Dezile teilen die Einkommen in zehn Abschnitte ein. Wenn alle Menschen eine genaue Vorstellung hätten, wo sie mit ihrem Einkommen innerhalb der Gesellschaft stehen, müssten sich die ärmsten 10 Prozent dem ärmsten Dezil zuordnen, die zweitärmsten 10 Prozent dem zweiten Dezil. Umgekehrt müssten die reichsten 10 Prozent der Deutschen sich dem reichsten Dezil zuordnen, weitere 10 Prozent dem zweitreichsten Dezil und so weiter. Aber das passiert nie. Denn kaum jemand denkt von sich, reich zu sein. Nicht 10, sondern mickrige 1 Prozent der Deutschen glauben, in den obersten 10 Prozent der Einkommensbezieher zu sein. Nicht 20, sondern lediglich 4 Prozent der Deutschen sehen sich in den Top-20-Prozent. Umgekehrt verorten sich auch nur 2 Prozent der Deutschen in den untersten 20 Prozent, nur 22 Prozent sehen sich überhaupt in der unteren Hälfte der Einkommensbezieher. Drei Viertel der Deutschen denken, dass sie in der oberen Hälfte, aber unterhalb der reichsten 20 Prozent stehen.

Wenn Medien »Die Lüge von der Gerechtigkeit« oder »Deutschland, einfach ungerecht« titeln,[6] muss man das mit diesen Ergebnissen kontrastieren. Wenn Journalisten schreiben, viele Deutsche hätten eine »tief sitzende Unzufriedenheit […], die mit stagnierenden Mittelschichten zu tun hat und dem Abstieg von Geringverdienern«,[7] so stellt sich die Frage, wie diese Unzufriedenheit möglich sein kann, wenn sich kaum jemand für arm hält. Dies gilt umso mehr, als die allermeisten Deutschen sich nicht nur leicht über der Mitte sehen, sondern, wie wir noch sehen werden, auch zufrieden mit ihrem Einkommen sind, wenn man sie direkt fragt. Wenn sie sich mit anderen vergleichen, meinen die Deutschen also, dass es Ihnen materiell recht gut geht, und die Zahlen zeigen, dass das im Vergleich zu früher tatsächlich stimmt.

## Steigt unser Wohlstand?

Wie kann man über Jahrhunderte messen, wie reich oder arm Menschen sind? Das Bruttoinlandsprodukt (BIP) pro Kopf misst, wie viele Güter und Dienstleistungen ein Land jährlich pro Person herstellt. Das vermittelt einen guten ersten und einen schlechten zweiten Eindruck. Denn es zeigt, wie viel in einem Land verteilt werden kann, und damit auch, wie viel beispielsweise für Bildung und Gesundheit ausgegeben werden kann. Aber es sagt nichts darüber aus, wer vom Wohlstand tatsächlich etwas abbekommt. Das BIP misst außerdem nur das, was einen Marktwert hat. Ein Land mit hohem BIP kann ein Land voller unzufriedener Menschen sein. Was also bedeutet es, dass in der folgenden Grafik das BIP pro Kopf auf dem Gebiet des heutigen Deutschlands vom Jahr 1500 bis 1800 bei einem konstant niedrigen Wert von circa 1000 liegt?[1] Trotz aller Schwächen des BIP: eine ganze Menge. Denn es bedeutet, dass bis ins 19. Jahrhundert die jährliche Kaufkraft eines typischen Deutschen gereicht hätte, um in den USA des Jahres 1990 für 1000 Dollar einzukaufen.[2] Für einen Einkauf sind 1000 Dollar eine ganze Menge. Aber stellen Sie sich vor, Sie müssten damit ein ganzes Jahr auskommen.

Täglich hatte ein durchschnittlicher Deutscher damit bis in das 19. Jahrhundert nur circa 3 Dollar am Tag (in Kaufkraft von 1990) zur Verfügung. Da zudem wenige superreiche Adelige diesen Durchschnittswert nach oben zogen, verbirgt sich dahinter das Grauen: Fast alle Menschen auf dem Gebiet des heutigen Deutschlands mussten vor dem 19. Jahrhundert mit weniger als dem leben, was heute ungefähr 2 Euro pro Tag entspricht. Probieren Sie sich einmal vorzustellen, wie Ihr Leben mit 2 Euro täglich aussehen würde. So ärmlich war das Leben der meisten Menschen bis ins 19. Jahrhundert.

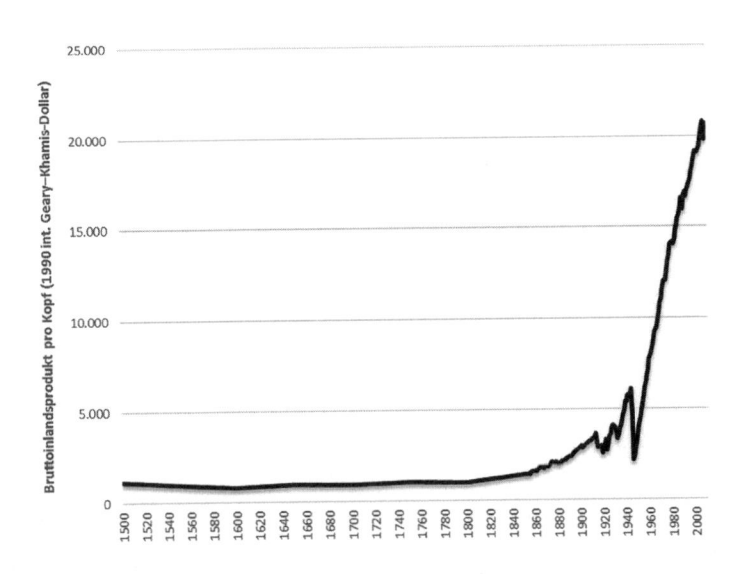

**BIP pro Kopf, Deutschland seit 1500**[3]

Jetzt denken Sie vielleicht, dass das nicht sein kann. Denn dann müssten ja Hungersnöte an der Tagesordnung gewesen sein. Doch genau so war es. Der Wirtschaftshistoriker Fernand Braudel schreibt über das tägliche Leben im 15. bis 18. Jahrhundert: »Hungersnöte kehrten so beharrlich wieder, dass sie sich in die Biologie der Menschen und deren tägliches Leben eingeschrieben hatten. Tod und Mangel waren beständige Begleiter, auch in Europa, das eine privilegierte Position einnahm. Ein paar übergewichtige Reiche änderten nichts daran.«[4] Viele Menschen steckten in einer Kalorienfalle. Wenn Sie dieses Wort heute googeln, finden Sie Einträge wie »Kalorienfalle: die größten Dickmacher«. Früher war die Kalorienfalle jedoch genau das Gegenteil: Weil viele Menschen nicht genug Kalorien bekamen, konnten sie nicht arbeiten. Doch ohne zu arbeiten, konnten sie sich nicht ausreichend Kalorien leisten. Selbst in den entwickeltsten Ländern hatte bis vor circa 200 Jahren ein Fünftel der Bevölkerung zu wenige Kalorien, um länger als eine Stunde täglich zu arbeiten. Die Menschen mussten betteln, weil sie zu allem anderen zu schwach waren. Der Ökonomie-Nobelpreisträger Robert Fogel erklärt 20 bis 50 Prozent des englischen Wirtschaftswachstums von 1800 bis 1980 damit, dass ein wachsender Anteil der englischen Bevölkerung endlich genug zu essen und damit genug Kraft hatte, um überhaupt am Wirtschaftsleben teilzunehmen.[5]

Und dafür mussten Menschen nicht immer mehr, sondern immer weniger arbeiten. Mitte des 19. Jahrhunderts betrug die typische Arbeitszeit 83 Wochenstunden, heute sind es noch 37.[6] Wer Mitte des 19. Jahrhunderts eine normale Arbeitswoche hatte, dem würde man heute einen Burn-out-Ratgeber schenken. Wenn Journalisten schreiben, dass »die Mittelklasse heute die Arbeitsbedingungen wieder antrifft, die für das Proletariat im 19. Jahrhundert galten«,[7] dann offenbart das wenig über die heutige Mittelklasse und viel über die Unkenntnis von Autoren, die Krisen herbeischreiben. Um sich klarzumachen, wie viel kürzer Menschen heute arbeiten müssen, hilft ein Blick auf eine Datenreihe des niederländischen Clio Infra Project: Im Jahr 1820 konnte ein Bauarbeiter auf dem Gebiet des heutigen Deutschlands mit dem Lohn eines Tages seinen Kalorienbedarf für acht Tage decken. Wenn er vier Personen ernähren musste, konnte das schnell knapp werden. Heute kann ein Bauarbeiter mit dem Lohn eines Tages seinen Kalorienbedarf für 163 Tage decken und muss damit circa 20-mal kürzer arbeiten, um zu überleben.[8]

Und wie sieht die Einkommensentwicklung der letzten hundert Jahre aus? Zahlen des Statistischen Bundesamtes zeigen, dass Vollzeitbeschäftigte 1925 einen Bruttolohn hatten, der heute 511 Euro entsprechen würde.[9] Die Kaufkraft eines Vollzeitbeschäftigten stagnierte daraufhin erst einmal durch die große Depression und den Zweiten Weltkrieg bis 1945. Doch dann stieg sie in 35 Jahren um das

5,2-Fache und in den folgenden 37 Jahren noch einmal um 44 Prozent. Die erste grobe Verdoppelung der Kaufkraft, von 511 auf 1056 Euro, geschah innerhalb von 34 Jahren (von 1925 bis 1959). Die nächste Verdoppelung von 1056 auf 2124 Euro war nach nur 13 Jahren erreicht (von 1959 bis 1972). Eine weitere Verdoppelung der Bruttoeinkommen ist seit mittlerweile 45 Jahren immer noch nicht ganz erreicht. Insgesamt kann sich ein normaler Arbeiter mit dem Wert seines Bruttolohns heute allerdings 7,4-mal so viel leisten wie 1925, obwohl vieles teurer geworden ist. Und das führt dazu, dass Menschen heutzutage ein bequemeres Leben führen können.

Und da heute ganz neue Güter verfügbar sind, steigt der materielle Lebensstandard sogar schneller, als diese Zahlen nahelegen. Erfindungen wie Wikipedia senken nämlich das Bruttoinlandsprodukt. Denn wer im Jahr 2006 noch 2820 Euro für die Gesamtausgabe des Brockhaus ausgegeben hat, kann heute kostenlos Wikipedia benutzen. Und die 750 Euro, die wir heute für einen Computer zahlen, kann ein Statistiker zwar mit den 3000 Mark vergleichen, die wir 1990 gezahlt hätten, aber das lässt unbeachtet, dass ein Computer heute ungefähr 4000-mal schneller ist und in eine Aktentasche passt (dafür allerdings auch gefühlte 4000-mal öfter updaten muss). In die offiziellen Statistiken geht nur ein, wie lange Menschen für Güter arbeiten müssen, die es früher schon gab. Die aus den neuen Gütern resultierende Unterschätzung des materiellen Lebensstandards zeigt sich aber nicht nur bei Computern. Stellen Sie sich vor, jemand hat früher monatlich eine Schallplatte für 10 Euro gekauft. Statistiker können berechnen, ob Schallplatten heute billiger sind, und sie können den Preis von Schallplatten mit demjenigen von CDs vergleichen. Aber heute kann man auch 10 Euro für Musikstreaming ausgeben und damit nicht nur einen Tonträger pro Monat kaufen, sondern alles hören. Genauso geben wir heute vielleicht 20 Euro für unsere Telefonrechnung aus, so wie früher. Aber während wir dafür früher ein Festnetztelefon bekamen, kriegen wir dafür heute ein Smartphone, das zugleich Computer, Navigationsgerät, Musikanlage und Lexikon ist. All diese Veränderungen durch neue Güter gehen in die Berechnung des materiellen Lebensstandards nicht ein.

Vielleicht sind Ihnen Computer, Musikstreaming und Smartphones egal, dann nehmen Sie das Beispiel eines einfachen Antibiotikums. Das 1928 erfundene Medikament ist heute nur noch ein paar Cent wert und entsprechend wertlos für das Bruttoinlandsprodukt. Aber haben Antibiotika deswegen auch kaum positive Auswirkungen auf unsere Lebensqualität? Darauf hätte Nathan Rothschild eine klare Antwort gehabt, während er 1836 als reichster Mann der Welt an einer einfachen Infektion verstarb, die ein Antibiotikum im Wert von ein paar Cent hätte heilen können. Aber alles Geld bringt nichts in einer Welt, in der Antibiotika noch nicht erfunden sind. Auch dass Zähne früher ohne Betäubung gezogen wurden, hat auf die Berechnung des BIP keinen Einfluss, auf Ihren Zahnarztbesuch vermutlich schon. Selbst bei Lebensmitteln zeigt sich der Effekt neuer Technologien. Statistiken können zwar in Rechnung stellen, dass wir heute für ein Kilo Kartoffeln kürzer arbeiten müssen als früher. Aber sie können nicht in Rechnung stellen, wie viel besser unser Leben wird, weil wir nicht mehr die ganze Zeit Kartoffeln essen müssen. Statistiken können in Rechnung stellen, dass Kerzen billiger werden. Aber sie unterschlagen, dass eine LED-Lampe heute 50 000 Stunden hält und nur 10 Watt Strom benötigt, wohingegen man im 19. Jahrhundert für dieselbe Lichtmenge 60 Kerzen anzünden musste und im 20. Jahrhundert mit der Technologie der Glühbirne immerhin noch 60 Watt Strom und alle circa 1200 Stunden eine neue Lampe brauchte, um dieselbe Lichtmenge zu erzeugen.

Die Berechnung des Kaufkraftzuwachses berücksichtigt also immer nur, ob man sich mehr von derselben Sache leisten kann. Aber unser Wohlstandszuwachs wird unterschätzt, wenn wir nur in Rechnung stellen, ob wir uns heute mehr Kerzen oder Kartoffeln als gestern leisten können. Und insofern dies passiert, unterschätzt die Entwicklung des BIP den realen Zuwachs des materiellen Lebensstandards.[10] Andererseits gibt es auch ein paar Aspekte, bei denen das BIP den Zuwachs des materiellen Lebensstandards überschätzt. Wenn zum Beispiel Konsum kommerzialisiert wird, Menschen also beispielsweise essen gehen, statt selbst zu kochen, so ändert sich deren Lebensqualität kaum – wenn sie gerne gekocht haben, kann ihre Lebensqualität sogar sinken. Doch da Menschen jetzt für etwas zahlen, das vorher gar nicht im BIP vorkam, wächst das BIP, ohne dass dadurch der Lebensstandard ansteigt. Wer allerdings ins Restaurant gehen kann, statt meine angebrannten Nudeln essen zu müssen, dessen Lebensqualität steigt garantiert noch stärker, als es jeder BIP-Anstieg messen kann.

Anstatt sich in alle Feinheiten der BIP-Berechnung zu vertiefen, bekommen Sie deswegen einen besseren Eindruck veränderter Lebensqualität, wenn Sie sich vorstellen, Ludwig XIV. zu sein, der absolutistische Sonnenkönig Frankreichs – und einer der reichsten Menschen der Welt, der von 1643 bis 1715 lebte.[11] Sie könnten dann jeden Tag aus 40 Gerichten auswählen, die Ihnen 500 Diener zubereiten. Oder wollen Sie lieber heute vom Mindestlohn leben? Die Antwort auf diese Frage scheint recht einfach zu sein, ist sie aber nicht. Denn die Auswahl von über 10 000 Gütern aus aller Welt, die Sie in einem normalen Supermarkt auch mit dem Mindestlohn kaufen können, ist vielfältiger als alles, was Ludwig XIV. in seinem gesamten Leben gesehen hat. Stimmt, Ludwig hatte eine außerordentlich schicke Kutsche. Aber mit einem Billigflugticket können Sie heute an einem Traumstrand sein, während Ludwig in derselben Zeit nicht einmal im 30 Kilometer entfernten Paris angekommen ist. Sie haben keine Bediensteten, die Ihren Kamin heizen und Ihnen die Kerzen anzünden, das ist natürlich blöd. Dafür müssen Sie aber nur die Heizung aufdrehen und den Lichtschalter umlegen, was Ihnen im Unterschied zu tausend Kerzen auch nicht die Wohnung abfackeln kann. Sie können nicht auf die Dienste von Ludwigs persönlichem Leibarzt zurückgreifen. Doch die besten Ärzte haben dem König wenig gebracht, als sie ihm rieten, seinen Wundbrand in einem Silbergefäß mit Eselsmilch und Wein zu baden. Daran starb er schlussendlich. Ein einfaches Antibiotikum hätte auch ihm das Leben gerettet. Immerhin beendete sein Ableben ein lebenslanges Leiden, das begann, als ihm alle Zähne gezogen wurden. Das verstand man unter Prävention, als es noch keine Zahnärzte gab: Kein Zahn, kein Zahnproblem. Betäubungsmittel waren noch nicht erfunden, darum musste Schnaps helfen. Ich weiß nicht, wie es Ihnen geht, aber ich stelle es mir schwer vor, die Wahrnehmung einer Zahnextraktion erfolgreich aus meinem Bewusstsein zu spülen. Da die Instrumente recht grob waren, rissen Ludwigs Ärzte ihm mit seinen Zähnen auch ein Stückchen Kiefer raus. Gut, dass es schon Möglichkeiten der Desinfektion gab: Die Wunde wurde Dutzende Male mit einem glühenden Eisen ausgebrannt. Trotzdem entstand durch die Operation ein Loch zwischen Nasen- und Mundhöhle. Wann immer der Sonnenkönig etwas trank, lief es ihm nun wieder aus der Nase heraus. Auch setzte sich dort Nahrung fest und vergammelte tagelang. Ludwig stank deswegen zeitlebens nach verfaulendem Essen. Zahnlos musste er sein Essen unzerkaut herunterschlingen. Das führte zu furchtbaren Blähungen, regelmäßigem Erbrechen und mehr als einem Dutzend Toilettengängen pro Tag. Dazu trugen auch die endlosen Abführmittel bei, die seine Ärzte ihm verabreichten, denn die damalige Doktrin lautete: Nur ein leerer Darm ist ein gesunder Darm. Aufgrund der ständigen Toilettengänge entstand eine Fistel. Auch diese musste, Sie ahnen es, ohne Narkose entfernt werden, an einer Stelle, an der das ganz besonders unangenehm ist. Einen riesigen Bandwurm hatte er übrigens auch.[12]

Das war der Lebensstandard des vielleicht reichsten Menschen seiner Zeit. Wollen Sie immer noch mit ihm tauschen? Wenn es Ihnen darum geht, mehr als Ihre Mitbürger zu haben, dann ist das Leben Ludwig XIV. das Richtige für Sie. Aber was nützt Ihnen das teuerste Parfum, wenn Verwesungsgeruch aus Ihrem eigenen Rachen es überdeckt? Was nützt Ihnen das beste Essen, wenn Sie es zahnlos runterschlingen müssen? Und macht das Thronen noch Spaß, wenn Ihr Hintern den Thron vollblutet? Wenn Sie also nicht nach Verwesung stinken, Ihr Essen zahnlos runterschlingen und eine Blutspur hinterlassen möchten, geht es Ihnen heute selbst mit dem Mindestlohn verrückterweise besser als dem reichsten Menschen Europas vor etwas mehr als 300 Jahren. Klingt erst mal hervorragend, aber ein Problem gibt es dennoch.

*Profitieren alle vom Wohlstandszuwachs?*
Die Durchschnittswerte zum Wirtschaftswachstum erwecken zunächst den Eindruck, es sei für alle gleichermaßen aufwärtsgegangen. Doch seit Mitte der 1980er Jahre stimmt das nicht mehr. Die folgende Grafik zeigt, wie stark die Brutto- und Nettoeinkommen der ärmsten und reichsten Deutschen sich in den letzten 30 Jahren verändert haben.

**Veränderung Brutto-/Nettoeinkommen von 1984 bis 2016 je nach Perzentil[13]**

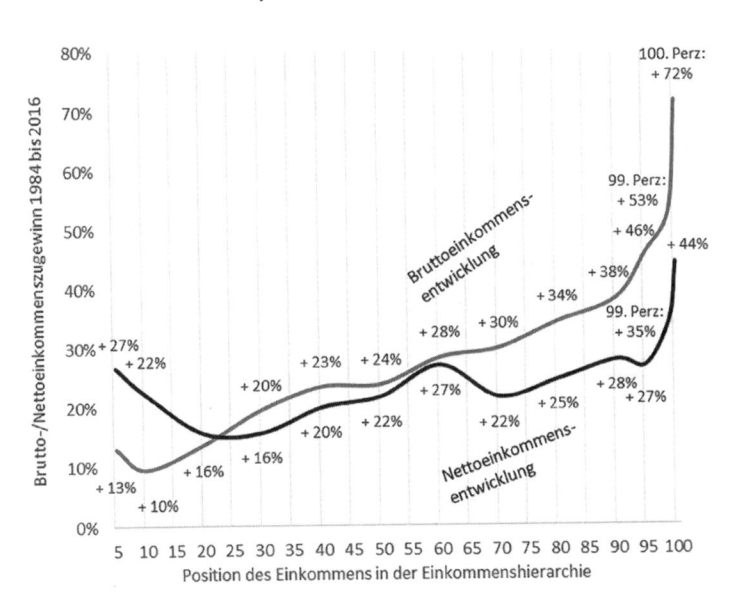

Die von links nach rechts steiler ansteigende graue Kurve zeigt, wie sich die Bruttoeinkommen von Menschen mit Vollzeitjob an unterschiedlichen Perzentilen entwickelt haben. Die weniger steile schwarze Kurve zeigt dahingegen, wie sich die Nettoeinkommen entwickelt haben. Die Inflation ist mit einberechnet, es geht also wirklich darum, wie viel mehr eine Person sich leisten kann. Ganz links sehen Sie, dass jemand am 5. Perzentil heute 27 Prozent brutto und 13 Prozent netto mehr Kaufkraft hat als vor 32 Jahren. Die Kaufkraft einer Person im reichsten Prozent hat dahingegen um brutto 72 und netto 44 Prozent zugenommen. Der steile Anstieg der grauen Kurve von links nach rechts zeigt, dass Schichten umso stärker Kaufkraft gewonnen haben, je wohlhabender sie sowieso schon waren. Wichtiger als die Bruttosind jedoch die Nettoeinkommen. Sie zeigen ebenfalls außergewöhnliche Zuwächse für die Top-1- und Top-2-Prozent. Von diesen Allerreichsten abgesehen, hat allerdings auch jede andere Einkommensgruppe in den letzten circa 30 Jahren ihre Kaufkraft zwischen 16 und 28 Prozent gesteigert, sodass abgesehen von den Top-2-Prozent die Einkommenszuwächse für alle recht gleichmäßig sind. Was man auch leicht übersieht, ist die Tatsache, dass es keiner einzigen Einkommensgruppe schlechter geht als früher. Wenn Niedrig-, Durchschnitts- oder auch Gutverdiener sich heute über ihre materielle Situation beschweren, so heißt dies nicht, dass es ihnen langfristig schlechter geht, sondern dass sie nicht so schnell an Kaufkraft hinzugewinnen wie die Allerreichsten. Das ist natürlich eine legitime Beschwerde. Aber es ist etwas anderes, als langfristig vom Wohlstandszuwachs abgeschnitten zu sein.

Das geschieht allerdings tatsächlich ungefähr seit dem Jahr 2000 mit den untersten 30 Prozent. Ihre Kaufkraft ist seitdem gesunken. Das hat jedoch auch ein paar nachvollziehbare Gründe. Wer Mitte der 1980er Jahre ein Studium statt einer Ausbildung, oder eine Ausbildung statt keiner Ausbildung hatte, dessen Chance verdoppelte sich, in der reicheren Einkommenshälfte zu sein. 2014 verdreifachte sich die Chance mit jedem Bildungsaufstieg sogar.[14] Einkommen gehen also auch deshalb auseinander, weil Bildung heute stärker belohnt wird als früher. Darunter leiden alle, die keine hohe Bildung haben. Sie finden oft überhaupt keinen Job mehr.

***Gibt es gute Jobs für alle?***
Zur Hochphase der Industrieproduktion gab es für Menschen mit niedriger Bildung viele Jobs. Denn am Band konnte man viel verdienen, ohne viel gelernt zu haben. Doch was Bandarbeiter früher machten, erledigen heute Niedriglohnländer günstiger und Maschinen schneller. Wer diese Maschinen programmiert, kann deswegen umso mehr Geld verdienen. Ökonomen nennen das *skill biased technical change*, weil der technische Wandel Qualifikationen stärker belohnt.[15] Insbesondere technische Bildung entscheidet deswegen zunehmend, wer einen Job bekommt. Das führt zu sehr unterschiedlichen Arbeitslosenquoten für unterschiedliche Bildungsgrade.

Die Arbeitslosenquoten von Hochschulabsolventen und Ausgebildeten haben sich seit Mitte der 1970er Jahre kaum verändert. Mit Arbeitslosenquoten von 2 respektive 4 Prozent herrscht unter Hochschulabsolventen und Ausgebildeten heute quasi Vollbeschäftigung. Eine einzige Gruppe hat demgegenüber alle negativen Veränderungen des Arbeitsmarktes seit den 1970er Jahren getragen: Menschen ohne Ausbildung. Deren Arbeitslosenquote ist von 6 Prozent 1975 auf zuletzt 19 Prozent gestiegen, in Ostdeutschland sogar auf 29 Prozent. Stellen Sie sich das mal vor. Von 100 Leuten, die in Ostdeutschland ohne Ausbildung arbeiten wollen, finden 29 keinen Job, trotz Wirtschaftsboom. Insofern kann man verstehen, wenn diese Menschen verzweifeln.[16]

Für Akademiker sieht die Situation ganz anders aus, auch wenn sie sich oft am lautesten beklagen. Eine Autorin wie Kathrin Fischer äußert, sie habe ihr Philosophiestudium deshalb ausgesucht, weil es

»so wenig verwertbar« ist und sie sich damit »ganz dem hingeben [konnte], was ich als die Entfaltung meiner Persönlichkeit sah«. Doch nachdem sie ihre Persönlichkeit schließlich entfaltet hatte, bemerkte sie, dass sie sich im Gegensatz zu ihren Eltern keine Wohnung mit Parkett leisten konnte. Der Schock war so groß, dass sie gleich ein Buch mit dem Titel *Generation Laminat. Mit uns beginnt der Abstieg* schrieb. Denn nicht nur für Fischer, so Fischer, werden die »Arbeitsverhältnisse immer unsicherer«, auch für alle anderen werde es »immer schwieriger [...], seinen Lebensunterhalt zu verdienen«.[17] Generation Laminat, Generation Praktikum, Generation Prekär: Steckt hinter diesen Bezeichnungen etwas Wahres? Diesen Eindruck gewinnt man jedenfalls, wenn man allenthalben hört, »Aushilfs-, Teilzeit oder Ministellen haben sich überall ausgebreitet. Mancher hangelt sich von Praktikum zu Praktikum.«[18] Noch drastischer hört sich das Ganze bei Wirtschaftswissenschaftler Oliver Nachtwey an, er meint gar: »Wie ein verlassenes Schiff auf hoher See schlingern viele Arbeitnehmer durch das Erwerbsleben, sie sind äußeren Gewalten ausgeliefert und können selbst nicht mehr steuern.«[19]

Doch anders, als die Geschichten massenhafter Ausbeutung weismachen, gibt es in Deutschland überraschend wenige Menschen, die tatsächlich in schlechten Jobs feststecken. Selbst Menschen im typischen erwerbsfähigen Alter ohne Studium und Ausbildung sind zu weniger als 8 Prozent in unregelmäßiger oder geringfügiger Beschäftigung, bei Ausgebildeten und Hochschulabsolventen sind es sogar weniger als 6 und 4 Prozent.[20] Und selbst die Höchstqualifizierten finden eine Anstellung, die ihren Qualifikationen entspricht. Nur 13 Prozent der universitären Masterabsolventen finden, dass ihre Tätigkeit unter ihrem Abschlussniveau liegt.[21] Die mittlere Zufriedenheit mit ihrer Arbeit bewerten sowohl Menschen mit als auch ohne Studium oder Ausbildung mit mehr als 7 von 10 möglichen Punkten. Das kann auch daran liegen, dass kaum jemand befristet beschäftigt ist. Selbst unter 25- bis 34-jährigen Arbeitnehmer haben 87,6 Prozent einen unbefristeten Arbeitsvertrag, bei älteren Arbeitnehmern wird der Anteil befristeter Beschäftigung noch geringer. Entsprechend machen sich selbst unter Menschen ohne Ausbildung nur 17 Prozent große Sorgen um ihren Arbeitsplatz (1985, zum Anfang der Datenreihe, waren es 15 Prozent), nur 8 Prozent aller Ausgebildeten hatten entsprechende Sorgen (1985: 11 Prozent) und nur 4 Prozent aller Menschen mit Studium (1985: 8 Prozent).[22] Sorgen um die Sicherheit des eigenen Arbeitsplatzes sind heute also seltener als noch vor einer Generation. Wie ist das eigentlich mit den Vorhersagen deutscher Feuilleton-Soziologen zu vereinbaren, die sich sicher sind: »Erwerbstätigkeit gewährt zunehmend weniger Menschen Sicherheit, Status und Prestige sowie die Möglichkeit einer kontinuierlichen Lebensplanung«?[23] Denn egal welche Daten man sich anschaut, massenhafte Ausbeutung, Unsicherheit oder auch nur Unzufriedenheit mit Jobs zeigt sich kaum. Es geht also nicht darum, trotz eines Laminatbodens tapfer zu sein. Vielmehr kann angesichts der Daten von einer Generation Praktikum, Generation Prekär oder Generation Laminat keine Rede sein, erst recht nicht unter Akademikern. Vielleicht hat Kathrin Fischer einfach übersehen, dass ihre Eltern damals Parkett hatten, weil Laminat noch gar nicht erfunden war.

Das mithilfe der Daten erkennbare Problem ist jedenfalls nicht, dass Akademiker trotz Philosophiestudiums über Laminatfußboden wandeln. Vielmehr zeigen die Daten, dass unqualifizierte Arbeitnehmer oft arbeitslos sind und das reichste Prozent höhere Einkommenszuwächse als alle anderen hatte. In Bezug auf soziale Ungleichheit ist dies das größte Problem, das ich nach jahrelangem Graben in den Daten finden konnte. Man kann es allerdings relativ einfach lösen, wenn man nur will. Wir werden später sehen, dass das unterste Viertel aller Einkommensbezieher überhaupt keine Lohnabgaben mehr zahlen müsste, wenn man Besserverdienende wieder so besteuern würde wie in den 1980er Jahren. Damit würden die Ärmsten leichter Jobs finden, die Reichsten müssten mehr abgeben. Ob das wünschenswert ist, ist eine politische Frage, die gesellschaftlich entschieden werden muss. Dass es möglich ist, kann man mit dem Soziooekonomischen Panel berechnen. Doch vielleicht ist ja auch eine ganz andere Benachteiligung viel schlimmer: die von Frauen.

### Werden Frauen benachteiligt?

Umfragen auf der ganzen Welt zeigen dasselbe Muster: Menschen empfinden es als ungerecht, wenn jemand für eine Leistung schlechter bezahlt wird als jemand, der dieselbe Leistung vollbringt. Deutschland ist da keine Ausnahme. Deswegen ist es ein Skandal, wenn Frauen für dieselbe Arbeit weniger bekommen. Aber es geht um viel mehr. Eine Gesellschaft ist umso zivilisierter, je eher sie Frauen dieselben Rechte zugesteht wie Männern. Denn abgesehen von Traditionen gibt es keinen Grund, einer Hälfte der Menschen Rechte vorzuenthalten. Die Welt nicht nur durch die Brille von Männern zu sehen, ist ein zivilisatorischer Fortschritt. Aber hat sich in dieser Hinsicht auch etwas Messbares getan? Wenn wir das heute kaum glauben können, dann auch weil die Beseitigung von Geschlechterungleichheiten ihre eigenen Erfolge verwischt. Denn nachdem etwas Positives geschehen ist, halten wir es schnell für selbstverständlich und erhöhen unsere Sensibilität für Ungleichbehandlungen, die vor 20 oder 50 Jahren kaum jemand auch nur als Ungleichbehandlung erkannt hätte. Heute diskutieren wir, ob prestigeträchtige und gut bezahlte Berufe prinzipiell zur Hälfte mit Frauen besetzt werden sollten; bis 1977 durften Frauen ohne Zustimmung ihres Ehemannes noch nicht einmal arbeiten. Heute debattieren wir, unter welchen Umständen Männer das Aussehen von Frauen komplimentieren dürfen und entfernen Gedichte von Häuserwänden, weil darin von einem männlichen Bewunderer die Rede ist; bis 1997 konnten Ehemänner ihre Frau straflos vergewaltigen. Doch wie soll man Fortschritt messen, wenn der Fortschritt selbst die Messlatte für Fortschritt immer weiter erhöht?

Glücklicherweise gibt es eine Art von Benachteiligung, die man über Jahrzehnte objektiv messen kann. Ungleiche Bezahlung ist nicht die einzige, aber messbarste und wohl auch eklatanteste Benachteiligung, die zudem für viele andere Benachteiligungen steht. Frauen verdienen pro Arbeitsstunde immer noch 22 Prozent weniger als Männer. Das scheint ungerecht. Doch anstatt Männer und Frauen mit gleichem Job in der gleichen Branche, Position und Beschäftigungsausmaß, mit der gleichen Ausbildung und Berufserfahrung gegenüberzustellen, vergleicht dieser sogenannte *unbereinigte Gender Pay Gap* nur, wie viel Frauen und Männer pro Stunde verdienen. Allerdings absolvieren Männer häufiger technische Ausbildungen, mit denen Frauen auch mehr verdienen würden. Betriebswirtschaftslehre ist bei Männern und Frauen das beliebteste Studienfach. Danach folgen bei Frauen jedoch Jura, Germanistik, Psychologie und Pädagogik, bei den Männern dahingegen Maschinenbau, Informatik, Elektrotechnik, Wirtschaftsingenieurwesen und Wirtschaftsinformatik. Bei den Ausbildungen ist es genauso. Die bei Männern beliebtesten Ausbildungen sind Kraftfahrzeugmechatroniker, Industriemechaniker und Elektroniker, bei Frauen Kauffrau für Büromanagement, medizinische Fachangestellte und Kauffrau im Einzelhandel.[24]

Insofern wählen Frauen öfter eine Ausbildung, die sie in Kontakt mit mehr Menschen, aber weniger Einkommen bringt; Männer erwerben häufiger Qualifikationen, die sie in Kontakt mit weniger Menschen, aber einem höheren Einkommen bringen. Dies erklärt nach Einschätzung des Statistischen Bundesamtes drei Viertel des Verdienstunterschieds zwischen Männern und Frauen. Übrig bleibt trotzdem eine bereinigte Lohnungleichheit von ungefähr 6 Prozent. Das ist der *bereinigte Gender Pay Gap*. Diese 6 Prozent verdienen Frauen weniger, selbst wenn sie denselben Job mit derselben Qualifikation ausüben.[25] Bevor Männer und Frauen mit durchschnittlich 29 Jahren Kinder bekommen, gibt es allerdings überhaupt keinen nennenswerten Gender Pay Gap, weshalb das Statistische Bundesamt familienbedingte

Erwerbsunterbrechungen als wichtigste Erklärung der unterschiedlichen Verdienste trotz ähnlicher Qualifikationen und Berufe ansieht.[26]

Während der Einkommensunterschied von Männern und Frauen deswegen erst einmal ungerecht erscheint, zeigen empirische Untersuchungen, dass die Jobzufriedenheit von Männern stärker vom Gehalt und die von Frauen stärker von ihrer Jobautonomie abhängt.[27] Insofern ist es problematisch, von der geringen Repräsentanz von Frauen in Führungspositionen unmittelbar auf deren Diskriminierung zu schließen. Denn neben Diskriminierung gibt es eine weitere Erklärung, von der Frauenbeauftragte nicht wollen, dass Sie auch nur darüber nachdenken. Zwar arbeiten nur 6 Prozent aller Vollzeit arbeitenden Frauen in Führungspositionen, gegenüber 6,7 Prozent aller Vollzeit arbeitenden Männer. Doch gemessen anhand gängiger Jobprestige-Skalen, haben Frauen genauso prestigeträchtige Jobs wie Männer.[28] In meinen Berechnungen mit dem Sozio-oekonomischen Panel ließen sich weniger als 0,2 Prozent des Berufsprestiges überhaupt mittels des Geschlechts erklären. Der Grund ist, dass Frauen zwar seltener auf Chefsesseln sitzen, Männer aber auch öfter Arbeiten machen, die überhaupt nicht prestigeträchtig sind. Männer stellten zuletzt zwar beispielsweise 61 Prozent aller Direktoren und Hauptgeschäftsführer, aber auch 96 Prozent aller Müllsammler und 99 Prozent aller Bauhilfsarbeiter. Daraus ergibt sich, dass die Berufe von Frauen denen der Männer durchschnittlich im Sozialprestige nicht nachstehen. Dass Frauen in genauso anerkannte, aber weniger gut bezahlte Berufe gehen, lässt sich mit Diskriminierung nur schwer erklären. Diskriminierung kann auch kaum erklären, warum empirische Untersuchungen zeigen, dass Väter zufriedener sind, wenn sie länger arbeiten, Mütter aber nicht.[29] Die Autorinnen entsprechender Studien stellen über erwerbstätige Frauen heraus: »Sie sind in der Regel mindestens genauso gut ausgebildet wie ihre männlichen Altersgenossen und erwerben mindestens genauso häufig einen Hochschulabschluss. Dennoch zeigen die Untersuchungsergebnisse, dass nicht so viele Frauen ihre Erfüllung in einer beruflichen Karriere suchen wie Männer. Einige entscheiden sich gegen diese Möglichkeit und sind zufriedener mit Kindererziehung und Familie. Der Vergleich der Arbeitsteilungsmodelle führt zu zwei wichtigen Erkenntnissen: Zum einen sind Männer und Frauen in dem von ihnen gewählten Modell gleich glücklich oder gleich unglücklich. Zum anderen sind sowohl Väter als auch Mütter besonders unzufrieden, wenn sie das egalitäre Modell gewählt haben.«[30] Das mag unseren Vorstellungen von Geschlechtergerechtigkeit widersprechen, und diese Daten repräsentieren nicht jeden. Aber sollten wir deswegen ignorieren, dass Männer durchschnittlich – zumindest derzeit – zufriedener sind, wenn sie Karriere machen und Frauen, wenn sie mehr Zeit für soziale Kontakte haben?

Manche würden diese Frage bejahen. Denn auf sie folgt schnell eine ziemlich heikle Frage: Ist es ungerecht, dass Frauen weniger pro Stunde verdienen, wenn gleichzeitig erkennbar ist, dass ihnen Karriere weniger wichtig ist als Männern? Ungerecht ist es, wenn Frauen dadurch langfristig unzufriedener sind als Männer. Gerecht ist es, wenn Frauen sich bewusst für weniger Karriere entschieden haben, damit aber nicht weniger zufrieden sind. Misst man, wie zufrieden Männer und Frauen mit ihrem Job, ihrem Familienleben und ihrem Leben überhaupt sind, zeigen sich tatsächlich kaum signifikante Unterschiede.[31] Für die Frage, wie zufrieden Menschen mit ihrem Leben sind, spielt ihr Geschlecht empirisch gesehen einfach keine große Rolle. Viele argumentieren zwar, dass Frauen ungerechterweise zu Ausbildungen erzogen werden, in denen sie weniger verdienen, und Männer zu Karrieren, auf die sie in Wirklichkeit keine Lust haben. Doch das kann nicht erklären, warum Männer und Frauen dann im Mittel ähnlich zufrieden mit ihrer jeweiligen Wahl sind.

Aber nehmen wir entgegen den Daten zur Lebenszufriedenheit einmal an, dass Frauen durch ihre Erziehung tatsächlich in soziale Berufe gedrängt werden, obwohl sie eigentlich Karriere machen wollen, und Männer in technische Studiengänge und Karrieren, obwohl sie sich eigentlich um ihre Familie kümmern oder soziale Arbeit studieren wollen. Dann ist der unbereinigte Gender Pay Gap doch wieder von Bedeutung. Und er ist auf jeden Fall wichtig, weil Frauen seinetwegen weniger in die Renten- und Arbeitslosenversicherung einzahlen, sodass sie öfter in die Armut abrutschen, obwohl sie gesellschaftlich wichtige Jobs übernehmen. Gerade weil der unbereinigte Gender Pay Gap all dies widerspiegelt, zeigt er einen Maximalwert für Diskriminierung. Wie aber hat sich der Gender Pay Gap über die letzten siebzig Jahre entwickelt?

Im Jahr 1950 verdiente ein vollzeitbeschäftigter Mann 81 Prozent mehr als eine vollzeitbeschäftigte Frau, die Kaufkraft Vollzeit arbeitender Männer erreichte das Äquivalent von heutigen 839 Euro, die Kaufkraft Vollzeit arbeitender Frauen dahingegen nur 464 Euro.[32] Doch seitdem hatten Frauen stärkere Gehaltszuwächse als Männer vorzuweisen, sodass der Gehaltsunterschied auf 70 Prozent (1960), 63 Prozent (1970), 48 Prozent (1980), 41 Prozent (1990), 30 Prozent (2000), und 24 Prozent (2010) fiel. 2017 verdiente ein vollzeitbeschäftigter Mann 3964 Euro brutto, eine vollbeschäftigte Frau 3330 Euro, was einen geschlechtsspezifischen Lohnunterschied von 19 Prozent bedeutet. Sollte der Gender Pay Gap weiterhin so stark abnehmen, wäre er in ungefähr 20 Jahren ganz verschwunden. Vielleicht verschwindet er aber auch nicht. Möglicherweise bleibt die Lücke, weil Frauen immer noch eingeredet wird, gut bezahlte Berufe seien nichts für sie; möglicherweise weil Frauen freiwillig Lebensentscheidungen treffen, die sie in Kontakt mit mehr Menschen und weniger Geld bringen. Die empirischen Daten können hierauf keine endgültige Antwort geben. Aber während man endlos diskutieren kann, ob ein Fünftel immer noch viel oder schon wenig ist, steht außer Frage, dass die Gehaltsunterschiede von Männern und Frauen gegenüber einem Gender Pay Gap von 80 Prozent in den 1950er Jahren deutlich zurückgegangen sind. Dies hindert bekannte Autoren zwar nicht daran, genau das zu bestreiten. So schreibt beispielsweise die Literaturwissenschaftlerin Barbara Vinken: »Was man auch von Statistik halten mag und wie immer man davon Gebrauch machen soll, soviel liegt auf der Hand: Hierzulande ist seit den Zwanzigerjahren in Sachen Gleichberechtigung nicht viel passiert.«[33] Aber in Bezug auf ungleiche Bezahlung zeigt das, dass solche Leute einfach keine Ahnung haben.

*Gibt es mehr Armut?*
Wir werden also wohlhabender, die Lohnunterschiede zwischen Männern und Frauen nehmen ab, und auch wenn das reichste Prozent schneller reicher geworden ist als alle anderen, können sich doch alle Bevölkerungsgruppen mehr leisten als noch vor 30 Jahren. Aber wie ist dann die in den Medien immer wieder zitierte »alarmierende Statistik« zu verstehen, wonach die Armut in Deutschland »auf einen neuen Höchststand von 15,7 Prozent angestiegen« ist? Was ist überhaupt eine Armut von 15,7 Prozent?

Diese Zahl bedeutet zunächst, dass 15,7 Prozent der Deutschen weniger als 60 Prozent des Einkommens der Person haben, die genau in der Mitte der Einkommensverteilung steht. Das statistische Bundesamt kommt sogar auf eine Quote von 16,5 Prozent für das Jahr 2016.[34] Aber jetzt raten Sie einmal, wie wenig man haben muss, um nach dieser Definition unter die Armutsgrenze zu fallen? Laut dem Statistischen Bundeamt gilt eine allein lebende Person in Deutschland mit weniger als 1064 Euro im Monat als armutsgefährdet. Hätte ich als Student 1064 Euro monatlich zur Verfügung gehabt, hätte ich mich allerdings ziemlich reich gefühlt, obwohl ich offiziell arm gewesen wäre. Schon allein weil mehr junge Leute studieren und einen eigenen Haushalt haben, steigt die Armutsquote, ohne dass es notwendigerweise mehr Menschen gibt, die sich arm fühlen. Genau dasselbe passiert, wenn Geflüchtete nach Deutschland kommen. Sie erhöhen die Armutsquote, obwohl sie in Deutschland oft ein besseres Leben haben.

Und da sich die Armutsquote am mittleren Einkommen ausrichtet, wird es noch absurder. Überlegen Sie einmal, was mit der Armutsquote wohl passiert, wenn die Einkommen der Ärmsten um 10 Prozent steigen, während die Einkommen der Mittelschicht um 20 Prozent steigen? Die Armutsquote wird dann steigen, obschon die Armen mehr haben als zuvor. Und genau das ist der Grund, weshalb die Armutsquote seit Anfang der 1990er Jahre von circa 10 auf die oben zitierten circa 16 Prozent gestiegen ist. Doch was passiert, wenn man diesen Effekt herausrechnet, wenn man also Menschen nicht schon allein deshalb für ärmer hält, weil die Mittelschicht an Einkommen hinzugewonnen hat? Wenn man die Armutsquote immer einheitlich an der Frage berechnet, ein wie hoher Anteil der Deutschen in verschiedenen Jahren unter der Armutsgrenze des Jahres 2016 lag, stellt sie sich folgendermaßen dar.

**Anteil der Deutschen unter der Armutsgrenze 2016
(1064 Euro Kaufkraft, inflationsbereinigt)[35]**

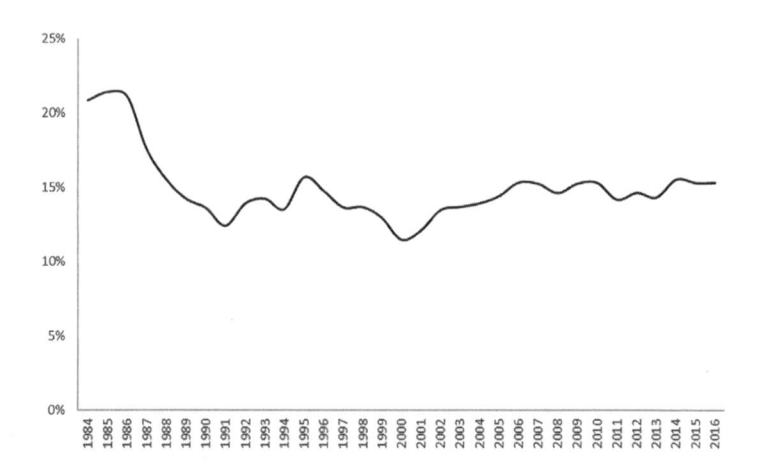

Der Anteil der Deutschen mit weniger als 1064 Euro Kaufkraft (die Armutsgrenze 2016, angepasst an die jährliche Inflation) war Anfang der 1980er Jahre wesentlich höher. Seit Ende der 1980er Jahre hat sich nicht mehr viel getan. Stellt man also in Rechnung, dass allein schon mehr Leute als arm gelten, weil die Einkommen der Mittelschicht steigen, zeigt sich kein Anstieg der Armutsquote, sondern eine langfristige Stagnation. Nicht mehr und nicht weniger Menschen hatten früher weniger als das, womit man heute als arm gilt. Die offizielle Armutsquote steigt also nicht, weil mehr Menschen sich weniger leisten können als früher, sondern weil unser Anspruch steigt, wie viel die Ärmsten haben sollten.

Aber es stimmt natürlich, dass Menschen, die trotz Vollzeitarbeit nur um die 1000 Euro haben, sich trotzdem arm fühlen können. Wenn Sie mich fragen, wäre eine zurückgehende Armutsquote schöner als eine stagnierende oder ansteigende, egal wie man sie misst. Ich werde daher später zeigen, was man tun kann, damit die Einkommenssteigerungen der Ärmsten mit denen der Reichsten wieder mithalten können. Doch bevor man in Panik ausbricht, sollte man sich klarmachen, dass wir hier dasselbe Muster sehen, das uns jetzt schon mehrmals begegnet ist. Nicht die Armut steigt, sondern unsere Ansprüche. Und das ist auch gut so. Warum sollten die Armen nicht immer mehr haben, wenn der Rest der Gesellschaft mehr hat? Doch wenn Interessenverbände wie der Paritätische Gesamtverband erzählen, dass immer mehr Menschen als arm gelten, ohne dabei offenzulegen, dass man immer mehr verdienen muss, um *nicht* als arm zu gelten, dann ist das nur die halbe Wahrheit.

Politikwissenschaftler wie Christoph Butterwegge treiben die damit verbundene Panik auf die Spitze. In seinen Büchern liest man: »Armut, in den meisten Regionen vor allem der ›Dritten‹ und ›Vierten‹ Welt schon immer traurige Alltagsnormalität, hält seit geraumer Zeit auch Einzug in Wohlfahrtsstaaten wie die Bundesrepublik, wo sie zumindest als Massenerscheinung lange weitgehend unbekannt war.« Damit unterschlägt er, dass Armut in den ärmsten Ländern der Welt circa 60 Dollar pro Monat bedeutet und in Deutschland über 1000 Euro.

Es scheint undenkbar, dass Butterwegge dies nicht selbst weiß, sodass man es schon als bewusste Irreführung bezeichnen kann. An anderer Stelle äußert er: »In einer Gesellschaft notleidend bzw. unterversorgt zu sein, in der keiner oder kaum einer viel hat, ist leichter zu ertragen, als in einer Gesellschaft arm zu sein, in der es als ›normal‹ gilt, dass Kinder nicht nur teure Markenkleidung tragen, sondern auch ein iPhone, einen Nintendo DS und einen MP3-Player besitzen.«[36] Überlegen Sie einmal, wie irreführend solch eine Aussage ist. Zu Ende gedacht, müsste Butterwegge einem Hunger leidendenden Afrikaner sagen, dass es ihm in Deutschland auch nicht besser gehen würde. Denn da hätte er zwar keinen Hunger, aber nicht alle elektronischen Gerätschaften, die viele andere haben, und das sei ja genauso schlimm, wie Hunger zu leiden. Glücklicherweise lassen Menschen aus verarmten Gebieten sich nicht so einfach von einer Flucht nach Deutschland abhalten.

Jedenfalls müsste, wer von einem Anstieg der Armut spricht, immer auch klarmachen, dass es diesen Anstieg nur gibt, weil die Grenze, ab der man als arm gilt, immer weiter nach oben verschoben wird. Wer dahingegen von absoluter Armut spricht, handelt verantwortungslos, wenn er so tut, als ob diese in Deutschland auch nur annähernd im selben Ausmaß wie in Entwicklungsländern anzutreffen ist. Aber genau solch strategische Unterschlagungen sind die Tricks der Katastrophenlobby. Das heißt nicht, dass nicht auch in Deutschland Menschen mit ihrem Einkommen unzufrieden sind. Aber vielleicht sollte man das einfach mal nachmessen, statt von vornherein von Ungerechtigkeiten auszugehen? Der folgende Abschnitt macht genau das.

## Sind wir zufrieden mit unserem Einkommen?

Die bisherigen Kapitel haben mit objektiven Daten gezeigt, wie der Wohlstand der Deutschen gewachsen ist und wer davon besonders profitiert hat. Aber wie zufrieden sind Menschen damit überhaupt? Anstatt Mutmaßungen darüber anzustellen, die ganze Bücher füllen, könnte man sie auch einfach fragen. Die Allgemeine Bevölkerungsumfrage der Sozialwissenschaften (ALLBUS) bittet eine repräsentative Auswahl aller Deutschen alle zwei Jahre, »Ihre eigene wirtschaftliche Lage heute« einzuschätzen. Die Antwortmöglichkeiten reichen von »(sehr) gut« über »teils teils« bis »(sehr) schlecht«. Die Antwortmöglichkeiten jeden Jahres summieren sich zu 100 Prozent. Von Jahr zu Jahr verändert sich, wie viel Prozent aller Deutschen ihre wirtschaftliche Lage positiv und negativ bewerten.

### Einschätzung der eigenen wirtschaftlichen Lage[1]

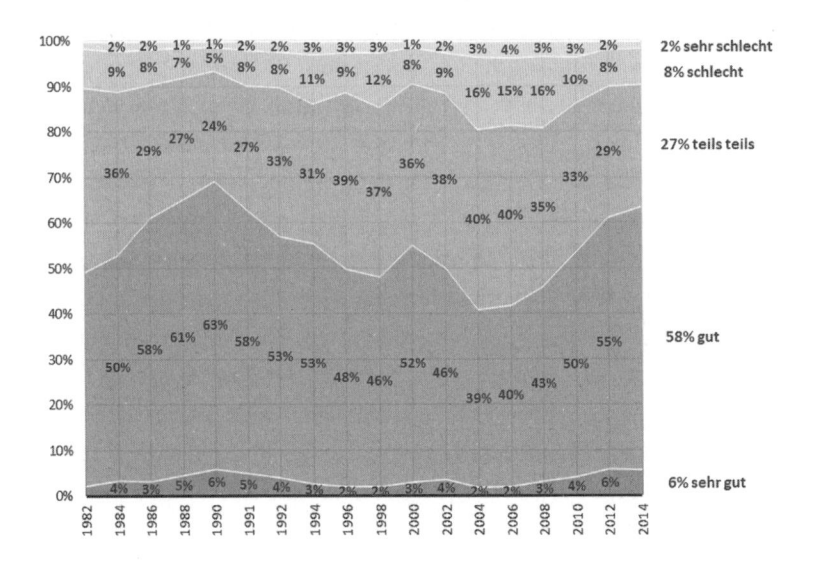

Im letzten Jahr der Erhebung schätzten 64 Prozent der Deutschen ihre wirtschaftliche Lage als gut oder sehr gut ein, nur 10 Prozent als schlecht oder sehr schlecht. Fast zwei Drittel der Deutschen meinen insofern, dass es ihnen wirtschaftlich gut geht, nur einer von zehn meint das Gegenteil. Ein ähnliches Bild hatten schon die Daten gezeigt, wonach nur 1,7 Prozent der Deutschen sich in den untersten 20 Prozent der Einkommensbezieher verorten. Die Zahlen machen deutlich, dass sich weitaus weniger Menschen arm fühlen, als es Arme nach der offiziellen Statistik gibt. Und während die Armutsquote aufgrund der oben beschriebenen Berechnungsart steigt, bewerten in den letzten Jahren immer weniger Deutsche ihre eigene wirtschaftliche Lage als schlecht oder sehr schlecht. Während Medien berichten, die Deutschen seien »mit ihrer finanziellen Situation unzufrieden« oder fühlten sich »unterbezahlt«, zeigt sich ein anderes Bild, wenn man sie einfach fragt. Denn nicht nur finden knapp zwei Drittel aller Deutschen, dass es ihnen wirtschaftlich gut geht. Die meisten finden laut ALLBUS auch gerecht, was sie bekommen.

Laut den ALLBUS-Daten meinen 63 Prozent aller Deutschen, dass sie »ihren gerechten Anteil an den angenehmen Dingen des Lebens« oder sogar noch mehr erhalten. Immerhin 30 Prozent finden allerdings auch, dass sie »etwas weniger« als ihren gerechten Anteil bekommen, 7 Prozent, dass sie »viel weniger« als ihren gerechten Anteil bekommen. Fast zwei Drittel der Deutschen finden damit gerecht, was sie bekommen; weniger als 10 Prozent finden es sehr ungerecht. Diese Zahlen haben sich über die letzten Jahrzehnte nur wenig geändert. Nach der Wende fanden etwas weniger Menschen, dass sie ihren gerechten Anteil bekommen, doch seitdem sind die Zahlen recht stabil.

Wenn man die Deutschen also fragt, statt nur über sie zu berichten, zeigt sich ein überraschendes Bild: Die meisten sehen sich in der leicht gehobenen Mittelschicht und finden, dass es ihnen recht gut geht; kaum jemand fühlt sich richtig ungerecht behandelt, und die meisten sind zufrieden mit dem, was sie haben. Doch wie können so viele

Deutsche zufrieden mit ihrem Einkommen sein, während selbst einflussreiche Journalisten und Feuilleton-Soziologen von weitverbreiteter Unzufriedenheit, Mittelschichtspanik oder sogar dem Ende der Mittelschicht erzählen? Das erreichen sie mit ein paar Zahlentricks.

Ein Klassiker ist, nur über jenen Bevölkerungsanteil zu berichten, der unzufrieden ist, ohne gleichzeitig zu erwähnen, welcher Anteil zufrieden ist. So berichtet die *FAZ*, 41 Prozent aller Befragten einer Umfrage fühlten sich unterbezahlt. Ob die restlichen 59 Prozent sich überbezahlt fühlen, erfahren wir nicht. Der *Focus* titelt: »Deutsche fühlen sich unterbezahlt«, und wiederholt daraufhin wörtlich die Pressemitteilung einer Unternehmensberatung. Diese hatte allerdings nur Arbeitnehmer befragt und keine repräsentative Auswahl an Deutschen – was im Magazin jedoch unterschlagen wird.[2]

Der Autor Alexander Hagelüken schreibt dahingegen vom Abstieg der Mittelschicht, ohne offenzulegen, dass die Definition der Mittelschicht sich – ebenso wie die Armutsquote – am Medianeinkommen festmacht.[3] Zur Mittelschicht wird in der Regel gezählt, wer zwischen 60 und 200 Prozent des Medianeinkommens verdient. Damit kann die Mittelschicht allein schon deshalb schrumpfen, weil Wohlhabende mehr verdienen als früher, ohne dass irgendwer in der vermeintlichen Mittelschicht einen Cent weniger hätte oder unzufriedener ist als zuvor.

Mit solchen Daten wird systematisch der Eindruck verbreitet, die Menschen seien mit ihrem Einkommen unzufrieden, die Mittelschicht verarme oder die Armut nehme zu. Ob es ihnen selbst gut geht, können Menschen recht gut selbst einschätzen. Ganz anders sieht es jedoch aus, wenn sie gefragt werden, ob Deutschland insgesamt ungerecht ist. Dann zeigen die Antworten nämlich ein Bild, das der einseitig negativen Berichterstattung entspricht.

Genau zwei Drittel der Deutschen stimmen laut ALLBUS der Aussage zu, die sozialen Unterschiede in Deutschland seien »eher nicht« oder »gar nicht« gerecht. Doch wenn man die Menschen direkt fragt, finden die meisten von ihnen, dass es ihnen ziemlich gut geht. Die meisten halten ihr Leben für eine glückliche Ausnahme in einer ungerechten Welt. Hier passt etwas nicht zusammen, und es spricht einiges dafür, dass es an der übertrieben negativen Berichterstattung liegt. So erhöht jede Stunde, die Deutsche täglich fernsehen, die Wahrscheinlichkeit, dass sie die sozialen Unterschiede ungerecht finden, um 9 Prozent.[4] Wir sitzen somit einer kollektiven Illusion auf, und diese trifft Individuen desto stärker, je mehr Zeit sie vor dem Fernseher verbringen. Das soll aber nicht heißen, dass es keine Ungleichheit gibt, oder gar, dass nichts besser werden kann. Ganz im Gegenteil, es wäre relativ einfach möglich, den tatsächlich Benachteiligten wieder zu mehr Wohlstand zu verhelfen, statt über Phantomunzufriedenheit zu schreiben.

## Was kann man gegen Ungleichheit tun?

Die vorherigen Kapitel haben gezeigt, dass die obersten 1 bis 2 Prozent aller Einkommensbezieher stärkere Einkommenszugewinne haben als der Rest. Es macht wenig Sinn, die Erfolgreichen für ihren Erfolg zu bestrafen. Aber es spricht nichts dagegen, ihnen einen Teil des Zugewinns wieder abzunehmen, damit sich Arbeit auch für die Ärmsten wieder lohnt. Wie kann das klappen?

Wer heute 1295 Euro brutto verdient, kann davon nur durchschnittlich 970 Euro netto behalten und liegt damit unter der Armutsgrenze. Diese Abzüge erklären sich zu vier Fünfteln aus dem circa 20-prozentigen Arbeitnehmeranteil an den Lohnnebenkosten. Wegen dieser Lohnnebenkosten lohnt sich Arbeit für Geringqualifizierte kaum noch. Dahingegen zahlt das reichste Prozent nur 43 Prozent Abgaben auf ihr gesamtes Einkommen, da die Sozialabgaben gedeckelt sind. Die Abzüge für einen Haushalt im reichsten Prozent sind deswegen insgesamt niedriger als für einen Haushalt in der Mitte.[1]

Keine Gerechtigkeitstheorie hält es für sinnvoll, dass das reichste Prozent aller Haushalte, das zudem die höchsten Einkommensgewinne zu verzeichnen hatte, niedrigere Abgaben zahlt als der Normalverdiener. Was kann man also tun?

Meine eigenen Berechnungen mit den Daten des Sozio-oekonomischen Panels und der Top World Incomes Database zeigen, dass jedes Jahr 18,5 Milliarden Euro zusammenkämen, wenn Haushalte, die *pro Haushaltsmitglied* mehr als 60 000 Euro jährlich haben, für alles darüber hinausgehende Einkommen 14 Prozent mehr Steuern zahlen müssten als bisher.[2] Der Spitzensteuersatz würde dann ungefähr wieder da liegen, wo er bis 1989 sowieso schon war.

Für Haushalte mit weniger als 60 000 Euro pro Haushaltsmitglied würden dadurch keine zusätzlichen Abgaben anfallen. Eine vierköpfige Familie könnte bis zu 240 000 Euro verdienen, ohne dass sich für sie etwas ändern würde. 88 Prozent solch einer Steuer würden vom reichsten Prozent der Gesellschaft getragen, und niemand außerhalb der reichsten 3 Prozent müsste auch nur einen Cent mehr aufbringen. Mit den jährlichen 18,5 Milliarden Euro, die durch so eine Steuer zusammenkommen würden, könnte man dem unteren Viertel aller Haushalte, die pro Haushaltsmitglied am wenigsten Nettoeinkommen haben, den kompletten Arbeitnehmeranteil an den Lohnnebenkosten erlassen. Das wären alle Haushalte, die pro Haushaltsmitglied monatlich weniger als 826 Euro netto haben. Eine vierköpfige Familie müsste also bis zu einem Nettoeinkommen von circa 3300 Euro keine Lohnabgaben mehr zahlen. Das Nettoeinkommen dieses ärmsten Viertels der Gesellschaft würde damit um ungefähr 20 Prozent steigen.

Arbeit würde sich dann für das unterste Viertel der Gesellschaft wieder lohnen. Der Einkommenszuwachs des reichsten Prozents läge auch nach einer solchen Maßnahme immer noch über allen anderen. Simulationsstudien zeigen, dass ein 14 Prozentpunkte höherer Spitzensteuersatz kaum den Arbeitsanreiz senken würde. Selbst der

Internationale Währungsfonds, lange von linken Globalisierungskritikern als neoliberal verteufelt, glaubt nicht mehr, dass solch eine moderat höhere Besteuerung der Reichsten das Wirtschaftswachstum senkt. Und auch die Lebenszufriedenheit würde dadurch nicht sinken, weil die Besteuerung erst an einem Punkt ansetzt, an dem zusätzliches Einkommen nicht mehr zur Lebenszufriedenheit beiträgt.[3] Wenn die Studien zu effizienten Steuern und zum abnehmenden Grenznutzen zusätzlichen Einkommens also recht haben, würde man mit der oben beschriebenen Abgabe nur jenes Einkommen besteuern, das Menschen weder zufriedener noch wesentlich produktiver macht.

Dahingegen ist die Arbeitslosigkeit der untersten Einkommensgruppen das größte Gerechtigkeitsproblem der Einkommensverteilung in Deutschland, ich würde sogar sagen: das einzige wirklich große Problem. Doch anstatt sich darüber zu beschweren, könnte man auch dies einfach ändern. Man müsste nur das machen, was auch in der Vergangenheit schon funktioniert hat: diejenigen besteuern, die außergewöhnlich hinzugewonnen haben, damit Arbeit sich auch für diejenigen lohnt, die es schwerer haben.

Für diese Probleme gibt es also klare Lösungsansätze. Aber auch wenn die Probleme vorerst noch Probleme bleiben, so bleibt doch auch die Tatsache, dass in Deutschland langfristig alle Einkommensgruppen finanziell hinzugewonnen haben, dass sich besonders die Unterschiede zwischen Männern und Frauen verringert haben, dass die Armutsquote nicht steigt, solange man eine konstante Grenze ansetzt, und dass nur 10 Prozent der Deutschen überhaupt unzufrieden mit ihrer finanziellen Situation sind. Obwohl populäre Buchtitel vor einem »gespaltenen Land« oder »Armut in einem reichen Land« warnen, geben die Daten dazu kaum Anlass. Doch vielleicht kommen die großen Probleme ja aus einer ganz anderen Richtung?

## Machen wir unsere Umwelt kaputt?

Die Umwelt macht bekanntlich an Nationalgrenzen nicht halt. Einen speziell deutschen Klimawandel gibt es nicht, weswegen dieses Thema im Kapitel zu weltweiter Lebensqualität behandelt wird. Doch ob die Luft und das Wasser in Deutschland verdreckt sind, kann man sich auch getrennt von anderen Ländern ansehen.

*Luftverschmutzung*
Am 17. Januar 1979 warnten Radiosprecher die Menschen im Ruhrgebiet davor, ihr Haus zu verlassen, besonders wenn sie Herz- oder Lungenprobleme hätten. Aber auch Gesunde beklagten sich über einen komischen Geschmack auf der Zunge, Atemnot und Müdigkeit. Schuld daran war die Luftverpestung durch Schwefeldioxid: Smog. Anfang Dezember 1962 starben im Ruhrgebiet dadurch 20 Prozent mehr Menschen als im Vorjahreszeitraum.[1] Und bevor es besser wurde, wurde es schlimmer. Am 18. Januar 1985 durften im westlichen Ruhrgebiet keine Autos mehr fahren, Fabriken nur noch schwefelarme Brennstoffe nutzen, Schulen nicht unterrichten. Sehen Sie in der folgenden Grafik, was seitdem passiert ist.

Durch Filter- und Rauchgasreinigungsanlagen, Katalysatoren und emissionsfreie Brennstoffe sank die Luftverschmutzung. 2009 verkündete selbst das Umweltbundesamt, Grenzwerte für Schwefeldioxid, Kohlenmonoxid, Benzol und Blei werden nirgendwo mehr überschritten.[2] Über Smog, Atemnot und Rauchschwaden redet heute niemand mehr. Trotzdem hören wir allenthalben, dass Dieselmotoren unsere Luft verpesten. Dabei geht es nicht mehr um Schwefeldioxid, sondern um Stickoxide und Feinstaub, deren Auswirkungen auf die Gesundheit unklarer sind. Doch auch die deutschlandweite Stickoxid- und Feinstaubbelastung (kleiner als 10 Mikrometer) ist seit 1990 um 60 Prozent gesunken. Seit 1990 haben sich deswegen die Todesfälle durch Luftverschmutzung mehr als halbiert.[3]

**Tonnen Schwefeldioxidausstoß pro Kopf**[4]

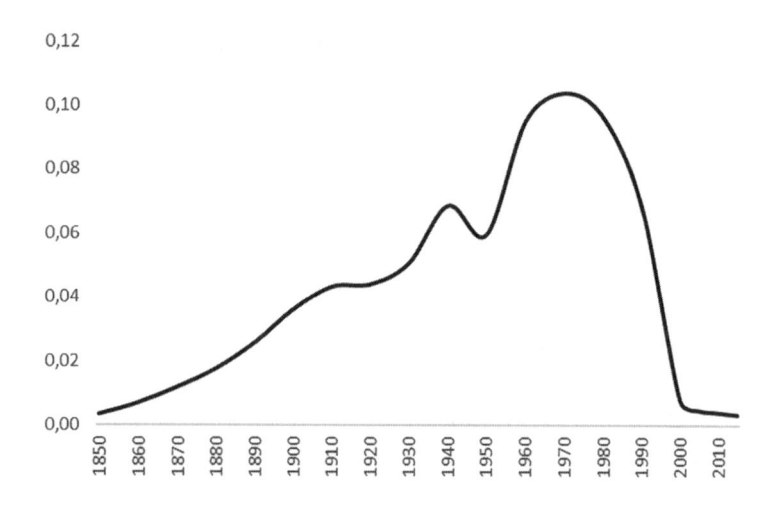

Doch wieso reden wir so viel über gefährliche Luftverschmutzung, wenn die Luftqualität besser wird? Der Grund ist nicht die Luftqualität, der Grund sind sehr strenge Grenzwerte. Seit 2010 gilt ein Stickstoffdioxid-Grenzwert von 200 Mikrogramm pro Kubikmeter Luft, der höchstens 18-mal im Jahr eine Stunde überschritten werden darf. Im Jahresmittel darf die Belastung nicht über 40 µg/m³ liegen. An Arbeitsplätzen ist dahingegen eine Belastung von bis zu 950 µg/m³ erlaubt. Doch selbst beim mehr als Vierfachen dieses Grenzwerts äußerte die Ständige Senatskommission zur Prüfung gesundheitsschädlicher Arbeitsstoffe der Deutschen Forschungsgemeinschaft, es sei lediglich »nicht auszuschließen, dass nach 2-jähriger täglich 6-stündiger Exposition […] Effekte auftreten«.[5] Das bedeutet, wenn Sie sich zwei Jahre lang täglich sechs Stunden den zehnfachen generellen Grenzwert oder den vierfachen Arbeitsplatzgrenzwert reinziehen, dann sind negative Gesundheitsfolgen »nicht auszuschließen«. Es ist natürlich wichtig, dass der Grenzwert von 40 µg/m³ selbst für Kranke, Ältere und Kleinkinder völlig unproblematisch sein muss. Vielleicht ist es auch einfach sinnvoll, immer strengere Grenzwerte durchzusetzen. Problematisch ist allerdings, wenn sich dadurch der Eindruck verbreitet, die Atemluft werde schmutziger, wenn es doch die Grenzwerte sind, die immer niedriger werden. Denn was in der Diskussion völlig verloren geht, ist, dass Autos viel sauberer und nicht etwa schmutziger geworden sind. Im Jahr 2014 mussten Dieselfahrzeuge 84 Prozent und Benziner 60 Prozent weniger Stickoxide ausstoßen als 10 Jahre zuvor. Nicht die Luft wird also schlechter, aber unsere Ansprüche an gesunde Luft steigen schneller, als die Luft sauberer werden kann. Anstatt zu merken, dass wir uns mit immer strengeren Grenzwerten abmühen, was eine Verbesserung ist, kommt bei den meisten nur an, dass Grenzwerte für Luftverschmutzung nicht mehr eingehalten werden. Und das führt dazu – Sie sehen das Muster –, dass etwas besser wird, während wir den Eindruck bekommen, dass es schlechter wird.

*Wasserqualität*
Genauso verdreckt wie die Luft waren früher Deutschlands Gewässer. 1962 nannte der Minister für Atomkernenergie und Wasserwirtschaft den Rhein »die größte Kloake Europas«.[6] Im Sommer 1969 durfte man sich im Rhein nicht einmal mehr die Hände waschen. Angesichts der mit Fäkalien und abgestorbenen Fischen übersäten Rheinoberfläche wäre wahrscheinlich sowieso niemandem diese Idee gekommen. Doch auch wer den Rhein nicht berührte, entkam nicht den platzenden Faulschlammblasen, die die Umgebung in eine Gestankglocke hüllten. Der Rhein war keine Ausnahme. 1972 dokumentierten Forscher in den Sedimenten der wichtigsten deutschen Flüsse 300-fach überhöhte Cadmium-, 50-fach überhöhte Quecksilber- und 30-fach überhöhte Bleiwerte.[7] In den dort lebenden Fischen fanden sich ähnliche Schwermetallanreicherungen, sodass Forscher ein Verzehrverbot forderten.[8] Noch 1978 urteilte eine Un-

tersuchung, es »sei sinnlos«, zu erwarten, »daß der Rhein in den unbelasteten Zustand zurückgeführt werden könne«.[9] In kaum einem natürlichen Gewässer war an Baden auch nur zu denken. Über die Elbe der 1980er Jahre berichtete der Biologe Hennig Veit von der Uni Hamburg: »Die Fische hatten starke Geschwüre im Mundbereich, die sogenannten Blumenkohlgeschwüre. Aale sahen fürchterlich aus, die Schollen hatten Wucherungen auf der Hautoberfläche.«[10]

Man versuchte es trotzdem. 1987 beschlossen die Umweltminister aller Rhein-Anrainer-Staaten mit der Internationalen Kommission zum Schutz des Rheins (IKSR), den Fluss bis ins Jahr 2000 so sauber zu bekommen, dass selbst der Lachs dort wieder anzutreffen sei. Und das gelang. Denn durch die bessere Luft gelangten weniger Schadstoffe ins Wasser. Zusätzlich wurden Fabriken und Kommunen an Kläranlagen angeschlossen. Staustufen wurden mit Fischleitern ausgestattet, sodass 63 von 64 Fischarten wieder heimisch wurden. Alle außer dem Aal kann man heute wieder bedenkenlos verzehren.[11] In den 90ern wurden weitere Flusskommissionen gegründet, die sich die Maßnahmen zum Vorbild nahmen und die größten deutschen Flüsse sanierten.

Das führt heute zu ganz anderen schlechten Nachrichten. Im Rhein sterben wieder Menschen, weil sie ertrinken, seit man in dem Fluss wieder bedenkenlos schwimmen kann. Aber wie kann es dann sein, dass der *Focus* kürzlich titelte: »Verunreinigung durch Fäkalien. Mangelhafte Wasserqualität: An diesen fünf Orten sollten Sie besser nicht baden«?[12] Hintergrund war ein umfangreicher Bericht, den die Europäische Umweltagentur im Jahr 2017 vorstellte. Demnach konnte man in 97,8 Prozent aller Küsten- und Binnengewässer mittlerweile bedenkenlos schwimmen.[13] Mangelhaft waren 5 von 2241 getesteten Badestellen. Schlagzeilen machten allerdings die 5 mangelhaften Badestellen, nicht die restlichen 2236.

Aber wieso sieht das Bundesumweltamt dann nur 8 Prozent aller deutschen Gewässer in einem »gutem« Zustand? Über die Wasserqualität sagt diese Einschätzung nichts aus. Denn hier werden Gewässer mit unterschiedlichen Kriterien beurteilt, und dasjenige mit der schlechtesten Bewertung bestimmt den Gesamtzustand. Als »gut« wird ein Gewässer dabei nur bewertet, wenn es kaum von dem Zustand abweicht, den man als natürlich annimmt. Dabei gelten selbst Gewässer, die nur begradigt wurden, schon nicht mehr als gut. Eine Abweichung von einem guten Zustand wird auch diagnostiziert, wenn zwar Biber, Lachse und andere Tiere zurückgekehrt sind, sich jedoch nicht in derselben Artenvielfalt finden, die man für die Vergangenheit annimmt.[14] Aber ist das überhaupt schlimm?

*Artenvielfalt*

Es klingt dramatisch, wenn der WWF warnt, 26 Prozent der deutschen Farn- und Blütenpflanzen seien bestandsgefährdet und fast 2 Prozent sogar ausgestorben. Bei den einheimischen Tierarten sollen sogar 36 Prozent bedroht und 3 Prozent ausgestorben sein. Auch der Artenschutzreport des Bundesamtes für Naturschutz bezeichnet 30 Prozent aller Arten als gefährdet und sogar schon 6 Prozent als ausgestorben oder verschollen.[15] Doch woher wissen die das eigentlich? Die sogenannte Artendichte misst, wie viele Arten auf einem durchschnittlichen Stück Land leben, relativ zu dem, was als natürlich angenommen wird. Entsprechende Hochrechnungen gehen davon aus, dass die deutsche Artendichte heute nur noch zwei Drittel beträgt. Das heißt, heute findet man auf einem durchschnittlichen Flecken Erde nur noch zwei Drittel der Arten, die man an unberührten Stellen vermutet. Doch dieselben Hochrechnungen gehen davon aus, dass diese Artendichte Anfang des zwanzigsten Jahrhunderts sogar niedriger war, nämlich bei 57 Prozent, sodass die Artenvielfalt nicht gefallen, sondern gestiegen ist.[16]

Wie sind die zunehmend saubereren Gewässer, Luft und die möglicherweise heute höhere Artenvielfalt eigentlich mit apokalyptischen Sichtweisen zu vereinbaren, die selbstsicher behaupten, es werde »alles dafür getan, neues Wachstum zu erzeugen – das fortgesetzte Aufzehren der Natur wird dabei in Kauf genommen«?[17]

Umweltorganisationen und Ministerien warnen zu Recht, dass einzelne Arten gefährdet sind. Und wer wird nicht schwach, wenn er niedliche Tiere sieht, die bald ausgerottet sein sollen? Doch dabei gerät in Vergessenheit, dass diese Gefährdung früher möglicherweise noch höher war. Natürlich bleiben noch viele Fragen offen, wie das Sammeln von Biomasse zeigt. Hobbyforscher aus Krefeld haben weltweites Aufsehen erregt, als sie entdeckt haben, dass innerhalb der letzten 27 Jahre 75 Prozent weniger Insekten in ihre Fallen geraten sind.[18] Wenn das stimmt, ist es wirklich ein Problem. Es hat aber wenig mit einer Berichterstattung zu tun, die mit niedlichen Tieren Aufsehen erregt, jedoch nichts über langfristige Trends aussagt, die genauso gut positiv wie negativ sein könnten.

Noch drastischer ist der Unterschied zwischen den realen Problemen und der betreffenden Berichterstattung beim Thema Terrorismus. Es hört sich vielleicht überraschend an, aber wenn Sie sich unbedingt Sorgen machen wollen, dann lieber wegen Bienen und nicht wegen Terroristen.

## Bedroht uns der Terrorismus?

Was bringt einem der größte Wohlstand, wenn man Angst haben muss, bei einem Terroranschlag alles wieder zu verlieren? Was bringt saubere Luft, wenn jeder Atemzug der letzte sein kann? Zu Furcht scheint es allen Grund zu geben, schließlich wurde das Jahr 2016 von vielen Medien zum »Jahr des Terrors« erklärt. Tatsächlich geben 71 Prozent aller Deutschen an, Angst vor Terror stehe ganz oben auf ihrer Ängsteliste.[1] Gut, dass Journalisten versichern, Angst sei »eine völlig normale Reaktion im Angesicht dieser Bedrohung«.[2] Aber stimmt das überhaupt?

Seit 1970 sind in Deutschland 163 Menschen durch Terroranschläge umgekommen.[3] Doch seit 2001 gab es in Deutschland mit Ausnahme des Jahres 2016, in dem 26 Menschen ums Leben kamen, besonders *wenige* Terroropfer, nämlich 11 in 17 Jahren. Geradezu absurd wird die Angst vor Terrorismus, wenn man sich die Größenordnung der Gefahr klarmacht. Die Wahrscheinlichkeit, selbst innerhalb des vermeintlichen »Jahr des Terrors« 2016 zum Opfer eines terroristischen Anschlags zu werden, betrug ganze 0,00003171 Prozent. Das bedeutet, man muss circa 2,18 Millionen Jahre lang der Gefahr des Jahres 2016 ausgesetzt sein, um auch nur eine 50/50-Chance zu haben, zum Terroropfer zu werden.[4] Man könnte also die gesamte Entwicklung des Homo sapiens mehr als 10-mal vom Anfang bis heute durchlaufen, bis man auch nur eine 50-prozentige Chance erreichen würde, Opfer eines Terroranschlags zu werden. Wenn wir also wegen etwas wirklich überhaupt keine Sorgen haben müssen, dann wegen Terrorismus. Jeder Todesfall ist einer zu viel. Aber genau aus diesem Grund muss man auch den Umkehrschluss ziehen und sich klarmachen, warum Menschen wirklich sterben, statt irrationale Ängste zu säen. Die folgende Grafik zeigt beispielsweise, wie viele Menschen bei Autounfällen im Vergleich zu Terroranschlägen sterben.

Im Vergleich zu den jährlichen Verkehrstoten kann man die Balken mit den jährlichen Terroropfern kaum erkennen. Doch diese viel häufigeren Todesarten sind den Medien kaum eine Nachricht wert. Auch nicht im Positiven. Denn wie Sie in der Grafik gesehen haben, geht die Zahl der Verkehrstoten stark zurück. Wir erfahren nicht, dass 1970 noch über 19 193 Menschen bei Verkehrsunfällen gestorben sind, 2017 nur noch 3177. Ungefähr 4 von 5 Menschen, die vor weniger als 50 Jahren in Verkehrsunfällen umgekommen wären, überleben heute. Doch wenn Medien über Verkehrstote berichten, dann gerne mit der Schlagzeile: »Vorsicht, Lebensgefahr!«[5]

Lebensgefährlich ist der Autoverkehr aber nur im Vergleich mit viel kleineren Gefahren, wie eben dem Terrorismus. So sind im Jahr

Tote durch Autounfälle und Terrorismus seit 1970 im Vergleich[6]

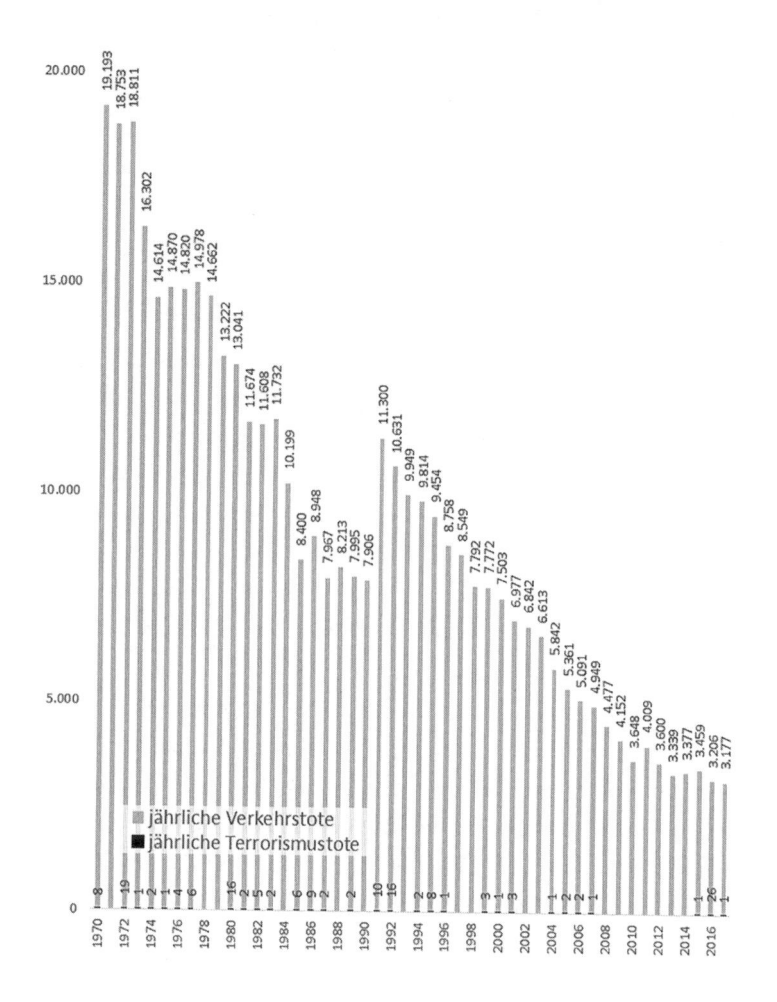

2016 über 100-mal mehr Menschen durch banale Autounfälle umgekommen als durch Terrorakte. Wer also wegen des Terrors um sein Leben fürchtet, dürfte sich in kein Auto mehr trauen. Gehen Sie dort Kaffeetrinken, wo Terroristen Anschläge verüben könnten, fahren Sie in Städte mit hoher Terrorgefahr, tragen Sie ein T-Shirt mit der

Aufschrift: »*Hit me, terrorist!*« Dennoch bleibt die Wahrscheinlichkeit deutlich höher, dass Sie in Ihrer eigenen Badewanne ertrinken (38 Todesfälle 2015).[7]

Genauso sorglos und rational haben die Berliner nach den Anschlägen 2016 reagiert. Zwar hat niemand das T-Shirt gekauft, aber sie sind weiter auf Weihnachtsmärkte und Kaffee trinken gegangen und haben ihr Leben weitergelebt. Eine Schlagzeile lautete, über dieser Gelassenheit »schwebt ein Hauch von Fatalismus«.[8] Im Jugendmagazin *Bento* erklärte eine Psychologin, keine Angst vor Terrorismus zu haben, könne auch »Zeichen eines Erschöpfungssyndroms (Burn-out) bzw. von Depression sein«.[9] Absurder geht es nicht: Weil Menschen rationalerweise keine Angst haben, werden ihnen psychische Krankheiten eingeredet. Doch würden wir uns klar darüber werden, wie irrational die Angst vor Terror ist, könnte man dem Terrorismus den Boden entziehen, ganz ohne Kosten, ohne Einschränkung von Menschenrechten und ohne jemandem wehtun zu müssen. Denn Forscher sind sich einig, dass Terroristen es auf Rache, Ruhm, und eine Reaktion absehen.[10] Würden wir aufhören, ihnen die Aufmerksamkeit zu schenken, die sie nicht verdienen, würden sie all dies nicht mehr bekommen und ihrer wirksamsten Waffe beraubt: der Möglichkeit, Angst zu verbreiten. Wenn stimmt, was Terrorforscher herausgefunden haben, würde ein Ausbleiben von Reaktionen die Motivation zu weiteren Anschlägen zum Versiegen bringen.

Dabei geht es nicht darum, etwas zu verschweigen oder zu beschönigen. Es geht auch nicht darum, angesichts einer realen Gefahr tapfer zu sein, sondern zu realisieren, dass überhaupt keine nennenswerte Gefahr existiert. Indem wir uns das nicht klarmachen, geben wir den Terroristen genau die Reaktion, die sie haben wollen. Wir spielen ihr Spiel, indem wir ihnen erlauben, irrationale Ängste zu verbreiten. Unsere Berichterstattung gibt Terroristen eine Bühne, die sie zumindest anregt, weitere Terroranschläge zu verüben. Auch hier wäre es deswegen sinnvoll, die Angstschraube zu lösen, nicht um die Realität zu missachten, sondern weil erst die Missachtung der Realität den Terrorismus überhaupt erst ermöglicht und uns vergessen lässt, dass wir in einer Welt leben, in der diese Angst eigentlich unnötig ist.

## Müssen wir Angst vor Kriminalität haben?

Okay, okay, materiell geht es uns gut, rational betrachtet müssen wir uns weder vor verschmutzter Luft noch vor Terrorismus fürchten. Aber fühlen Sie sich nicht auch manchmal unsicher, wenn Sie nachts alleine nach Hause gehen? Vielleicht nicht gleich wegen eines Terroranschlags, es reicht ja auch ein einfacher Raubüberfall. Angst vor Kriminalität ist nämlich die zweitgrößte Sorge der Deutschen, nach der Angst vor Terrorismus. 82 Prozent der Deutschen meinten 2016, die Kriminalität nehme zu, 2014 waren es nur 52 Prozent. 64 Prozent der Deutschen fürchteten, Opfer eines Verbrechens zu werden. 2011 waren es nur 29 Prozent. An erster Stelle steht die Angst vor Eigentumsdelikten, besonders Diebstahl und Einbruch. An zweiter Stelle folgt die Angst vor Gewaltverbrechen, beispielsweise Körperverletzung und Raubüberfälle.[1] Diese Angst ist nicht verwunderlich, wenn die *Welt* und der *Spiegel* von einer »Einbruchswelle« sprechen und der *Focus* verkündet, »Hasskriminalität und Fremdenfeindlichkeit [hätten] dramatisch zugenommen«.[2] Aber haben die dadurch geschürten Ängste eine reale Grundlage? Die polizeiliche Kriminalstatistik zeigt, wie oft Verbrechen pro 100 Einwohner verfolgt werden. Bei einem Raubüberfall pro 100 Personen hat man statistisch gesehen eine einprozentige Chance, innerhalb eines Jahres Opfer zu werden.[3] Wie oft also geschehen die Verbrechen, die die Deutschen am meisten fürchten?

Die Kurven zeigen, wie oft die drei Delikte verfolgt werden, vor denen Deutsche sich besonders fürchten. Beschriftet ist jeweils das

Jahr, in dem die Statistik den Höhepunkt jedes Vergehens ausweist. Die Daten zeigen, dass Eigentums- und Gewaltkriminalität nicht ansteigen. Tatsächlich haben alle hier verzeichneten Delikte ihren Höhepunkt überschritten. Und nicht nur das, auch die Chance, überhaupt Opfer eines dieser Verbrechen zu werden, ist extrem niedrig.

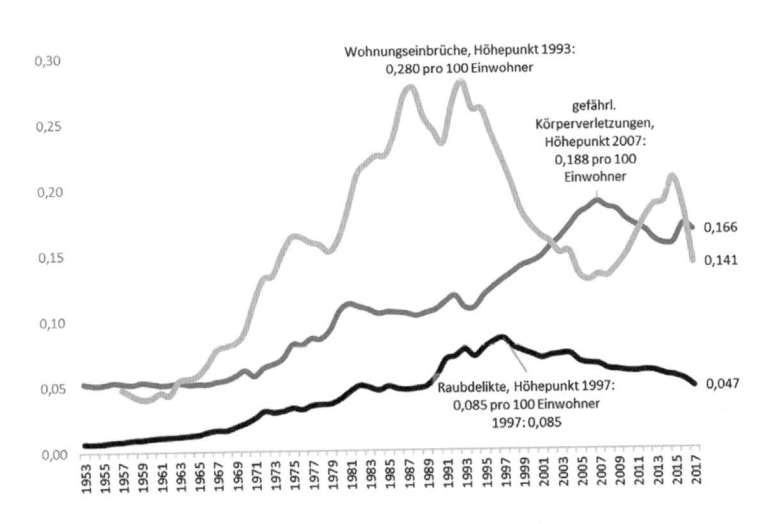

**Pro 100 Personen verfolgte Verbrechen[4]**

Das häufigste Gewaltverbrechen, die gefährliche Körperverletzung, hat die Polizei zuletzt pro 100 Personen 0,166-mal verfolgt. Demnach gäbe es für einen typischen Deutschen eine Wahrscheinlichkeit von 0,166 Prozent, innerhalb eines Jahres Opfer einer gefährlichen Körperverletzung zu werden. Das bedeutet zugleich eine Wahrscheinlichkeit von 99,834 Prozent, *nicht* Opfer einer gefährlichen Körperverletzung zu werden. Erst wenn man seinen 417. Geburtstag feiern würde, wäre die Wahrscheinlichkeit auf 50 Prozent angestiegen, einmal Opfer einer gefährlichen Körperverletzung zu werden.

Und wenn beispielsweise die *Welt* in dem oben zitierten Artikel schreibt, Wohnungseinbrüche seien um »annähernd zehn Prozent«

angestiegen, so unterschlägt sie dabei das niedrige Level, von dem aus dieser Anstieg stattfindet. Beispielsweise bestand zuletzt eine Wahrscheinlichkeit von 0,141 Prozent, innerhalb eines Jahres Opfer eines Wohnungseinbruchs zu werden. Bei dieser Wahrscheinlichkeit muss man auf die 50-prozentige Chance eines Einbruchs sogar 491 Jahre warten. Auch ein weiterer 10-prozentiger Anstieg von Wohnungseinbrüchen würde bedeuten, dass man statistisch gesehen immer noch 446 Jahre warten muss. Das ist, als ob man Ihnen erzählt, ein Schlaganfall wäre heute 10-mal wahrscheinlicher als letztes Jahr, ohne zu sagen, ob dadurch die Chance auf 50 oder auf 0,0005 Prozent wächst. Um Opfer eines Raubes zu werden, muss man sich nach der polizeilichen Kriminalstatistik sogar 1474 Jahre gedulden. Man kann etwas mit den Annahmen spielen, beispielsweise wenn man davon ausgeht, dass von jedem Wohnungseinbruch zwei Personen betroffen sind. Aber wie man es dreht und wendet, große Angst vor diesen Delikten muss niemand haben. Die meisten Verbrechen sind so selten, dass sie einem kaum widerfahren.

Aber vielleicht unterschätzt die polizeiliche Kriminalstatistik die tatsächliche Kriminalität? Dietrich Oberwittler vom Max-Planck-Institut für ausländisches und internationales Strafrecht meint, die polizeiliche Kriminalstatistik sei »die beste Annäherung an das Kriminalitätsgeschehen«. Doch ihre Schwäche sei, dass »die Anzeigebereitschaft der Opfer im historischen Verlauf zugenommen hat«. Da die polizeiliche Kriminalstatistik nur angezeigte Fälle aufführt, war die Dunkelziffer früher eher höher, Verbrechen wären dann tatsächlich noch stärker zurückgegangen, als die Statistik erkennen lässt.[5] Niemand bezweifelt allerdings, dass es auch heute eine Dunkelziffer gibt. Um sie zu beleuchten, haben Forscher über 12 000 Deutsche gefragt, welche Art von Kriminalität sie selbst erlebt haben, um dies mit der offiziellen Kriminalstatistik abzugleichen. Demnach muss man die offiziellen Zahlen zu Körperverletzung vervierfachen, Diebstähle verdreifachen.[6] Doch damit müssten Sie immer noch 104 Jahre leben, um eine 50-prozentige Wahrscheinlichkeit zu erreichen, Opfer einer schweren Körperverletzung zu werden, für eine entsprechende Chance, Raubopfer zu werden, brauchen Sie 491 Jahre Geduld.

Dabei sind einige Bevölkerungsgruppen stärker in Gefahr, Kriminalitätsopfer zu werden. Das steigert jedoch nicht die Wahrscheinlichkeit für alle anderen, die sich deswegen meist zu Unrecht Sorgen machen. Kriminologen meinen, »Erlebnisse als Opfer von Straftaten sind insgesamt selten, wobei quantitativ wenig schwerwiegende Delikte wie Schädigungen durch Viren usw., Waren- und Dienstleistungsbetrug sowie Fahrraddiebstahl dominieren«.[7] Das zeigt sich vor allem an den legendärsten Verbrechen: Mord und Totschlag. Ein toter Körper ist schwer wegzuschaffen, sodass Mord und Totschlag mit der lange zurückreichenden Todesursachenstatistik verfolgt werden können. Sehen Sie selbst, wie viele von 100 Deutschen im Laufe der Zeit ihr Ende durch Mord und Totschlag gefunden haben.

**Jährliche Opfer von Mord und Totschlag pro 100 Einwohner**[8]

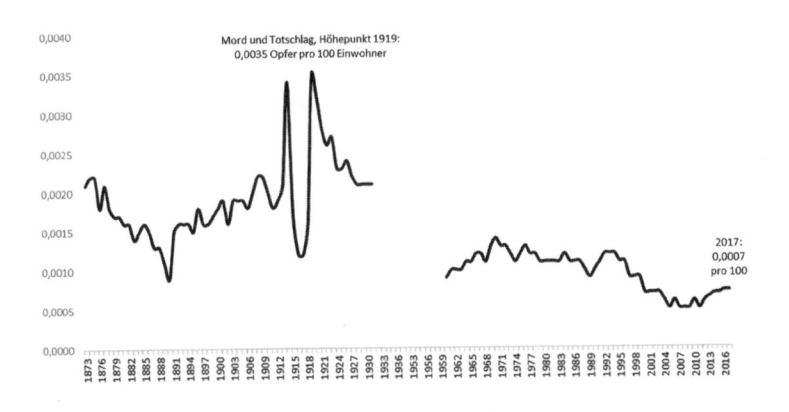

Wie man sehen kann, wurden zuletzt 0,0007 von 100 Menschen ermordet oder erschlagen. Jede einzelne Person hat damit statistisch alle 99 000 Jahre eine 50-prozentige Chance auf dieses Schicksal.

Selbst wenn man die auf Viktimisierungssurveys basierende Dunkelziffer von 1,8 zugrunde legt, sind es immer noch circa 50 000 Jahre. Historische Studien zeigen, dass im 13. und 14. Jahrhundert jährlich nicht 0,7, sondern 37 von 100 000 Menschen umgebracht wurden. Im Mittelalter war die Wahrscheinlichkeit, umgebracht zu werden, damit ungefähr 50-mal so hoch wie heute.[9]

Warum bringen Menschen sich nicht mehr um? Die beste Theorie stammt von Norbert Elias. Er geht davon aus, dass die Menschen zivilisierter handelten, weil sie zunehmend stärker aufeinander angewiesen waren. Wer auf andere angewiesen ist, muss sich an deren vermuteten Interessen ausrichten, sich in sie einfühlen, ein gutes Bild vermitteln und seine eigenen Affekte unterdrücken. Und einer dieser Affekte ist, sein Gegenüber umbringen zu wollen.[10]

Zweitens geht Gewalt zurück, weil der Staat die sogenannte Hobbes'sche Falle entschärft. Stellen Sie sich diese Hobbes'sche Falle am besten als die »Hast du mich angeguckt«-Falle vor. Aber von Anfang an. Thomas Hobbes meinte im 17. Jahrhundert, Menschen leben in einem fürchterlichen »Naturzustand«. Dessen Grundlage sei, dass prinzipiell jeder jedem Gewalt antun könne. Schließlich hindert mich kein Naturgesetz, Ihnen ein Messer in die Rippen zu rammen. Schlimmer noch: Es kann sogar rational sein, beispielsweise wenn ich Ihnen dabei Ihr Hab und Gut abnehme. Außer Sie wehren sich, dann kann ich selbst mit einem Messer in den Rippen enden. Ich weiß aber nicht, ob Sie sich wehren, entsprechend weiß ich auch nicht, ob es sich für mich lohnt, Sie auszurauben. Sollte ich es probieren? Lässt man Moral außer Acht, ist das Einzige, was mich davon abhält, Ihnen ein Messer in die Rippen zu stechen, ein deutliches Signal Ihrerseits, dass Sie im Falle meines Angriffs zurückschlagen. Und so ein Signal können sie mir zukommen lassen, indem Sie selbst ein aggressives Verhalten an den Tag legen, bevor ich irgendetwas gemacht habe. Und schon sitzen wir in der Hobbes'schen Falle fest.

Denn ob Sie wollen oder nicht, Sie müssen jetzt aggressiv auftreten, um Ihre prinzipielle Vergeltungsbereitschaft zu dokumentieren. Doch dieses aggressive Auftreten schaukelt sich hoch. Wenn Ihnen beispielsweise jemand »Ey, hast du mich angeguckt!?« entgegenruft, wissen Sie nicht, ob diese Person selbst nur präventiv ihre Verteidigungsbereitschaft signalisieren will – also harmlos ist – oder einen Angriff plant und deswegen Ihre Verteidigungsbereitschaft testet. Darum müssen Sie im Zweifelsfall selbst Verteidigungsbereitschaft signalisieren. Sie könnten beispielsweise zurückrufen: »Ey, Alter, was willst du!?« Das kann der andere wiederum als Test seines Vergeltungspotentials verstehen, wodurch sich die Situation hochschaukelt, auch wenn das eigentlich niemand will.

Dass Menschen in dieser Hobbes'schen Falle feststecken, erkennen Sie daran, dass sie obsessiv um ihre »Ehre« besorgt sind. Denn die geäußerte Bereitschaft, seine Ehre zu verteidigen, ist nichts anderes als die zur Schau gestellte Bereitwilligkeit, im Angriffsfall Vergeltung zu üben. Wer den Ruf hatte, seine Ehre zu verteidigen, den griff man früher besser nicht an. Wer im Ruf stand, ehrlos zu sein, mit dem konnte man umspringen, wie man wollte. Aber seine Ehre kann man nur verteidigen, wenn man tatsächlich dazu bereit ist, egal wie nichtig der Anlass. Deswegen kam es in der Vergangenheit aus den lächerlichsten Gründen zu Duellen. Edwin Freiherr von Manteuffel zerschoss 1861 den Arm von Karl Twesten, einem der Gründerväter der liberalen Deutschen Fortschrittspartei, nachdem dieser ihn einen »unheilvollen Mann in unheilvoller Stellung« genannt hatte. Heute kommt uns das lächerlich vor, genauso wie wenn uns jemand nachruft: »Ey, hast du mich angeguckt!?« Es wird erst verständlich, wenn man sich die Hobbes'sche Falle klarmacht, in der Menschen ständige Verteidigungsbereitschaft signalisieren müssen, indem sie auch die kleinste Provokation mit einer Eskalation beantworten. Die Hobbes'sche Falle ließ keine Wahl.

Doch das staatliche Gewaltmonopol entschärfte die Hobbes'sche Falle. Denn wenn jeder weiß, dass der Staat Vergeltung übt, muss niemand sein eigenes Vergeltungspotential zur Schau stellen.[11] Nur vor dem Hintergrund der staatlichen Entschärfung der Hobbes'schen Falle konnte der von Norbert Elias beschriebene kulturelle Prozess der Zivilisation stattfinden. Die Erfolgreichsten waren nun nicht mehr die Gewaltbereitesten, sondern jene, die sich in ihr Gegenüber hineinversetzen konnten. Denn wer eine Person nicht mehr ausrauben kann, muss von ihr profitieren, indem er ihre Interessen befriedigt. Aus Nullsummenspielen, bei denen Menschen bekommen, was Sie anderen wegnehmen, werden Positivsummenspiele, bei denen jeder überlegen muss, wie er einen Vorteil bekommt, indem er anderen einen Vorteil verschafft. Das plastischste Beispiel dafür ist der Wandel von gewalttätigen Raubrittern zur höfischen Gesellschaft mit ihrer ausgeprägten Etikette. Statt durch Mord und Totschlag konnte man im Schatten eines absolutistischen Herrschers durch Anpassung an die höfischen Verhaltensregeln beeindrucken. Erfolgreich war nicht mehr, wer seine Gegner, sondern wer sein Mahl beim höfischen Bankett gekonnt filetierte.

Heute gibt es zwar keinen absolutistischen Herrscher mehr, doch der Staat lässt ernsthafte Gewaltausübung nicht ungesühnt. 95 Prozent aller polizeilichen Mordermittlungen enden mit einer Aufklärung. Aufgrund der entschärften Hobbes'schen Falle, der damit einsetzenden Zivilisierung der Sitten und der dadurch niedrigen Verbrechensraten hat Verbrechensangst kaum noch mit realen Gefahren zu tun. So haben jene, die am ehesten Opfer eines Gewaltverbrechens werden, am wenigsten Angst davor: junge Männer. Frauen und Ältere haben dahingegen am meisten Angst vor Kriminalität, obschon sie am seltensten deren Opfer werden. Kriminologen erklären Verbrechensangst deswegen nicht aus der tatsächlichen Wahrscheinlichkeit, Kriminalitätsopfer zu werden, sondern durch einen Charakterzug, den sie »allgemeine Ängstlichkeit« nennen.[12] Kriminalsoziologen, die reale Verbrechen mit der Angst davor abgleichen, verzweifeln deswegen regelmäßig, denn: »Furcht vor Kriminalität erscheint vielfach als übertrieben und abgekoppelt von tatsächlichen Risiken. [...] Die Bevölkerung überschätzt den Anteil der Gewaltdelikte an der gesamten Kriminalität dramatisch und glaubt stets an einen erheblichen Kriminalitätsanstieg, obwohl die Kriminalstatistik über viele Jahre sinkende Fallzahlen verzeichnet. [...] Da schwere Straftaten sehr selten selbst oder im persönlichen Umfeld erfahren werden, spielen die Massenmedien mit ihrer oft sensationsorientierten Berichterstattung eine wichtige Rolle bei der Vermittlung von Unsicherheitswahrnehmungen.«[13] Tatsächlich haben Menschen umso mehr Angst vor Kriminalität, je mehr Nachrichten sie im Privatfernsehen sehen.[14] Eine englische Untersuchung zeigt, dass nur 20 Prozent derer, die von erhöhter Kriminalität ausgehen, diesen Eindruck aus persönlicher Erfahrung gewonnen haben. Dahingegen sagen 57 Prozent, sie hätten ihre Meinung aus dem Fernsehen, 48 Prozent nennen Zeitungsartikel.[15] Wir bekommen also aufgrund der Berichterstattung vor einer Gefahr, die objektiv abnimmt, mehr Angst: »Im langfristigen historischen Wandel geht die Gewalt tendenziell zurück, während die gesellschaftliche Sensibilität gegenüber Gewalt steigt.«[16] Früher war ein Ehrenmord ein Kavaliersdelikt. Heute versetzt er eine Großstadt in Aufruhr. Das sagt wenig über die Entwicklung von Verbrechen aus und viel über unsere gestiegene Sensibilität.

## Können wir all die Einwanderer verkraften?

Neben Terrorismus und Kriminalität ist Zuwanderung die dritte große Sorge der Deutschen. 83 Prozent der Deutschen bezeichneten sie 2016 als dringendes Problem, mehr als doppelt so viele wie 2015 und mehr als 6-mal so viele wie 2014. Noch 2017 befürchteten 61 Prozent Spannungen aufgrund des Zuzugs von Migranten. Zwei Drittel meinten, »dass die große Zahl der Geflüchteten die Deutschen und ihre Behörden überfordert«.[1] Da scheint es fast schon folgerichtig, wie die CSU zu fordern, jährlich höchstens 200 000 Geflüchtete aufzunehmen. Doch wie viele Migranten und Asylbewerber kommen eigentlich wirklich nach Deutschland? Und wie viel kostet das? Die folgende Grafik zeigt, wie viele Menschen pro 100 Deutsche jährlich eingewandert (obere Balken) und ausgewandert (untere Balken) sind.

**Migration nach Deutschland pro 100 Einwohner[2]**

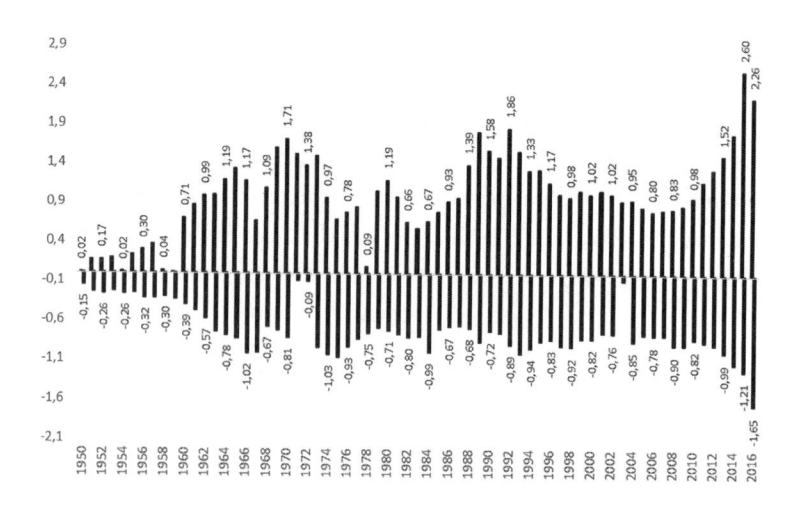

Mit 2,6 Migranten auf 100 deutsche Einwohner erreichte die Einwanderung 2015 einen Höhepunkt. Wenn das zehn Jahre auf diesem Niveau weitergehen würde, käme auf vier Deutsche ein Einwanderer. Das erklärt, warum viele Menschen Angst vor Einwanderung haben. Doch erstens vergisst man dabei oft, dass Deutschland ähnliche Einwanderungswellen wie 2015 in der Vergangenheit gut gemeistert hat. 1989 und 1992 war die Migration nur rund 30 Prozent und 1970 nur rund 34 Prozent niedriger als 2015. Zweitens lässt die einseitige Berichterstattung über Zugezogene auch vergessen, dass jedes Jahr viele wieder gehen, wie die unteren Balken zeigen. Noch nie sind beispielsweise so viele Menschen aus Deutschland ausgereist wie 2016.

Dieses Kommen und Gehen steigert in der Regel das Wirtschaftswachstum. Denn wer sein Land verlässt, hat meist gute Gründe, beispielsweise mehr verdienen zu wollen. Die Simulationen von Wirtschaftswissenschaftlern laufen darauf hinaus, dass der Reichtum der Welt sich ungefähr verdoppeln würde, wenn jeder seinen Arbeitsort frei wählen könnte.[3] Ob Migration die Löhne Geringqualifizierter senkt, ist kaum empirisch zu entwirren, weil unklar bleiben muss, wie Löhne sich ohne Migration entwickelt hätten.[4] Wahrscheinlich denkt aber kaum jemand, der vor Immigration warnt, an die französische Ärztin oder den spanischen Ingenieur. Die meisten Menschen haben wohl eher Asylbewerber vor Augen. Schauen wir uns also an, wie viele Asylanträge eigentlich pro 100 Deutsche gestellt werden.

**Asylanträge pro 100 Einwohner**[5]

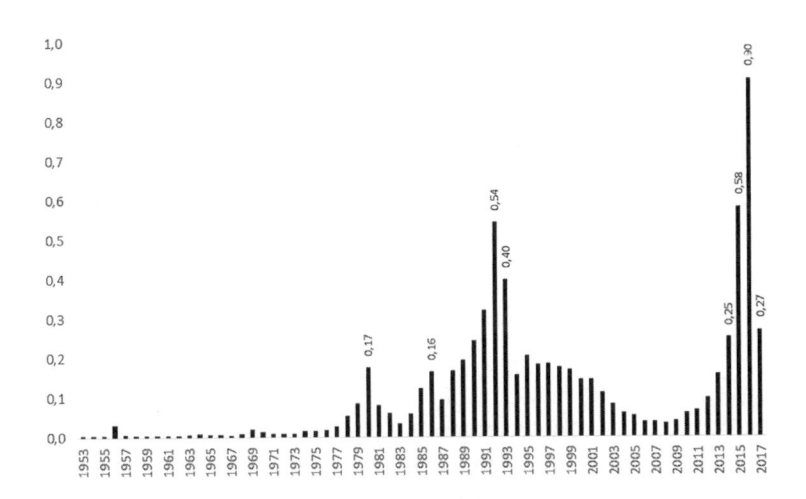

Während es typischerweise zwischen 0,1 und 0,2 Anträge pro 100 Einwohner gibt, stechen zwei Zeitpunkte heraus: Die Jahre um 1992 und 2016. Die große Zuwanderungswelle war zwar 2015, doch viele Asylanträge wurden erst im folgenden Jahr gestellt, in dem schon weniger

Asylsuchende kamen. 2017 war der große Ansturm auch schon wieder vorbei. Wenn man alle Asylanträge der Jahre 2015 und 2016 zusammenrechnet, kommt man auf circa 1,5 Anträge pro 100 Einwohner. Das ist vergleichbar mit der Anzahl an Aussiedlern, die aus den ehemaligen Ostblockstaaten nach dem Mauerfall kamen. 60 Prozent der zuletzt gestellten Anträge führten zu einem Verbleib in Deutschland. Deswegen kam 2015 und 2016 dauerhaft circa ein Asylbewerber auf 100 deutsche Einwohner. Stellen Sie sich eine Person unter 100 vor. Können sich 100 Menschen von einer Person tatsächlich »überfremdet« fühlen? Zumal auch diese eine Person in der Regel zurückkehren muss, wenn ihre Asylgründe erloschen sind.

Viele Menschen waren vielleicht eher verunsichert, weil Deutschland Ende 2015 kurzzeitig keine Kontrolle mehr über seine Außengrenzen hatte. Einige Wochen konnte jeder unkontrolliert nach Deutschland einwandern. Das kann Unsicherheit verursachen, schließlich definieren Staaten sich durch die wirksame Kontrolle ihrer Außengrenzen. Doch von denen, die damals kamen, waren 37 Prozent aus Syrien, 18 Prozent aus Afghanistan und 13 Prozent aus dem Irak.[6] Mit welchem Argument hätte man die Grenze schließen sollen?

Und jetzt müssen wir für die Geflüchteten bezahlen? Schätzen Sie einmal, wie viel jeder Deutsche durchschnittlich für die Geflüchteten ausgeben muss. Haben Sie eine Zahl? Gut. Im Jahr 2016, dem letzten Jahr mit verfügbaren Daten, hat der deutsche Staat laut Statistischem Bundesamt 9,42 Milliarden Euro für Asylbewerberleistungen ausgegeben.[7] Das sind pro deutschen Staatsbürger circa 9,50 Euro monatlich. Die Geflüchteten kommen die Deutschen nicht besonders teuer, weil ihre Leistungen so knapp bemessen sind. Alleinstehende Erwachsene bekommen in den ersten 15 Monaten Unterkunft, Verpflegung und 135 Euro monatlich.[8] Nach 15 Monaten werden die Leistungen bis knapp unter die Hartz-IV-Sätze angeglichen und eine Wohnung auf Hartz-IV-Niveau gezahlt. Für alle weiteren Kosten gehen die Spekulationen weit auseinander, weil niemand wirklich weiß, wie viel Steuern die Geflüchteten langfristig zahlen und wie viele Leistungen des Staates sie benötigen. Dass wir uns aufgrund von weniger als 10 Euro pro Deutschen so aufregen können, zeigt vielleicht einfach, dass wir kaum richtige Probleme haben.

Aber möglicherweise bleibt unabhängig von den Kosten die ganz andere Sorge, dass Ungebildete kommen, die unsere Werte nicht teilen. Von den Asylbewerbern, die voraussichtlich in Deutschland bleiben werden, haben allerdings 23 Prozent eine Hochschule besucht (7 Prozentpunkte mehr als in der deutschen Bevölkerung ab 25 Jahren); 25 Prozent haben einen Gymnasialabschluss (2 Prozent weniger als die deutsche Bevölkerung); 27 Prozent waren auf einer Mittelschule (Deutschland: 30 Prozent, 67 Prozent inklusive Hauptschule); 20 Prozent der Geflüchteten haben lediglich eine Grundschulbildung, ungefähr 5 Prozent keine formelle Schulbildung (Deutschland: 4 Prozent).[9] Ähnliche Werte wurden in Folgeuntersuchungen bestätigt, die für 62 Prozent der über 18-jährigen Geflüchteten eine abgeschlossene Schulbildung feststellen, davon 23 Prozent mit mittlerer und 35 Prozent mit weiterführender Bildung.[10] Meine eigenen Berechnungen mit der IAB-BAMF-SOEP-Befragung zeigen, dass die über 25-jährigen seit 2013 nach Deutschland Geflüchteten durchschnittlich 10,4 Bildungsjahre hatten, während Deutsche derselben Altersgruppe durchschnittlich 12,4 Bildungsjahre haben. Damit haben die Geflüchteten nur zwei Jahre weniger Bildung als vergleichbare Deutsche.

Fraglich ist jedoch, wie gut man formell gleiche Bildungsabschlüsse oder Schulzeiten vergleichen kann. In internationalen Untersuchungen erreichen Deutsche 15- bis 16-Jährige circa 519 Punkte, von denen jeweils 40 einem Schuljahr entsprechen. Dahingegen erreichen gleichaltrige Syrer nur 379, Marokkaner nur 348 Punkte. Demnach hinken syrische Schüler deutschen etwa 3,5 Schuljahre hinterher, marokkanische sogar über vier Jahre. Bei Schülern aus Albanien oder dem Libanon sind es ebenfalls drei Jahre. Und während von den getesteten deutschen Schülern nur ungefähr 16 Prozent als funktionale Analphabeten galten, waren es 79 Prozent der Marokkaner, 59 Prozent der Albaner und 55 Prozent der Libanesen. Unklar bleibt jedoch, ob die getesteten Schüler aufholen, schließlich waren sie zum Testzeitpunkt erst in der achten Klasse und profitieren jetzt vom vermutlich besseren deutschen Schulsystem. Ich hätte Ihnen gerne Daten aus weiteren Ländern präsentiert. Doch Länder wie Irak oder Afghanistan haben dringlichere Aufgaben, als Schulleistungsvergleiche durchzuführen, sodass wir keine Daten haben. Nach den verfügbaren Daten muss man allerdings konstatieren, dass die Schulleistung der Geflüchteten trotz formal ähnlicher Schulabschlüsse unter der Leistung deutscher Schüler liegt. Im Endeffekt wetten wir also darauf, dass die Geflüchteten ähnlich hohe Potentiale haben wie deutsche Schüler und unser Bildungssystem diese Potentiale aus ihnen rauskitzelt. Das würde allerdings nichts bringen, wenn die Geflüchteten gar nicht lernen und arbeiten wollen. Hier kann man jedoch Entwarnung geben. Zwei Drittel der Geflüchteten streben eine berufliche Ausbildung oder einen Hochschulabschluss an. 97 Prozent der geflüchteten Männer und 85 Prozent der Frauen sagen, dass sie arbeiten wollen. Bevor sie zu uns gekommen sind, haben von den männlichen Geflüchteten 81 und von den weiblichen 50 Prozent gearbeitet.[11] Das ist mit den deutschen Zahlen recht vergleichbar. Es gibt insofern keinen Grund, von einer geringen Lern- oder Arbeitsbereitschaft der Geflüchteten auszugehen.

Wie gut deren Integration langfristig klappt und was sie kosten wird, kann jedoch erst die Zeit zeigen. Hochrechnungen des DIW gehen in Anbetracht des Qualifikationsniveaus und aufgrund der Erfahrung bisheriger Einwanderungswellen bis 2030 von circa 1 bis 3 Euro Kosten pro Monat und pro Deutschen aus.[12] Doch das ist Herumstochern im Nebel der Zukunft, andere Untersuchungen kommen deswegen auf andere Zahlen. Bisher verläuft die Integration der seit 2013 Gekommenen allerdings genauso wie die ersten Integrationsjahre vorheriger Geflüchteter. Über diese weiß man, dass nach 15 Jahren 75 Prozent arbeiten und somit ähnlich in den Arbeitsmarkt integriert sind wie Deutsche.[13]

Und was vielleicht noch wichtiger ist: Die Geflüchteten teilen unsere wichtigsten demokratischen Werte. 96 Prozent von ihnen befürworten die Demokratie (Deutsche: 95 Prozent). Nur 21 Prozent befürworten einen starken Führer, »der sich nicht um ein Parlament und um Wahlen kümmern muss« (Deutsche: 22 Prozent). 96 Prozent wollen freie Wahlen (Deutsche: 92 Prozent). 92 Prozent befürworten die Gleichstellung von Männern und Frauen (Deutsche: 92 Prozent). 93 Prozent wollen Bürgerrechte vor staatlicher Unterdrückung geschützt sehen (Deutsche 93 Prozent). Die Werte der Geflüchteten sind somit kaum von denen der Deutschen zu unterscheiden, womit die Geflüchteten weitaus demokratischere Einstellungen haben, als sie diese in ihren Heimatländern umgesetzt finden.[14]

Aufgrund der Berichterstattung könnte man denken, Deutschland sei ein gespaltenes Land: Ausländerhasser auf der einen Seite, aufopfernde Flüchtlingshelfer auf der anderen. Doch tatsächlich können die meisten Deutschen keiner der beiden Einstellungen eindeutig zugewiesen werden. Seit 1986 wird ein repräsentativer Querschnitt der Deutschen gefragt, wie sie unser Asylrecht beurteilen. Erstaunlicherweise befürworteten zuletzt 91 Prozent das deutsche Asylrecht, noch nie waren es mehr.[15] Zwar meinen mehr als die Hälfte der Deutschen, die Geflüchteten brächten mehr Risiken als Chancen, trotzdem wollen 81 Prozent sie gemäß dem Völkerrecht aufnehmen. 55 Prozent wollen, dass die Geflüchteten nach Erlöschen ihres Fluchtgrundes in ihr Herkunftsland zurückkehren. Diese Einstellungen stehen nicht nur auf dem Boden unseres Grundgesetzes. Dass vier von fünf Deutschen Geflüchtete aufnehmen wollen, ist auch deshalb umso erstaunlicher, weil die meisten sich mehr Nach- als Vorteile davon versprechen. Etwas zu befürworten, obwohl man sich Nachteile davon verspricht, lässt auf eine moralische Motivation schließen. Und sogar 73 Prozent derer, die ihre politische Einstellung selbst als »rechts« bezeichnen, empfinden diesen moralischen Imperativ, denn auch sie befürworten ein temporäres Bleiberecht für Geflüchtete.

Interessant an diesen Umfrageergebnissen ist: Fast alle sind sich einig, dass Zuwanderung so stattfinden soll, wie sie heute schon gesetzlich geregelt ist. Interessant ist auch, dass die Mehrheit zwar kurzfristig mehr Risiken als Chancen sieht, doch kaum jemand meint, selbst Nachteile durch die Geflüchteten zu erfahren.[16] Das passt sehr gut zu dem Erklärungsmuster, das uns immer wieder begegnet ist. Ihr eigenes Leben können Menschen recht gut selbst einschätzen. Entsprechend äußern sie, aufgrund der Geflüchteten selbst keine Nachteile zu haben. Doch welchen Effekt die Einwanderung auf Deutschland in der Gesamtheit hat, können Menschen nur aufgrund der Berichterstattung der Medien beurteilen. Gefahr wird wieder einmal nur in Bezug auf diese medienvermittelte Realität gesehen, nicht aber in Bezug auf das eigene Leben.

## Wird die Gesellschaft kälter?

Die bisherigen Kapitel haben gezeigt, dass die Deutschen noch nie so wohlhabend und sicher gelebt haben wie heute. Aber was bringt das, wenn die menschliche Wärme fehlt? Könnte es sein, dass wir heute weniger zusammenhalten? Öfter einsam sind? Könnte Deutschland ... kälter werden? Sozialwissenschaftler messen das als sogenanntes Sozialkapital. Was Sozialkapital ist, hat der amerikanische Politikwissenschaftler Edward Banfield erst erfahren, als es ihm Mitte der 1950er Jahre in dem süditalienischen Dörfchen Chiaromonte fehlte.

Banfield wollte verstehen, warum die Chiaromonteser so viel ärmer sind als Dorfbewohner in ähnlich abgelegenen Gegenden der USA. Und dabei machte er einen spektakulären Fund. Die Menschen in Chiaromonte waren arm, weil sie nicht zusammenarbeiteten.

Banfield beobachtete, dass sich jeder nur um seine eigene Familie kümmerte – und annahm, dass alle anderen es genauso machen. Die Dorfbewohner weigerten sich, für das Kinderheim zu spenden. Die Maurer wollten das verfallende Kloster nicht reparieren, selbst wenn sie arbeitslos waren. Der Pfarrer weigerte sich, das Gemeinschaftsleben zu fördern. Und als der Arzt des Dorfes eine Gewerkschaft gründete, sprangen alle ab, als sie eine kleine Mitgliedsgebühr zahlen sollten.[1]

Banfield nannte die Chiaromonteser deswegen »amoralische Familialisten«. Sie kümmerten sich um ihre Familie, und sonst um niemanden. Doch wie machte dieser amoralische Familialismus die Chiaromonteser arm? Stellen Sie sich ein Schlagloch in der Mitte des Dorfes vor. Jeder leidet darunter. Wenn jeder mit anpacken würde, wäre das Schlagloch an einem Samstagvormittag ausgebessert. Jeder würde mehr von der Zusammenarbeit profitieren, als sie ihn kosten würde. Doch wenn jeder sich nur um seine Familie kümmert, kommt es nicht zu der Zusammenarbeit, auch wenn sie allen nützt. So verfiel das Dorf, und jeder wurde in seiner Ansicht bestätigt, dass den anderen das Dorf egal sei. Da jeder Bewohner wusste, dass alle anderen Bewohner so denken wie er selbst, misstraute jeder jedem. So sieht das Leben ohne Sozialkapital aus. Anders als materielles Kapital, das auf der Bank liegt, oder Humankapital, das in der Intelligenz und den Fähigkeiten von Menschen liegt, bezeichnet Sozialkapital den Vorteil einer Gemeinschaft, in der Menschen sich vertrauen und zusammenarbeiten. Und genauso, wie die Chiaromonteser arm waren, weil es ihnen an Sozialkapital mangelte, sind andere Länder reich, weil sie es besitzen.

Im Jahr 1993 hat der Politikwissenschaftler Robert Putnam gezeigt, wie Süditaliens Armut sich durch das niedrige Sozialkapital erklärt, das Banfield in dem kleinen Dörfchen schon vermisst hat. Weil Italiens Süden kaum über Sozialkapital verfügt, engagiert sich dort so gut wie niemand. Selbst Süditaliener, die für den Staat arbeiten, erzählten Putnam, dass sie ihre Arbeit nur machen, um das Gehalt einzustreichen, und nicht, um der Gemeinschaft etwas zurückzugeben. Regierungen und Verwaltungen sind deswegen korrupt und können kein Gemeinschaftsleben organisieren. Ganz anders war es in Norditalien. Nicht nur waren die lokalen Regierungen dort selten korrupt. Es existierte zudem eine sogenannte Zivilgesellschaft. Norditaliener kamen in Vereinen, Klubs und Organisationen zusammen und organisierten ein buntes Vereinsleben jenseits des Staates und der Familie. Und je mehr Menschen in dieser Zivilgesellschaft zusammenkamen, desto mehr lernten sie ihr Leben zu verbessern, womit es schlussendlich allen besser ging.[2]

Doch Sozialkapital kann auch verloren gehen. In seinem Buch *Bowling Alone* beschreibt Putnam, wie Amerikaner früher in Vereinen gebowlt haben. Jetzt gehen sie immer noch bowlen, allerdings allein. Eine traurige Vorstellung. Aber Putnam geht es nicht ums bowlen. Stattdessen, und so verrückt das erst mal klingen mag, misst die Mitgliedschaft in Sportvereinen laut Putnam, wie sehr Menschen überhaupt zusammenkommen und darum auch bereit sind, politisch und wirtschaftlich zusammenzuarbeiten. Denn nur innerhalb der Zivilgesellschaft lernen sie, sich zu vertrauen. Wenn Menschen allerdings nirgendwo lernen, sich zu vertrauen, bricht am Ende auch die Wirtschaft zusammen. Denn wer niemandem Vertrauen entgegenbringt, kann auch mit niemandem Geschäfte machen. Auch die Demokratie kann ohne Sozialkapital nicht funktionieren. Denn wer niemandem vertraut, vertraut auch keinem Politiker, sich um das Gemeinwohl zu kümmern. Letztendlich, so die Idee von Banfield, Putnam und vielen anderen, können Länder nur reich werden und bleiben, wenn ihre Bevölkerung ein generalisiertes Grundvertrauen aufgebaut hat.[3] Dazu können sich Menschen bei Amnesty International oder Greenpeace treffen und sich kennenlernen. Es reichen aber auch der Sportverein oder der Kirchenchor, solange sie ihre Isolation überwinden und lernen, anderen zu vertrauen. Es kommt weniger darauf an, *warum* Menschen zusammenkommen. Wichtiger ist, *dass* sie es überhaupt tun. Doch während freie Märkte nur funktionieren, wenn Menschen sich vertrauen, zerstören sie möglicherweise genau das Vertrauen, das sie selbst benötigen. John Gray meint, dass »freie Märkte in den USA schon zu einem sozialen Zusammenbruch sondergleichen geführt hätten«, der »Familien und Gemeinschaften verwüstet« habe.[4] Und die ersten Anzeichen solch drohender »Verwüstung« zeigen sich, wenn Sportvereine und Kirchenchöre weniger Mitglieder haben. Nicht, weil Menschen dann weniger gut singen oder turnen, sondern weil dieser Rückzug ins Private symptomatisch ist für einen drohenden Zerfall der Zivilgesellschaft und des generalisierten Vertrauens.

Tatsächlich erzählen uns die Medien, dass Menschen früher in Vereinen aktiv waren, heute aber ins Fitnessstudio gehen, denn dort »zahlt man seinen monatlichen Beitrag und muss keine ehrenamtlichen Verpflichtungen erbringen«.[5] Werden wir also zu einer Gesellschaft von Individualisten? Erodiert unsere Zivilgesellschaft, weil wir nicht mehr zusammenkommen? Dazu muss man sich anschauen, was schon Putnam interessiert hatte: Wie viele Millionen Deutsche sind in Vereinen organisiert? Während 1958 noch 5 Millionen Deutsche in Sportvereinen waren, sind es heute fast 25 Millionen. Seit den 2000er Jahren stagnieren die Mitgliedschaften auf diesem Niveau, was aber auch bedeutet, dass stabil ungefähr 30 Prozent aller Deutschen in Sportvereinen sind.[6] Dabei hat sich nicht nur die Mitgliedschaft in Sportvereinen fast verfünffacht, auch gibt es heute fast 4-mal so viele Vereine: 1960 waren es 160 pro 100 000 Einwohner, 2014 schon 709 pro 100 000 Einwohner.

Mithilfe der SOEP-Daten lässt sich auch zeigen, dass Mitte der 80er noch 78 Prozent der Deutschen angegeben haben, sich nie ehrenamtlich zu engagieren, 2015 waren es nur noch 68 Prozent. Die meisten engagieren sich in Kirchen, sportlichen und sozialen Vereinen, Schulen und Kindergärten.[7] Von einem »Bowling Alone« kann also keine Rede sein. Doch wenn Putnam recht hat, sind zurückgehende

Vereinsmitgliedschaften und Ehrenämter nur ein Symptom des dahinterliegenden Problems zurückgehenden Vertrauens. Die Allgemeine Bevölkerungsumfrage der Sozialwissenschaften zeigt jedoch, dass zuletzt 27 Prozent der Deutschen pauschal geäußert haben, man könne anderen generell vertrauen. Mit 40 Prozent der Antworten ist zwar die Kategorie »Man muss vorsichtig sein« immer noch die größte, dennoch hat seit Anfang durchgehender Umfragen im Jahr 1991 nie ein so großer Anteil der Deutschen anderen vertraut.[8] Glaubt man diesen Daten, wird unser soziales Klima keineswegs kälter. Noch nie haben sich so viele Deutsche in Vereinen zusammengefunden; noch nie gab es so viele Vereine, ehrenamtliches Engagement und gegenseitiges Vertrauen. Banfield und Putnam würden sich freuen. Aber vielleicht findet die Zerstörung des sozialen Lebens ja auch gar nicht in der Öffentlichkeit statt, sondern in den Familien?

*Haben Familien noch Zeit füreinander?*
Die Soziologin Arlie Hochschild verbreitet mit Büchern wie *Der 48-Stunden-Tag* das Bild einer Gesellschaft, in der Männer und Frauen pausenlos arbeiten, sodass ihnen keine Zeit für ihre Kinder bleibt. Oliver Nachtwey meint gar, »Menschen arbeiten mehr und entgrenzter, verdichten ihre Tage rund um die Uhr produktiv. Sie verzichten auf Ansprüche an das gute Leben, an die Work-Life-Balance, nehmen Stress und Sinnverlust in Kauf, beschleunigen sich immer weiter.« Die *FAZ* berichtet von Eltern, die Klassenlehrerinnen vorschlagen: »Erziehen Sie doch mein Kind. Sie sehen es schließlich öfter als ich.« Und ein Journalist der *Rheinischen Post* schreibt: »Zeit bleibt kaum einer Familie.« Dass das »keine Jammerei ist«, hat der Journalist sich von seinem 90-jährigen Vater bestätigen lassen. Der habe zwar »historische Verheerungen erlebt, man muss nur mal gucken, was im 20. Jahrhundert los gewesen ist, und dennoch bedauert er die Nachgeborenen«.[9]

Klingeln bei Ihnen mittlerweile auch die Rosarote-Brille-Alarmglocken, wenn Sie hören, dass das Familienleben heute schwerer sein soll als zu Zeiten der 48-Stunden-Woche und der Verheerungen des Krieges? Aber vielleicht ist ja doch was dran, und Familien haben wirklich weniger Zeit füreinander. Die folgende Grafik zeigt mit Daten des Sozio-oekonomischen Panels seit 1984, wie viele Stunden Mütter und Väter sonn- und wochentags mit ihren Kindern verbringen.[10]

**Stunden, die Mütter und Väter täglich mit ihren Kindern verbringen**[11]

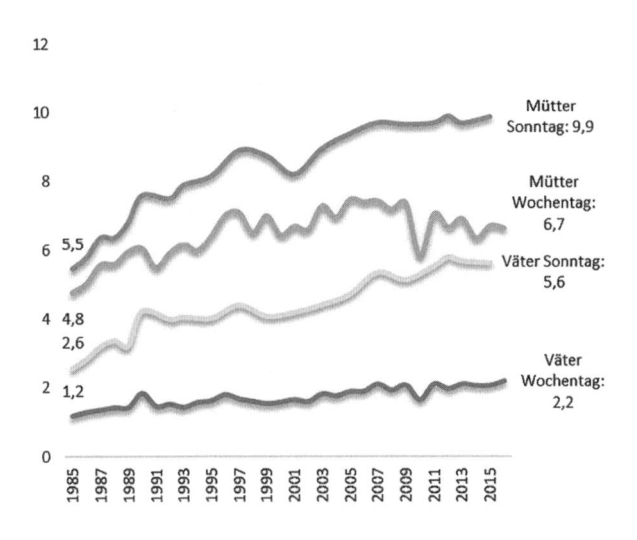

Seit Mitte der 1980er Jahre verbringen Eltern nicht weniger, sondern mehr Zeit mit ihren Kindern, Väter zuletzt wochen- und sonntags gut doppelt so viel wie Mitte der Achtziger. Mütter verbrachten schon früher mehr Zeit mit ihren Kindern als Väter. Aber auch ihre Zeit ist unter der Woche noch angestiegen und hat sich sonntags sogar fast verdoppelt. Wochentags steigt die Zeit nicht noch stärker, weil mehr Mütter arbeiten. Doch selbst in Vollzeit erwerbstätige Väter verbringen heute wöchentlich 92 Prozent mehr Zeit mit ihren Kindern als Mitte der 80er, in Vollzeit erwerbstätige Mütter immerhin noch 24 Prozent, allerdings auch von einem viel höheren Niveau aus.

Eltern verbringen heute somit nicht weniger, sondern mehr Zeit mit ihren Kindern. Aber wie können sie sich dann gestresster fühlen? Die Antwort liegt in einem kulturellen Wandel, der in allen entwickelten Ländern – mit Ausnahme Frankreichs – stattfindet. Im Schnitt verbringen Mütter in entwickelten Ländern mittlerweile täglich 104 Minuten mit ihren Kindern, in den 1960er Jahren waren es nur 54 Minuten. Männer verbringen mit 59 Minuten täglich 4-mal so viel Zeit mit ihren Kindern wie noch Mitte der 60er. Doch während Eltern überall mehr Zeit mit ihren Kindern verbracht haben, hat sich auch eine kulturelle Norm »intensiver Elternschaft« verbreitet, die von Eltern verlangt, viel Zeit mit ihren Kindern zu verbringen.[12] Es verringert sich also nicht die Zeit, die Eltern de facto mit ihren Kindern verbringen, sondern die Toleranz, genau dies nicht zu tun. Eltern können gar nicht so schnell den nächsten Familienausflug planen, wie die Ansprüche an sie steigen, dies zu tun. Früher liefen Kinder einfach so mit, heute sind sie ein Mittel zur Selbstverwirklichung, dem immer mehr Zeit geschenkt werden soll. So haben Eltern zunehmend das Gefühl, zu wenig Zeit mit ihren Kindern zu verbringen, obwohl sie de facto mehr Zeit mit ihnen verbringen.[13]

Vielleicht verwundert Sie dieses Muster mittlerweile nicht einmal mehr. Es hat sich schließlich auch schon in Bezug auf Wohlstand, Umwelt und Sicherheit gezeigt: Unsere Ansprüche steigen schneller, als das Leben sich verbessern kann. Aber wenn wir nicht merken, dass unsere Ansprüche steigen, und keine Informationen über die Veränderung der Welt haben, merken wir nur, wie unser Leben immer seltener unseren Ansprüchen genügt: Wir denken dann, die Welt wird schlechter, während sie besser wird.

Aber vielleicht ist das Familienleben ja doch schlechter geworden, nicht weil Familien weniger Zeit mit ihren Kindern verbringen, sondern weil sie weniger liebevoll mit ihnen umgehen. Nicht besonders liebevoll ist beispielsweise, dass 2002 14 Prozent aller Heranwachsenden schon einmal von ihren Eltern kräftig ins Gesicht geschlagen wurden, 5 Prozent wurde mit einem Stock der Hintern versohlt und 3 Prozent schon so geschlagen, dass blaue Flecken zurückblieben. Schlimm? Ja. Aber früher war es schlimmer. Nur 10 Jahre zuvor wurden 3-mal so viele Heranwachsende ins Gesicht geschlagen, 9-mal mehr wurde mit einem Stock der Hintern versohlt, und 10-mal mehr wurden grün und blau geschlagen. Innerhalb von 10 Jahren sanken die schlimmsten Formen von Gewalt gegen Kinder also um das 3 bis 10-Fache.[14] Vielleicht hätte der Reporter der *Rheinischen Post* seinen Großvater einmal fragen sollen, wie oft er geschlagen wurde, und dann noch einmal genau überdenken, ob das Familienleben damals wirklich so viel besser war.

Könnte es vielleicht sein, dass Eltern gestresst sind, weil sie aufgrund der vielen Zeit mit ihren Kindern weniger Freizeit haben? Tatsächlich haben Mütter und Väter heute circa 13 Minuten weniger tägliche Freizeit als Mitte der 1980er Jahre.[15] Dafür haben kinderlose Männer 14 und kinderlose Frauen circa 8 Minuten mehr. Es stimmt also, dass Eltern heute circa eine Viertelstunde weniger Freizeit haben. Tatsächlich ist jedoch die Freizeitzufriedenheit von Vollzeit arbeitenden Müttern sogar höher als früher (1984: 5,9 von 10 Punkten, 2016: 6,4), während die von Vätern etwas niedriger als früher ist (1984: 7,2, 2016: 6,6). Doch seit Anfang der 1990er Jahre steigt die Freizeitzufriedenheit von Müttern und Vätern, selbst wenn sie Vollzeit arbeiten.

Und auch wenn der Opa erzählt, dass während der englischen Luftangriffe alles besser war – Männer und Frauen, Vollzeit arbeitend oder nicht, bewerten die Zufriedenheit mit ihrem Familienleben im Mittel mit 8 von 10 möglichen Punkten, mehr als zu fast allen vorherigen Befragungszeitpunkten. Sie glauben den Umfragen nicht? Schauen wir uns eine Zahl an, die man als ultimativen Beleg für die Zerrüttung von Familien werten könnte: die Scheidungsquote.[16]

Diese hat sich seit 1950 im Wesentlichen in drei Stufen entwickelt. Von 1951 bis 1967 kamen auf jede Scheidung circa zehn Hochzeiten. Man konnte ja kaum zusammenziehen, ohne vorher geheiratet zu haben. Und wer einmal verheiratet war, wurde geächtet, wenn er sich wieder scheiden ließ. Die zweite Phase war ein langfristiger Anstieg der Scheidungsquote, der mit dem Kulturwandel von 1968 zusammenhängt. Wer sich trennen wollte, konnte dies nun tun, ohne zum gesellschaftlichen Außenseiter zu werden. Dadurch verstärken Scheidungen sich selbst. Solange sie nämlich selten und gesellschaftlich problematisch sind, trennen selbst unglückliche Ehepartner sich nicht, auch weil der einzige Single unter vielen Paare besonders einsam ist. Wenn Scheidungen allerdings gesellschaftlich akzeptiert sind und sich schon ein paar Bekannte geschieden haben, wird die eigene Trennung einfacher und bedeutet keineswegs Einsamkeit. Dieser Prozess wurde zum Selbstläufer und erreichte 2003 mit mehr als einer Scheidung pro zwei Hochzeiten seinen Höhepunkt. Dann begann die dritte Phase: In der ersten musste man zusammenbleiben. In der zweiten musste man nicht mehr heiraten, und die bis dahin nur vom gesellschaftlichen Korsett zusammengehaltenen unzufriedenen Ehen konnten geschieden werden. Dadurch gab es in der dritten Phase weniger unzufriedene Ehen, und die Quote der Scheidungen gegenüber den Eheschließungen fiel wieder. Nicht nur lassen sich weniger Menschen scheiden, sie bleiben auch länger zusammen. Fand die typische Scheidung im Jahr 2003 nach 13 Ehejahren statt, waren es 2016 schon 15 Ehejahre, die der Scheidung vorausgingen.

Wie man es auch dreht und wendet, eine besondere Unzufriedenheit von Familien lässt sich anhand objektiver Daten einfach nicht feststellen: Eltern kümmern sich länger um ihre Kinder als früher, schlagen sie nicht mehr, sind zufriedener mit ihrem Familienleben und trennen sich seltener. Ein Zerfall der Familie sieht anders aus. Das stellt den Eindruck, dass Familien heute keine Zeit mehr füreinander haben, nicht in Abrede. Doch es zeigt, dass dieser Eindruck nicht der Realität entspricht.

*Vereinsamen wir?*
Wie viele richtige Freunde haben Sie? Für die Antwort konsultieren Sie besser nicht Ihren Facebook-Account, sondern den Anthropologen Robin Dunbar. Denn der meint, dass mehr als fünf enge Freunde kaum möglich sind; nur wenige soziale Ausnahmetalente schaffen bis zu acht. Warum nicht mehr? Freunde erwarten Aufmerksamkeit und Hilfsbereitschaft. Doch niemand kann unendliche Aufmerksamkeit aufbringen und hat unbegrenzt Zeit. Jeder erwartet mal ein offenes Ohr und Hilfe, kann beides aber nur begrenzt anbieten, also ist bei fünf engen Freunden Schluss.[17] 10 bis 15 Menschen können einem so nahestehen, dass man sie mindestens monatlich kontaktiert und durch ihren Tod aus der Bahn geworfen wäre. Bis zu 150 Bekannte können einem so nahestehen, dass man sich zu ihnen ohne Einladung an eine Bar setzen kann. Da kognitive und zeitliche Ressourcen diese Obergrenzen bestimmen, kann auch das blauste soziale Netzwerk daran nichts ändern. Oder könnten Sie sich zu jedem Ihrer mehr als 150 Facebook-Freunde ungefragt an den Tresen setzen, ohne dass es peinlich wäre?

Entscheidend für die Lebenszufriedenheit sind auch nicht die Facebook-, sondern die echten Freunde.[18] Ob die Deutschen vereinsamen, zeigt deswegen die Entwicklung ihrer engen Freundschaften. Das Sozio-oekonomische Panel verrät, dass Deutsche zuletzt im Durchschnitt 4 enge Freunde hatten. Weniger als 7 Prozent sind wirklich einsam, weil sie keinen einzigen engen Freund haben. Daran hat sich im Laufe der Zeit nicht viel geändert. Seit 1990 sehen allerdings nicht mehr 44, sondern nur noch 41 Prozent ihre Freunde mindestens wöchentlich. Ansonsten wäre Dunbar zufrieden, denn es hat sich nichts Nennenswertes getan.[19] Umfragen verraten allerdings nur, wie oft Menschen ihre Freunde *sehen*. Doch selbst mit seinen engsten Freunden kommuniziert man heute mehr über das Internet oder Telefon. Deswegen muss man jedoch nicht weniger glücklich mit ihnen sein. Und das ist tatsächlich kaum jemand. Deutsche bewerteten die Zufriedenheit mit ihrem Freundes- und Bekanntenkreis zuletzt mit 7,6 von zehn möglichen Punkten, bei 6 Prozent waren es weniger als 5 von 10 möglichen Punkten. Wo man auch hinschaut, einen Zusammenbruch des Sociallebens, der Familie oder zwischenmenschlicher Kontakte findet man einfach nicht. Die Deutschen engagieren sich mehr, vertrauen sich mehr, verbringen mehr Zeit mit ihren Kindern und sind mit ihrem Familien- und Sozialleben zufrieden. Aber sind sie denn auch generell zufrieden?

## Sind wir zufrieden?

Wer jedem Besitz abschwören will, soll das tun, solange er damit glücklich ist. Wer lieber Reichtümer anhäufen und in seinem Geld schwimmen will ... solange er damit glücklich ist. Wer in einem Kaulquappenkostüm ein Spaghettimonster anbeten will, warum nicht, wenn es ihn glücklich macht? Insofern zählt eigentlich nur unsere Lebenszufriedenheit, und ohne Zufriedenheit zählt alles nichts. Psychologen haben einen einfachen Weg gefunden, um zu verstehen, wie zufrieden Menschen sind: sie fragen! Während anfangs große Skepsis bestand, zeigte sich daraufhin, dass Menschen tatsächlich öfter lachen, positive Emotionen ausdrücken, von ihren Freunden als zufrieden bewertet werden, besser schlafen, gesünder sind und sogar zufriedenere Freunde haben, wenn sie sich selbst als zufriedener bewerten. Solche Menschen haben sogar mehr Gehirnaktivität im linken präfrontalen Kortex, der aktiviert wird, wenn man Probanden schöne Bilder zeigt.[1] Insofern sind sich Psychologen heute ziemlich einig, dass Menschen ihre eigene Lebenszufriedenheit richtig einschätzen und in anonymen Umfragen äußern.

Die schwarze Linie in der Mitte der folgenden Grafik zeigt die durchschnittliche Lebenszufriedenheit eines jährlich repräsentativen Querschnitts aller Deutschen. Die grauen Balken oben und unten zeigen die Streuung um diesen Mittelwert (positive und negative Standardabweichung). Denn natürlich haben nicht alle Deutschen die gleiche Lebenszufriedenheit. Innerhalb der grauen Balken liegen deswegen die Lebenszufriedenheitswerte von ungefähr zwei Dritteln der Deutschen.

**Lebenszufriedenheit der Deutschen seit 1984 mit Konfidenzintervallen[2]**

Verglichen damit, wie die Lebenszufriedenheit aller Deutschen eines Jahres schwankt (graue vertikale Balken), sind die Unterschiede der durchschnittlichen Lebenszufriedenheit aller Deutschen über die Jahre hinweg eher gering (Schwankungen der schwarzen mittleren Kurve von Jahr zu Jahr). Innerhalb jeden Jahres sind also manche Menschen zufriedener als andere. Doch die durchschnittliche Zufriedenheit aller Deutschen verändert sich über die Jahre kaum.[3] Fast die gesamte Schwankung der Lebenszufriedenheit findet in der oberen Hälfte statt, denn von 100 Deutschen bewerteten zuletzt nur 7 ihre Lebenszufriedenheit mit weniger als 5 von 10 möglichen Punkten. Die mittlere Lebenszufriedenheit ist jedoch minimal von 7,4 auf 7,3 Punkte zurückgegangen. Dieser Rückgang fand allerdings von 1984 bis 2004 statt. Seitdem steigt die Lebenszufriedenheit wieder, unabhängig von Bildung, Geschlecht, Alter, Beschäftigungssituation oder Einkommen.[4] In seinem Buch *Die Abstiegsgesellschaft* beschreibt Oliver Nachtwey, in Deutschland werden »[g]esellschaftliche Normen wie etwa das Leistungsprinzip [...] zu pathologischen Mitteln der Selbstbehauptung, zu regellosen Coping-Strategien pervertiert [...]. Dies endet nicht selten in Ausgebranntsein und Erschöpfung.«[5] Angesichts solcher Beschreibungen muss man schon erstaunt sein, dass sich noch nicht alle Deutschen in die Burn-out-Kur verabschiedet haben, sondern unerklärlicherweise sogar ganz zufrieden mit ihrem Leben sind.

Doch da fast alles besser geworden ist, kann man sich auch fragen, warum die Lebenszufriedenheit nicht massiv angestiegen ist. Ich habe umfangreiche Berechnungen durchgeführt, die ich Ihnen hier erspare. Aber man kann den leichten Anstieg der Unzufriedenheit mit objektiven Entwicklungen wie der Arbeitslosenquote oder einem teils niedrigen Wirtschaftswachstum nicht erklären.[6] Auch schätzen Menschen ihre eigene *zukünftige* Lebenszufriedenheit heute genauso positiv wie in der Vergangenheit ein, mit circa 7,2 von 10 Punkten. Es ist also nicht so, dass Leute davon ausgehen, dass ihr eigenes Leben schlechter wird. Und etwas viel Drastischeres tun sie auch nicht öfter: Menschen entscheiden sich seltener, ihr Leben zu beenden.

2015 nahmen sich 10078 Deutsche das Leben. Anfang der 1980er Jahre waren es mit 18451 noch fast doppelt so viele. Vor 1980 gab es nach Einschätzung der Weltgesundheitsorganisationen ähnlich viele Suizide, doch die Datenquellen sind nicht genau vergleichbar.[7] Zwar werden auch die noch verbliebenen Suizide zu Schlagzeilen wie »Alle 47 Minuten ein Selbstmord«.[8] Doch schätzen Sie einmal, wie viel Prozent aller Tode auf Suizid zurückgehen. Es sind nur rund ein Prozent.[9] Beides stimmt also: Fast jede Stunde bringt sich ein Mensch um, aber 99 Prozent aller Deutschen scheiden nicht freiwillig aus dem Leben. Deswegen ist es problematisch, wenn mit einer Zahl wie über 10000 Suizidtoten oder einem Toten stündlich der Eindruck erweckt wird, Suizide seien normal geworden.

Doch während die meisten Menschen ihre *eigene* Zukunft sogar recht positiv sehen, stimmten zuletzt 36 Prozent der drastischen Aussage zu: »So, wie die Zukunft aussieht, kann man es kaum noch verantworten, Kinder auf die Welt zu bringen.« Zwar war die Zustimmung mit 46 Prozent 2004 sogar schon einmal höher. Trotzdem stellt sich die Frage, wie es sein kann, dass mehr als ein Drittel der Deutschen meinen, Kinder sollten besser gar nicht erst das Licht unserer heruntergekommenen Welt erblicken.

Daran, dass sie aus eigener Anschauung das Leben schlecht finden, kann es nicht liegen. Die Deutschen sind selten unzufrieden, noch seltener bringen sie sich um; sie melden sich nicht einmal oft krank.[10] Richtig düster werden Menschen allerdings, wenn sie einschätzen sollen, wie es Deutschland oder gar der Welt geht.[11] Wie es einem selbst und vielleicht noch seinem Umfeld geht, kann man aus eigener Anschauung beurteilen. Doch die Frage nach Deutschland oder sogar der Welt können die meisten Menschen nur durch das Bild bewerten, das die Medien ihnen präsentieren. Und deren Nachrichten über Krieg und Armut scheinen die düstersten Einschätzungen zu bestätigen. Doch zumindest für Deutschland haben wir mittlerweile gesehen, wie Nachrichten immer wieder viel negativer sind als die dahinterstehende Realität.

Nicht alles in Deutschland wird besser. Die unteren Einkommensgruppen haben weniger Einkommenszuwächse und finden schwerlich Arbeit. Vielleicht nimmt auch die Artenvielfalt ab. Aber davon abgesehen wird das Leben eigentlich in jeder Hinsicht besser. Langfristig steigen auch die Einkommen der Ärmsten, Frauen holen besonders auf, fast alle Deutschen sind zufrieden mit ihrem Einkommen, kaum jemand hält sich für arm, kaum jemand für reich. Vor 50 Jahren gab es Smogwarnungen, Schwimmen in den größten Flüssen wäre Wahnsinn gewesen. Heute kann man überall bedenkenlos Luft holen und in nahezu jedem Gewässer schwimmen. Opfer von Kriminalität zu werden ist sehr unwahrscheinlich, dem Terror zum Opfer zu fallen geradezu absurd unwahrscheinlich. Menschen engagieren sich öfter freiwillig, verbringen mehr Zeit mit ihren Kindern und sind recht zufrieden mit ihrem Familienleben, ihrem Freundeskreis und ihrem Leben überhaupt, sodass sie es nur noch halb so oft freiwillig beenden wie vor 35 Jahren. Aber was passiert, wenn man die Grenzen Deutschlands und vielleicht sogar Europas überquert?

### TEIL 2
# Versinkt der Planet im Chaos? – Lebensqualität und Zufriedenheit im Rest der Welt

Auch Pessimisten streiten nicht ab, dass es uns in Deutschland vergleichsweise gut geht. Desfür ist unser Bild der Welt oft düster: Wer an Afrika denkt, denkt an Krieg und Hunger. Wir vermuten, dass in Asien Menschen ausgebeutet werden, damit wir billig konsumieren können. Beides stimmt. Aber dass das Leben nicht überall unseren Maßstäben genügt, heißt noch lange nicht, dass es nicht besser wird. Das wird es auch nicht in jeder Hinsicht. Aber erstaunlicherweise in fast jeder.

## Geht unser Wohlstand auf Kosten anderer?

Wohlstand ist nicht alles. Erzählen Sie das aber besser niemandem, der in Armut lebt. Wie schon im vorherigen Teil werden wir hier daher das Bruttoinlandsprodukt als guten ersten Indikator für Lebensqualität betrachten, dann aber um Daten zur Entwicklung von Wohlstand, Lebenserwartung, menschlicher Gesundheit, Frieden, Freiheit und Zufriedenheit erweitern.

In allen Weltregionen hatte ein typischer Mensch vor dem 19. Jahrhundert jährlich kaum mehr als das, was man für 1000 Dollar in den USA im Jahr 1990 kaufen konnten. Damit lebten Menschen auf der ganzen Welt immer in gefährlicher Nähe des Hungertods. Ab dem 19. Jahrhundert stieg die Kaufkraft in den USA und Westeuropa stark an, ähnlich, wie wir es schon für Deutschland gesehen haben, wurden diese Regionen reich. Ab den 1960er Jahren begann auch in Asien ein explosives Wachstum, das heute dem frühen Wachstum der USA und Westeuropa ähnelt. Noch 1968 beklagte der Wirtschaftswissenschaftler und Nobelpreisträger Gunnar Myrdal in seiner Studie *Asian Drama*, »wie gering die Aussichten auf einen raschen wirtschaftlichen und sozialen Fortschritt« seien, da asiatischen Ländern angeblich westliche Werte fehlten.[1] Zum Glück hatte Myrdal unrecht. Das Wachstum war zwar nicht überall so explosiv wie in Asien, aber auch Lateinamerika und Afrika können Zugewinne verzeichnen. Daten der Weltbank zeigen beispielsweise seit dem Jahr 2000 für nur drei Länder einen Wohlstandsrückgang und für 183 Länder einen Anstieg des Wohlstands.[2]

**Kaufkraft pro Kopf, Weltregionen seit 1500**[3]

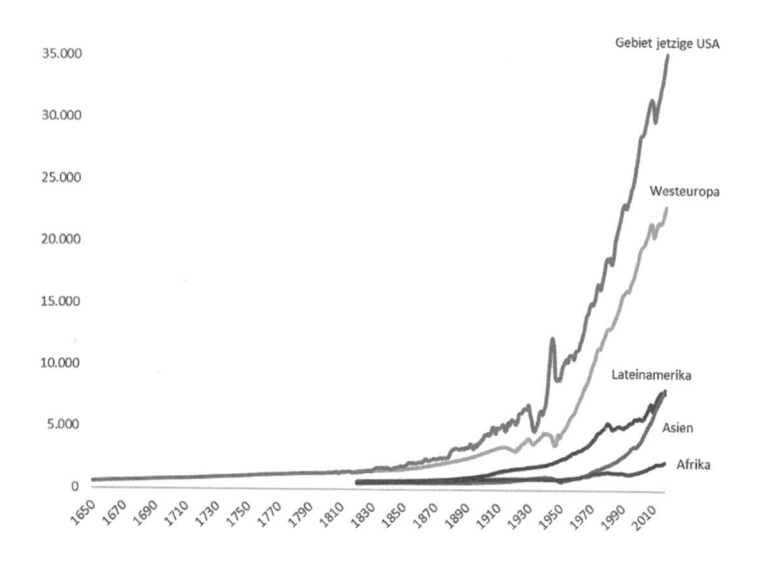

Aber wie groß ist der langfristige Anstieg? Ein typischer Europäer oder US-Amerikaner kann heute circa 20- bis 30-mal mehr konsumieren, als jahrhundertelang normal war. Eine durchschnittliche

Person in diesen Ländern hat heute also so viel, wie sich früher 20 bis 30 Menschen teilen mussten. Und dieser Anstieg geschah im Wesentlichen in den letzten 200 Jahren. Selbst die zwei Weltkriege und die große Depression der 1930er Jahre waren langfristig gesehen nur vorübergehende Dellen. Wissenschaftler sind sich nicht über jede Nachkommastelle einig. Doch niemand zweifelt an der grundlegenden Dynamik: In Europa und Nordamerika ist der Wohlstand geradezu explodiert. In Lateinamerika bessert sich das Leben langsamer, aber stetig. Asiens Wachstumsraten ahmen seit 1960 Europas und Amerikas spektakulärste Zeiten nach. In Afrika verbessert sich der reale Lebensstandard am langsamsten, seit Anfang des 19. Jahrhunderts hat er sich nur in etwa vervierfacht.

Aber woher kommt der Wohlstandszuwachs? Adam Smith entdeckte die Antwort 1776 und erklärte sie gleich zur Natur des Menschen: Spezialisierung und Handel. Kein Hund hat jemals einen Knochen gegen einen anderen getauscht. Affen kratzen sich zwar gegenseitig den Rücken; aber nur Menschen können sich auf etwas spezialisieren und das Ergebnis dann gegen etwas ganz anderes tauschen.[4] Und das passiert immer mehr. Märkte begannen als lokale Märkte, weil Händler sich in der Stadtmitte trafen. Heute umspannen Märkte die ganze Welt. Und mit den Märkten wuchs der Reichtum, nicht nur für die Gewinner. Wieso alle profitieren können, erklärte David Ricardo im Jahr 1817: Jedem ist einsichtig, dass England Tücher nach Portugal und Portugal Wein nach England schicken soll, wenn England besseres Tuch und Portugal besseren Wein produziert. Doch Ricardo hat gezeigt, dass Handel sich sogar dann lohnt, wenn England besseres Tuch *und* besseren Wein herstellt. Wie kann das sein? Stellen Sie sich vor, der beste Arzt der Welt wäre gleichzeitig der beste Bauarbeiter der Welt. Um ein Haus zu bauen, sollte der Arzt dennoch Bauarbeiter anheuern, selbst wenn er das Haus besser bauen könnte. Dass der Bauarbeiter davon profitiert, ist klar: Er hat dann einen Job. Aber auch der Arzt profitiert. Denn mit jeder Stunde, die er als Arzt arbeitet, kann er den Bauarbeiter für mehrere Stunden bezahlen. So profitieren alle, der Arzt und der Bauarbeiter. Ricardo nannte dies die Theorie der komparativen Kostenvorteile.[5] Wenn Sie es nicht auf Anhieb glauben können, googeln Sie es, es gibt viele anschauliche Rechenbeispiele. Oder aber Sie erinnern sich an die oben erwähnte Datenreihe des niederländischen Clio Infra Project und den deutschen Bauarbeiter, der 1820 mit dem Lohn eines Tages 8 Tage überleben konnte, 2008 dann schon 163 Tage. Für weniger entwickelte Länder sind die Daten lückenhafter, weshalb genaue Aussagen schwieriger zu treffen sind. Das einzige Land mit einer durchgehenden Zeitreihe ist Peru. Dort konnte ein Bauarbeiter im Jahr 1820 mit dem Lohn eines Tages 3,4 Tage überleben, 2008 waren es schon 15,6 Tage. Man kann die Daten auf zwei verschiedene Arten bewerten. Einerseits könnte man kritisieren, dass ein deutscher Bauarbeiter sich mit seinem Lohn 1820 nur circa doppelt so viel wie ein peruanischer Bauarbeiter leisten konnte, 2008 aber mehr als 10-mal so viel. Es erscheint unfair, dass der Reichtum in den sowieso schon reichen Ländern stärker zugenommen hat als in denen, die vor 200 Jahren schon arm waren. Andererseits kann sich aber auch der peruanische Bauarbeiter heute 4,6-mal so viel leisten wie 1820. Er hat jetzt also ein deutlich besseres Leben als vorher. Wir wissen, dass die Löhne von Bauarbeitern mit den generellen Löhnen einhergehen, sodass deren Entwicklung etwas über die generelle Lohnentwicklung aussagt.[6] Das ist Ricardos Theorie der komparativen Kostenvorteile in der Praxis; auch die Ärmsten profitieren, obwohl ihr Lebensstandard aus unserer Warte betrachtet immer noch niedrig ist, schon weil er in Deutschland noch viel schneller angestiegen ist. Tatsächlich verbesserte sich der Lebensstandard noch stärker, als der landesspezifische BIP-Anstieg vermuten lässt. Denn was in Deutschland passierte, gilt in noch stärkerem Maße für den Rest der Welt: Viele Erfindungen kosten kaum etwas und schlagen sich daher kaum in Veränderungen des Bruttoinlandsprodukts nieder, verbessern das Leben der Menschen aber trotzdem. Glücklicherweise gibt es einen anderen Maßstab für Lebensqualität, der uns hier weiterhilft: Menschen verbringen immer mehr Zeit auf der Welt.

### *Können Menschen auf ein längeres Leben hoffen?*

Lebenserwartung ist ein ultimativer Maßstab für den Fortschritt der Menschheit. Egal ob Menschen länger leben, weil sie wohlhabender, freier, friedfertiger oder gesünder sind, die Lebenserwartung fasst all dies in einer unerbittlichen Zahl zusammen. Sie ist ein Indikator dafür, wie schnell unsere Zeit auf dem Planeten Erde verrinnt. Wie genau dies die Lebensumstände widerspiegelt, zeigt sich beispielsweise daran, dass die Lebenserwartung in der DDR hinter der in-Westdeutschland zurückgeblieben ist, obwohl sie vorher in beiden Teilen Deutschlands ähnlich war. Doch nach der Wiedervereinigung kletterte die ostdeutsche Lebenserwartung schnell wieder auf das westdeutsche Niveau, weil Ostdeutsche sich besser ernährten, besser medizinisch versorgt wurden und möglicherweise sogar optimistischer waren.[7] Wie also hat sich diese Zahl verändert, die für das Glück der Menschen so viel ausmacht?

Die längsten durchgängigen Daten zeigen, wie Europäer und Amerikaner noch bis Mitte des 19. Jahrhunderts durchschnittlich mit Mitte dreißig verstorben sind. In Asien sind Menschen noch bis Anfang des 20. Jahrhunderts mit durchschnittlich 28 Jahren gestorben. Als 1925 gesicherte Aufzeichnungen für Afrika begonnen, starben Menschen dort mit durchschnittlich 26 Jahren. Bevor wir gesicherte Aufzeichnungen haben, weisen archäologische Funde und demografische Studien darauf hin, dass Menschen jahrtausendelang durchschnittlich schon mit Mitte 20 gestorben sind. Erst im 14. Jahrhundert stieg die Lebenserwartung in England auf 35 Jahre.[8] Heute werden Menschen in Europa und Amerika 77, in Asien 72 und in Afrika 60 Jahre

**Lebenserwartung bei Geburt in den wichtigsten Weltregionen**[9]

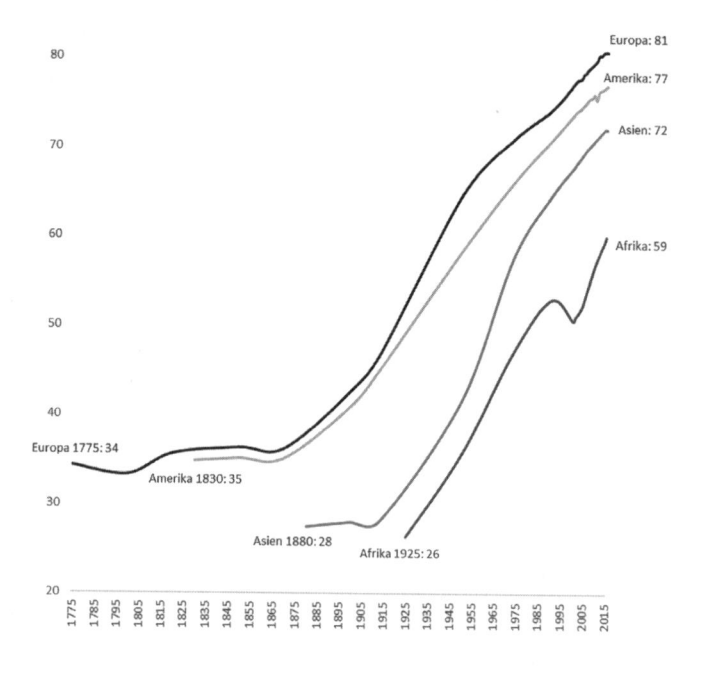

alt. Die Lebenserwartung der Deutschen ist mit 81 Jahren kaum von der europäischen zu unterscheiden. Und selbst die Lebenserwartung im ärmsten Teil der Welt, Subsahara-Afrika, beträgt mittlerweile 59 Jahre. Überall werden Menschen damit doppelt bis dreimal so alt wie während 99 Prozent der Menschheitsgeschichte. Der Ökonomie-Nobelpreisträger Angus Deaton findet dafür die Worte: »*Things are getting better, and hugely so.*« James Vaupel, Leiter des Max-Planck-Instituts für demografische Forschung, nennt es »*the most significant achievement of modern civilization*«.[10] Wer an seinem 30. Geburtstag keinen Todeswunsch verspürt, wird dem kaum widersprechen. Lange stieg die Lebenserwartung, weil Kinder ihre ersten Lebensjahre öfter überlebten. Denn wenn ein Neugeborenes stirbt, zieht es die Lebenserwartung in Richtung null. Wenn dagegen eine 50-Jährige stirbt, bewegt sich die Lebenserwartung immerhin in Richtung 50. Noch Mitte des 18. Jahrhunderts verstarben selbst in Wien, einer der fortschrittlichen Städte dieser Zeit, 587 von 1000 Neugeborenen vor ihrem fünften Geburtstag.[11] Heute beträgt die Kindersterblichkeit nur noch ein Siebtel der damaligen Wiener Rate ... und zwar in Subsahara-Afrika. Selbst wenn man den heute am wenigsten entwickelten Teil der Welt mit einem der fortschrittlichsten Orte der Vergangenheit vergleicht, zeigt sich also immer noch eine enorme Verbesserung. Früher gehörte Kindersterblichkeit zum Leben. Heute ist sie die absolute Ausnahme. Noch 1960 verstarben von 1000 Neugeborenen weltweit 183 vor ihrem fünften Lebensjahr, im Jahr 2015 waren es nur noch 43 von 1000.

**Sterblichkeitsraten von Kindern unter 5, pro 1000 Geburten in Weltregionen**[12]

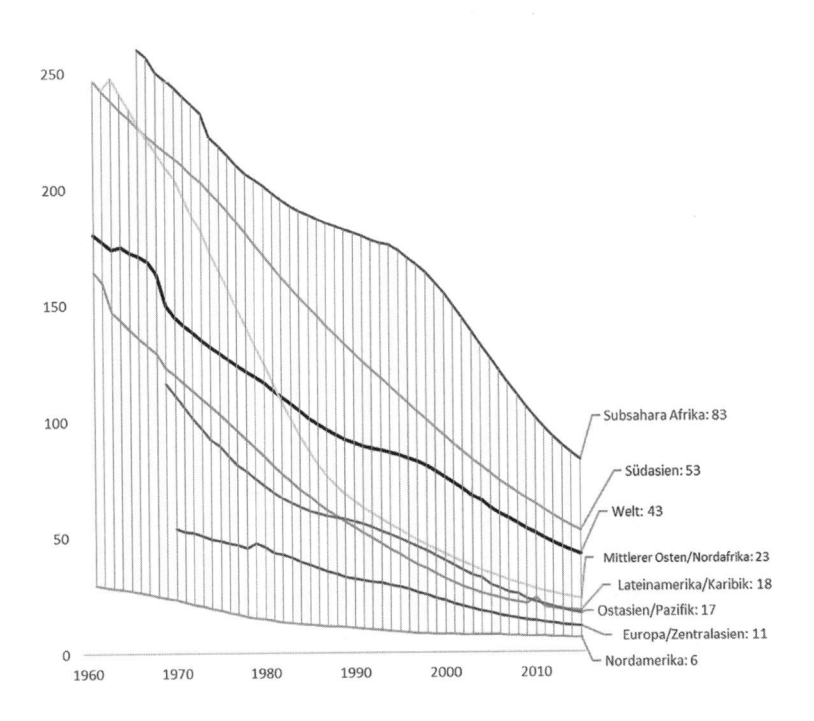

- Subsahara Afrika: 83
- Südasien: 53
- Welt: 43
- Mittlerer Osten/Nordafrika: 23
- Lateinamerika/Karibik: 18
- Ostasien/Pazifik: 17
- Europa/Zentralasien: 11
- Nordamerika: 6

Eine Mutter musste also noch 1960 mit fast 20-prozentiger Wahrscheinlichkeit davon ausgehen, ihr Kind vor dessen fünftem Geburtstag wieder zu verlieren. Heute liegt diese Wahrscheinlichkeit nur noch bei 4,3 Prozent. Eine Mutter kann sich damit viermal so sicher sein, dass ihr Kind überlebt. Was das bedeutet, hat niemand besser zusammengefasst als Hans Rosling: »Diese Kennziffer misst sozusagen die Temperatur einer Gesellschaft. Wie ein riesiges Thermometer. Denn Kinder sind sehr verletzlich. Es gibt so vieles, was sie umbringen kann. Wenn in Malaysia nur 14 von 1000 Kindern sterben, bedeutet das, dass die übrigen 986 überleben. Ihren Eltern und der Gesellschaft gelingt es, sie vor all den Gefahren zu schützen, die ihnen den Tod bringen könnten: Keime, Hunger, Gewalt und so weiter. Diese Zahl 14 sagt uns also, dass die meisten Familien in Malaysia genug zu essen haben, dass keine Abwässer in ihr Trinkwasser gelangen, dass sie einen guten Zugang zu gesundheitlicher Versorgung [haben]. Sie sagt uns nicht nur etwas über die Gesundheit der Kinder, sie misst die Qualität der Gesamtgesellschaft.«[13]

Umso bedeutender ist es, dass die Kindersterblichkeit in keinem Land der Welt langfristig angestiegen ist. Noch mal: in keinem einzigen. Im Deutschland der 1960er Jahre war die Kindersterblichkeit mit 27 von 1000 Kindern schon recht niedrig. Sie hat sich seitdem noch einmal auf 4 von 1000 Kindern verringert. Doch gerade die am wenigsten entwickelten Weltregionen haben am meisten profitiert, wie der zurückgehende Unterschied zwischen der obersten und untersten Linie in der obigen Grafik zeigt. Das ist auch passiert, weil die Vereinten Nationen sich mit ihren Millennium-Entwicklungszielen verpflichtet haben, Gebärenden überall medizinische Versorgung anzubieten.[14]

Schwarzseher wie John Gray schaffen es, selbst das in einen Misserfolg umzudrehen, indem sie die niedrigen Geburtenraten monieren. Seiner Meinung nach »reagieren Menschen wie andere Tiere auf Stress. Sie reagieren auf Knappheit und Überfüllung, indem sie ihren Fortpflanzungsdrang senken.«[15] Wenn eine niedrige Geburtenrate tatsächlich auf Stress hindeutet, dann müsste der Stress in Entwicklungsländern zunehmen, je mehr Krankheiten besiegt wurden, je mehr Kinder überlebten und je mehr die Armut verschwand. Menschen in Deutschland müssten deutlich stärker an Knappheit und Überfüllung leiden als in Somalia und Burkina Faso, schließlich sind Deutschlands Geburtenraten besonders niedrig. Zum Glück gibt es eine plausiblere Erklärung für die niedrigen Geburtenraten: Frauen müssen eine hohe Kindersterblichkeit nicht mehr durch eine hohe Fertilität kompensieren. Von einem Gleichgewicht des Sterbens kommt es zu einem Gleichgewicht des Lebens.[16] Früher mussten Frauen viele Kinder haben, wenn mindestens zwei überleben sollten. Bis 1967 betrug die weltweite Fertilität 5 Kinder pro Frau, seit 2008 liegt sie weltweit bei nur noch 2,5 Kindern, von denen fast alle überleben. Man kann sich kaum vorstellen, wie belastend es für eine Mutter ist, der Hälfte ihrer fünf Kinder beim Sterben zuzusehen. Das ist heute erstmals nicht mehr so, Menschen können nun davon ausgehen, dass ihre Kinder überleben.

Und das ist nur der letzte Schritt in der Abschaffung vermeidbarer Kindersterblichkeit. Auf dem bisherigen Weg wurden einige der schlimmsten Krankheiten besiegt. Eine der grausamsten aller grausamen Krankheiten sind die Pocken. 20 bis 40 von 100 Infizierten sterben. Doch selbst wer überlebt, kann die Folgen ein Leben lang mit sich tragen und blind sein. Zur Übertragung reicht es, jemanden anzuniesen. Wenn Sie Albträume haben wollen, googeln Sie »Pocken Menschen« und schauen sich die Bilder an. Im 20. Jahrhundert sind 300 Millionen Menschen an Pocken gestorben, mehr als doppelt so viele wie in all den furchtbaren Kriegen dieses Jahrhunderts. Allein 1967 infizierten sich weltweit noch 10 Millionen Menschen, 2 Millionen starben daran. Doch dann impfte die Weltgesundheitsorganisation die ganze Welt gegen Pocken. Das senkte die Neuinfektionen innerhalb von 10 Jahren auf null.[17] Die Pocken wurden die erste durch Impfung ausgerottete Krankheit, 2011 folgte die Rinderpest. Im Jahr 1980 wurden nur 21 Prozent aller Kinder gegen Diphtherie, Tetanus und Keuchhusten geimpft, 2016 waren es 86 Prozent.[18]

Gerade wird die nächste Geißel der Menschheit besiegt: Kinderlähmung. Der 32. Präsident der Vereinigten Staaten, Franklin D. Roosevelt, versuchte vor der amerikanischen Öffentlichkeit zu verbergen, dass er ihretwegen einen Rollstuhl brauchte; der Science-Fiction-Autor Arthur C. Clarke schenkte der Menschheit zwar den in der Schwerelosigkeit spielenden Film *2001: A Space Odyssey*, war jedoch selbst durch Kinderlähmung ebenfalls an den Rollstuhl gefesselt. Seit Anfang der 1960er Jahre gibt es einen wirkungsvollen Impfstoff, doch selbst 1988 infizierten sich noch 350 000 Kinder. Aber dann impfte die Weltgesundheitsorganisation wieder Kinder auf der ganzen Welt, 2017 gab es nur noch 17 Fälle. In weniger als 20 Jahren fiel die Zahl der Neuinfektionen von 350 000 auf 17. Die Liste der für immer besiegten Krankheiten wird bald um einen Eintrag länger sein.[19]

Sogar die ekligsten Monster werden besiegt. Und dieses Monster bietet wirklich Stoff für Horrorfilme. Stellen Sie sich vor, mit Ihrem Trinkwasser eine Wurmlarve zu verschlucken. Der Wurm frisst sich durch Ihren Darm, wird bis zu einem Meter lang und nascht sich daraufhin unter Ihrer Haut bis zu Ihrem Bein durch. Dort kommt er heraus, um Larven im Wasser abzusetzen, wenn Sie ihren schmerzenden Fuß im Wasser kühlen. Und das Ganze tut so weh, wie es sich anhört. Doch diese Geschichte stammt nicht aus einem Horrorfilm. Noch 1986 haben sich 3,5 Millionen Menschen tatsächlich mit dem sogenannten Guineawurm infiziert.[20] Entfernen kann man ihn, indem man ihn wochenlang auf ein Streichholz aufrollt, sobald er aus der Haut herausguckt. Doch seit einfache Filtertücher die Aufnahme des Guineawurms über das Trinkwasser verhindern, sanken die Infektionen von 3 500 000 im Jahr 1986 auf 25 keine 30 Jahre später. So schrecklich der Guineawurm auch ist, er kann Menschen kaum noch etwas anhaben.

Die Pocken sind ausgerottet. Die Kinderlähmung und der Guineawurm sind fast besiegt. Dennoch haben sich 2016 immer noch circa 216 Millionen Menschen mit Malaria infiziert; 445 000 sind daran gestorben, davon ungefähr 90 Prozent in Afrika. Zwar sehen wir an Weihnachten immer noch die traurigen Bilder von Kindern, die an Malaria sterben, weil sie kein Moskitonetz besitzen. Diese Bilder verschweigen aber, dass die internationale Gemeinschaft heute über 10-mal so viel Geld zur Malariabekämpfung ausgibt wie noch vor 15 Jahren und deswegen immer mehr Menschen unter einem der sicheren Moskitonetze schlafen. Innerhalb von nur 16 Jahren hat sich die Zahl der Malaria-Toten aufgrund der Maßnahmen ungefähr halbiert.[21]

Als im 14. Jahrhundert die Pest ausbrach, war der heißeste Tipp der Ärzte, Gott um Hilfe anzuflehen und Pogrome an Juden zu verüben. Ein Drittel der Europäischen Bevölkerung starb. Als 1981 HIV ausbrach, verstanden Wissenschaftler innerhalb von zwei Jahren, dass Kondome die Ausbreitung stoppen können. Zehn Jahre später kam HIV nicht mehr einem Todesurteil gleich, sondern wurde zu einer Krankheit, mit der man bis ins hohe Alter leben kann – wenn man Zugang zu der teuren Behandlung hat. Zwar haben sich insgesamt 70 Millionen Menschen mit HIV angesteckt, 37 Millionen sind gestorben. Aber während sich im Jahr 2000, zum Höhepunkt der Epidemie, noch 3,1 Millionen Menschen infizierten, waren es 2016 nur noch circa 1,8 Millionen, ein Rückgang um 42 Prozent.[22]

Die Lebenserwartung steigt aber nicht nur aufgrund spektakulärer Siege gegen grausame Krankheiten. Schauen Sie sich alte Filme an, und Sie sehen einen weiteren Grund: Früher wurde überall und jederzeit geraucht. Doch in entwickelten Ländern sinkt still und leise der Tabakkonsum. Anfang des 20. Jahrhunderts stieg bis in die 1970er Jahre der Konsum von circa 3 auf täglich 8 Zigaretten, doch seitdem ist er wieder auf 5 zurückgegangen. Trotzdem sind aufgrund der gestiegenen Weltbevölkerung 2016 mit 6,3 Millionen mehr Menschen an den Folgen des Rauchens gestorben als 1990 mit 5,1 Millionen. Entkommen Länder der Armut, können sich mehr Menschen das Rauchen leisten. Werden Länder dann nochmals wohlhabender, rauchen Menschen weniger, weil das Gesundheitsbewusstsein wächst.[23]

Die Lebenserwartung von Königen und Herrschern betrug selbst 6000 Jahre vor Christus oft mehr als 60 Jahre.[24] Die oben geschilderten gesundheitlichen Veränderungen bewirken also nicht so sehr, dass Privilegierte noch viel älter werden, sondern dass immer mehr Menschen das Alter dieser bisher wenigen Privilegierten erreichen. Bis zum Ende des 19. Jahrhunderts war noch fast 50 Prozent der Lebenszeit in entwickelten Ländern ungleich zwischen den Menschen verteilt. Das heißt, einige wurden sehr alt, andere starben jung. Heute werden bis auf eine Abweichung von circa 10 Prozent alle gleich alt. Die Lebenserwartung entkoppelt sich damit von der gesellschaftlichen Klasse. Wenn notorische Pessimisten wie Alexander Hagelüken schreiben, in Deutschland wenig zu verdienen komme einem Todesurteil gleich, so verschweigen sie, dass das Sterbealter früher zu 50 Prozent mit dem Einkommen zusammenhing, während es heute nur noch 10 Prozent sind.[25] Man nehme den richtigen Sachverhalt, dass ärmere Menschen kürzer leben, und verschweige, dass dieser noch nie so wenig zugetroffen hat; fertig ist die marktschreierische Halbwahrheit.

Aber kann das Leben immer länger werden? Oder gibt es eine natürliche Grenze, die zwar mehr Menschen erreichen, die unsere Lebenserwartung aber ultimativ begrenzt? Letzteres vermutete ein aufsehenerregender Artikel in der Fachzeitschrift *Nature*. Er zeigte, dass zwar immer mehr Menschen alt werden, doch seit den 1990er Jahren steigt der Anteil an Menschen nicht mehr, der älter als 115 wird.[26] Demnach ist irgendwann Schluss. Bei 115 Jahren hat der Mensch seine geplante Obsoleszenz erreicht. Bisher ist die Lebenserwartung in den letzten 160 Jahren allerdings recht konstant um drei Monate pro Jahr angestiegen. Seitdem prophezeiten Forscher immer wieder, die maximal mögliche Lebenserwartung sei bald erreicht. Im Schnitt hat die reale Lebenserwartung eines Landes die Prophezeiungen zur maximalen Lebenserwartung jedoch innerhalb von nur fünf Jahren immer wieder übertroffen.[27] Intuitiv scheint logisch, dass wir nicht ewig älter werden können. Doch bisher lagen Forscher jedes Mal daneben, wenn sie glaubten, dieser Punkt sei nun bald erreicht. Ob es ihn gibt, ist unklar. Doch dass wir immer älter werden, bezweifelt niemand.

Die Lebenserwartung hat sich in weniger als 200 Jahren verdoppelt, in vielen Regionen sogar verdreifacht. Damit ist sie in den letzten 200 Jahren stärker angestiegen als in der gesamten vorherigen Menschheitsgeschichte.[28] Aber Menschen werden nicht nur älter; sie bleiben auch gesünder. Noch im Jahr 1900 hatten Amerikaner mit Anfang fünfzig durchschnittlich 3,3 chronische Krankheiten, in den 1990ern war es nur noch eine. Von 1990 bis 2010 waren über 80 Prozent der gestiegenen Lebenserwartung gesunde Lebensjahre.[29]

Und selbst das Verständnis von Krankheit hat sich im Laufe der Zeit verändert. 1945 starb der amerikanische Präsident Franklin D. Roosevelt an einem Schlaganfall. Er hatte einen Blutdruck von 260/150 mmHg. Doch das galt damals als normal. Noch Anfang der 1990er hätte man Sie selbst bei einem Blutdruck von 160/100 mmHg nicht behandelt. Heute gelten laut der Deutschen Gesellschaft für Hypertonie und Prävention Werte über 140/90 mmHg als Bluthochdruck, erst Werte unter 120/80 mmHg gelten als optimal. Studien zeigen, dass in Deutschland »der mittlere systolische Blutdruckwert in den meisten Altersgruppen im Zeitverlauf statistisch signifikant abnahm«, während gleichzeitig »eine Zunahme der Behandlungsraten« zu verzeichnen ist.[30] Mittlerweile sind die Grenzwerte so niedrig, dass nur noch »ein Drittel der 18- bis 79-Jährigen [...] unbehandelt einen optimalen Blutdruck«[31] hat. Die Grenze, was überhaupt als gesund gilt, wird immer enger gezogen. Wir gelten dadurch öfter als krank, während wir objektiv gesünder werden. Auch bei anderen Leiden werden die Grenzwerte heruntergesetzt, sodass mehr Menschen als krank gelten, während sie gesünder werden. Bei Blutzucker galten 1980 Werte bis 144 mg/dl als normal. 1985 waren Sie mit demselben Wert krank, denn Sie mussten nun einen Wert von 140 mg/dl haben. Damit waren Sie wiederum Ende der 1990er Jahre krank, denn jetzt mussten Sie 126 mg/dl vorweisen, um als gesund zu gelten. Heute gilt schon ein Wert von 120 mg/dl als grenzwertig. Auch mit einem Cholesterinwert, der letztes Jahr noch in Ordnung war, galten Sie im nächsten Jahr oft schon als krank.

Vielleicht beschert diese immer weitere Absenkung der Grenzwerte mehr Menschen ein längeres Leben. Sie führt aber auch dazu, dass sich mehr Menschen krank fühlen, während sie de facto älter und gesünder werden. Auch hier steigen unsere Ansprüche – in diesem Fall an unsere Gesundheit. Und auch hier macht sich das kaum jemand klar, oder haben Sie schon mal von den früheren Grenzwerten für Bluthochdruck, Blutzucker und Cholesterin gehört? Anstatt zu merken, dass die Ansprüche steigen, fällt zumeist nur auf, dass die Realität ihnen nicht mehr gerecht wird. Wir denken dann, dass die Realität schlechter wird, während sie in Wirklichkeit doch besser wird, nur kann sie eben mit der Anspruchsinflation nicht mithalten.

Neben der Lebenserwartung zeigt ein weiterer Biomarker, dass es uns objektiv besser geht. Besuchen Sie ein altes Schloss, und Sie werden ihn bemerken. Die niedrigen Decken der Burgen und Paläste haben damals niemanden gestört. Denn fast alle, auch die großen Männer der Weltgeschichte, waren nach heutigen Maßstäben klein. Immanuel Kant war nur 1,57 Meter groß. Napoleon, der heute mit 1,69 als außergewöhnlich klein gilt, war damals noch größer als die meisten. Denn bis 1840 wurden Männer durchschnittlich nur circa 167 cm groß.

Seit ungefähr 150 Jahren werden Menschen größer, in Deutschland erreichen Männer heute durchschnittlich 181 cm. In anderen Ländern wie Frankreich, Italien und Großbritannien gab es ähnliche Zugewinne.[32] Diese spiegeln Wohlstand wider. Denn empirische Untersuchungen zeigen, dass unser Körper sein biologisches Wachstumspotential nur realisieren kann, wenn er genug Protein bekommt. Deswegen geht der Wohlstand eines Landes mit der durchschnittlichen Körpergröße einher.[33] In der DDR ist nicht nur die Entwicklung des Lebensalters, sondern auch der Körpergröße hinter Westdeutschland zurückgeblieben. Aber als sich nach der Wiedervereinigung Ernährung und medizinische Versorgung verbesserten, glich sich nicht nur das Lebensalter, sondern auch die Körpergröße wieder an.[34] Weil Körpergröße Wohlstand widerspiegelt, ist besonders aufschlussreich, dass Menschen nicht nur dort am größten werden, wo der höchste Wohlstand herrscht, sondern auch weltweit durchschnittlich größer werden.[35]

Alter und Körpergröße sind Biomarker, die – anders als Wohlstand – direkt zeigen, wie gut es Menschen geht. Niemand bezweifelt, dass sie weltweit über Jahrtausende stagnierten und seit dem 19. Jahrhundert in die Höhe schossen. Es stimmt ja, dass Wohlstand nicht alles ist. Aber Menschen werden nicht nur reicher, sondern leben auch länger und gesünder. Wenn das kein Fortschritt ist, was dann?

*Nimmt die weltweite Armut zu?*
Doch Skeptiker wenden zu Recht ein: Was haben Menschen, die noch immer in extremer Armut leben, davon? Die überraschende Antwort lautet: Wir müssen sie schnell fragen, weil es bald vielleicht keine mehr gibt.

In einer Welt, in der Kalorien nur in den seltensten Fällen von Bäumen fallen, ist nicht Armut, sondern Wohlstand erklärungsbedürftig. Lange Zeit galt Armut sogar als selbstverständlich. Die Bibel war sich noch sicher: *Es werden allezeit Arme sein im Lande* (5. Mose 15,11). Doch zum Glück hat dieser Fatalismus die Welt nicht davon abgehalten, Armut fast abzuschaffen. Als absolut arm gelten Menschen, die weniger als 1,90 Dollar pro Tag haben, denn sie können kaum ihren Kalorienbedarf decken.[36] Im Jahr 2015 traf das auf 700 Millionen Menschen zu, fast 10 Prozent der Weltbevölkerung. Das hört sich furchtbar an – und ist es auch. Doch die von 1981 bis 2015 durchgehende Linie in der folgenden Grafik zeigt, wie noch im Jahr 2000 nicht 10, sondern knapp 30 Prozent der Menschheit unter dieser absoluten Armutsgrenze von 1,90 Dollar lebten. Anfang der 1980er waren es sogar noch 44 Prozent.[37] Innerhalb von 34 Jahren ist der Anteil der Menschheit in absoluter Armut von fast der Hälfte auf unter 10 Prozent gesunken, schneller als je zuvor in der Menschheitsgeschichte. Fast jeder zweite Mensch war Anfang der 1980er Jahre noch absolut arm. Heute ist es weniger als einer von zehn. Trotzdem denken über drei Viertel der Deutschen, dass die weltweite Armut zugenommen hat.[38]

**Prozent Weltbevölkerung in absoluter Armut[39]**

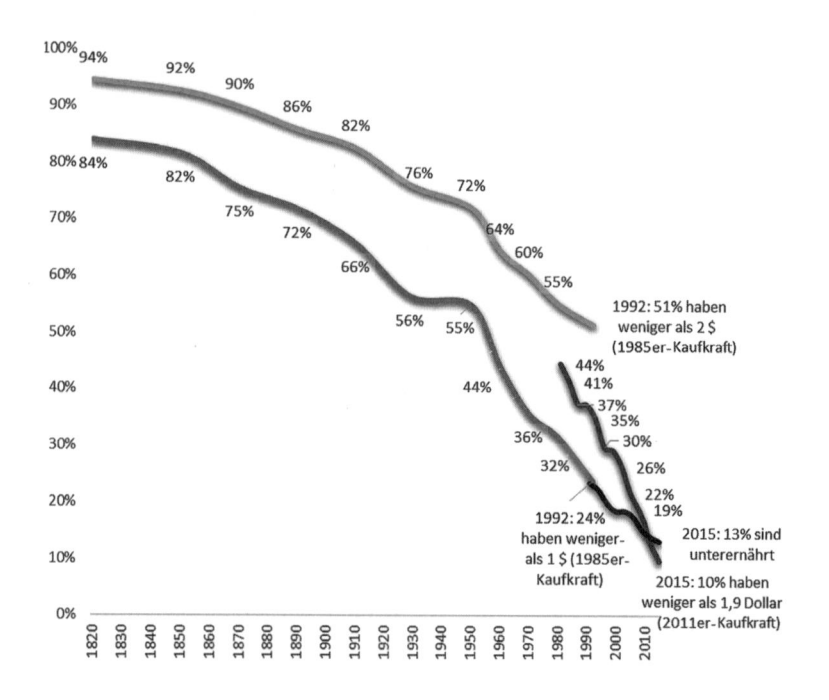

Im Jahr 1820, das zeigen die beiden langen Linien der Grafik, hatten noch 84 Prozent der Menschheit täglich weniger als einen Dollar. 94 Prozent der Menschheit hatten weniger als zwei Dollar (jeweils in 1985er-Kaufkraft). Damit waren Anfang des 19. Jahrhunderts nur 6 bis 16 Prozent der Menschheit *nicht* bitterarm.[40] Eine vierte, kurze Kurve zeigt, dass auch der Anteil mangelernährter Menschen sich seit 1991 halbiert hat, hauptsächlich weil heute auf demselben Ackerland 3-mal so viel Getreide geerntet wird wie Anfang der 1960er.[41] Wie man absolute Armut auch misst: Alle Kurven weisen nach unten. Dabei zeigen diese Kurven noch nicht einmal, dass auch ein sinkender Anteil der Menschheit mit 3, 5 oder 10 Dollar pro Tag auskommen muss.[42] Vereinfachend gesagt, waren Anfang des 19. Jahrhunderts ungefähr 10 Prozent der Menschheit *nicht* arm, ungefähr 90 Prozent lebten in gefährlicher Nähe des Hungertods. Noch Mitte des 19. Jahrhunderts hatten selbst Engländer und Franzosen weniger Kalorien zur Verfügung als die Menschen in den heute ärmsten Ländern der Welt.[43] 2015 waren dahingegen nicht mehr 90 Prozent der Menschheit extrem arm, sondern 90 Prozent waren der Armut entkommen. Innerhalb von 200 Jahren wurde Hunger von der Regel zur Ausnahme. Während noch 1990 weltweit die meisten gesunden Lebensjahre verloren gingen, weil Kinder unterernährt waren, gingen 2010 die meisten gesunden Lebensjahre auf das Konto von hohem Blutdruck, Tabak- und Alkoholkonsum. Überfluss ist heute ein größerer Killer als Mangel.[44] Wer an Überfettung stirbt, ist genauso tot wie jemand, der an Hunger stirbt. Und doch ist es einfacher, mehr Gemüse zu essen, als Kalorien aufzutreiben, wenn man einfach kein Geld hat.

Die größten Fortschritte hin zu gefüllten und sogar überfüllten Bäuchen wurden in den letzten Jahrzehnten gemacht. Als die Vereinten Nationen im Jahr 2000 ihre Millenniums-Entwicklungsziele verabschiedeten, wurde die darin beschlossene Halbierung des weltweiten Hungers als hoffnungslos überambitioniert und unrealistisch bezeichnet. Zehn Jahre später war das Ziel erreicht, fünf Jahre schneller als geplant. Auch Afrika wird allen Hochrechnungen nach 2018 seine Armut gegenüber 1990 halbieren. Andere Millenniums-Entwicklungsziele wurden ebenfalls übererfüllt: Auf dem Land haben mehr Menschen Zugang zu sauberem Trinkwasser, in der Stadt wohnen sie seltener in Slums.[45] Die Millenniums-Entwicklungsziele sind damit das erfolgreichste Programm zur Armutsreduktion aller Zeiten. Dass sie weitgehend erreicht sind, hat die Vereinten Nationen motiviert, absolute Armut jetzt bis 2030 weltweit abzuschaffen und dabei auch stärker auf die Umwelt zu achten. Es wundert Sie vielleicht nicht mehr, dass Medien das wieder einmal als völlig unrealistisch bezeichnen. Ebenso sicher können Sie sich sein, dass, wenn diese Ziele erreicht sind, wir wahrscheinlich kaum etwas davon erfahren. Auch über das erfolgreichste Armutsbeseitigungsprogramm aller Zeiten erfährt man kaum etwas. Zu den Suchworten »Millenniums-Entwicklungsziele« oder »Millennium Development Goals« fanden sich im Jahr 2018 nur 4 Artikel im *Spiegel*, in keinem davon werden die Erfolge erwähnt. In der *Zeit* waren es 2018 immerhin 87 Treffer, die Überschrift des Top-Treffers lautet: »Keine falsche Euphorie«. Einer der *Spiegel*-Artikel schreibt: »Anfang des Jahrzehnts lief der reiche Teil der Welt Gefahr, bei den bescheiden gesteckten UNO-Zielen zur Armutsbekämpfung zu versagen.«[46] Wieso die Halbierung der weltweiten Armut »bescheiden« ist und warum ein Erfolg als »Gefahr eines Versagens« zu verstehen ist, verrät der Artikel nicht.

Angesichts solcher Berichterstattung verwundert es kaum, dass beispielsweise nur 10 Prozent der Deutschen wissen, dass heute über 80 Prozent aller Einjährigen gegen Masern geimpft werden. So stagniert der Kampf gegen Masern auch allein deswegen schon, weil schon fast jeder geimpft ist und 2015 schon 79 Prozent weniger Kinder an Masern starben als 15 Jahre zuvor.[47] Ebenso ist es anhand dieser absurd negativen Berichterstattung kein Wunder, dass nur 8 Prozent der Deutschen klar ist, dass die weltweite Armut überhaupt abgenommen hat, und 99,5 Prozent unterschätzen, wie stark. Selbst Oxfam äußerte sich verwundert, wie sehr die Erfolge der Armutsbekämpfung unterschätzt werden – und Oxfams Job ist, dem Rest der Welt zu erzählen, dass es *zu viel* Armut gibt.[48] Dass immer mehr Menschen der Armut entkommen, nennt der Ökonomie-Nobelpreisträger Angus Deaton den »großen Ausbruch«.[49] Es passiert jetzt gerade. Aber kaum jemand merkt es. Angesichts dessen kann man nur mit dem Kopf schütteln: Unsere Berichterstattung erzählt uns kaum etwas davon.

Doch wieso sind überhaupt so viele der Armut entkommen? Der Ökonom Daron Acemoglu und der Politikwissenschaftler James Robinson vom Massachusetts Institute of Technology geben darauf eine verblüffend einfache Antwort. Länder werden wohlhabend, wenn sie zwei Regeln befolgen: Erstens, gib Menschen die Möglichkeit, durch eigene Arbeit ihr Leben zu verbessern. Zweitens, nimm ihnen nicht weg, was sie sich erarbeitet haben.[50] Wenn Länder diese beiden Regeln befolgen, bezeichnen Acemoglu und Robinson deren Institutionen als inklusiv. Inklusive Institutionen beuten Bürger nicht aus, sondern lassen ihnen den Wohlstand, den sie sich selbst erarbeitet haben. Das Gegenteil sind extraktive Institutionen, die einer gesellschaftlichen Elite erlauben, den Wohlstand der breiten Masse abzusaugen, sodass Anstrengung sich finanziell nicht mehr lohnt. Jedes Land, das inklusive Institutionen aufgebaut hat, wurde wohlhabend. Jedes Land, das es nicht getan hat, blieb arm. Es klingt zu einfach, um wahr zu sein. Aber dann überlegen Sie doch selbst einmal, ob Ihnen – außer den rohstoffreichen Ländern – auch nur ein einziges Land einfällt, bei dem es anders war. Die gute Nachricht ist, dass Länder sich selbst aus der Armut befreien können, indem sie inklusive Institutionen aufbauen. Die schlechte Nachricht ist, dass das nicht so einfach ist, wenn die Elite von extraktiven Institutionen profitiert.

Doch selbst wenn Länder es nicht schaffen, durch den Aufbau eigener inklusiver Institutionen zu wachsen, profitieren sie noch vom *Catch up*-Effekt. Dieser sorgt dafür, dass weniger entwickelte

Länder ein höheres Wirtschaftswachstum als entwickelte Länder haben. Denn Technologie, die in Europa und Nordamerika entwickelt wurde, kommt früher oder später auch anderen Ländern zugute. Antibiotika wurden in England entdeckt, retten heute aber Menschenleben auf der ganzen Welt. Wikipedia wird zu einem großen Teil in entwickelten Ländern editiert, doch jeder, der Englisch liest, kann diesen gigantischen Wissensschatz kostenlos anzapfen. Smartphones wurden in den USA erfunden und in Asien gebaut. Doch dass heute ein Drittel der Erdbevölkerung ein Smartphone hat und 95 Prozent der Weltbevölkerung vom Mobilfunknetz abgedeckt sind (im Jahr 2000 waren es nur 58 Prozent), hilft auch afrikanischen Farmern, ihre Ernte zum besten Preis zu verkaufen.[51]

Technologischer Fortschritt fängt in der Regel in reichen Ländern an und bahnt sich daraufhin seinen Weg in ärmere. Da Antibiotika wenig kosten, Wikipedia gar nichts und Smartphones beispielsweise den Verkauf gedruckter Karten senken, schlägt sich all dies nicht positiv im Bruttoinlandsprodukt armer Länder nieder. Die Lebensqualität armer Länder steigt dadurch trotzdem. Und dabei wird es den Entwicklungsländern nicht nur einfacher gemacht, Waren zu importieren, sondern auch zu exportieren. Mittlerweile exportieren Entwicklungsländer 79 Prozent ihrer Waren zollfrei in entwickelte Länder. Die für Entwicklungsländer bedeutsamen Zölle auf landwirtschaftliche Waren, Kleider und Textilien sinken. Die weltweit durchschnittlichen Zölle auf alle Güter betrugen 1997 noch 10,8 Prozent, 2012 waren es lediglich 6,8 Prozent.[52] Außerdem haben die entwickelten Länder den weniger entwickelten still und heimlich fast alle Schulden erlassen. Im Jahr 1995 mussten die ärmsten Staaten mit den höchsten Schulden noch 7 Prozent ihrer Wirtschaftskraft für den Schuldendienst aufbringen. 2016 waren es nur noch 2 Prozent. Im selben Zeitraum ist die Entwicklungshilfe inflationsbereinigt um 66 Prozent angestiegen.[53]

Die schlechte Nachricht ist allerdings, dass diese gut gemeinte Entwicklungshilfe zwar Armut lindern kann, aber kaum Wirtschaftswachstum bringt.[54] Kaum jemand stellt in Abrede, dass bei einer Hungersnot oder Naturkatastrophe Hilfe geboten ist. Auch können Investitionen in die Gesundheitsversorgung armer Länder Menschenleben retten. Doch Wachstum scheint erst durch inklusive Institutionen zu kommen. Die kosten zwar nichts, aber man kann sie nicht von außen aufzwingen, weil funktionierende Institutionen auf einer funktionierenden Zivilgesellschaft basieren müssen. Wichtiger als Entwicklungshilfe ist deswegen, dass immer mehr Länder demokratisch werden. Voraussetzung dafür ist, dass Menschen im Durchschnitt wohlhabender, gesünder und älter werden. Denn so kann langsam eine weltweite Mittelschicht entstehen.

*Die unsichtbare neue Mittelschicht*
Wie kann es eine weltweite Mittelschicht geben, wenn doch 62 Superreiche angeblich so viel wie die ärmste Hälfte der gesamten Menschheit haben? Die Zahlen beziehen sich auf Vermögen und nicht auf Einkommen, deswegen sind sie irreführend. Denn wenn beispielsweise die ärmsten 3 Milliarden Menschen nichts gespart haben, dann hat der 3-Milliarden-und-erste Mensch alleine mehr als diese 3 Milliarden zusammen, selbst wenn er nur einen einzigen Euro besitzt. Das soll nicht in Abrede stellen, dass es extreme Vermögensungleichheiten gibt. Aber man darf sich nicht nur auf die Extreme fokussieren, sondern muss die gesamte Verteilung anschauen.

Außerdem ist Gleichheit nicht immer gut. Bis Anfang des 19. Jahrhunderts waren alle Länder gleich, denn sie waren gleich arm. Ist das besser als eine Situation, in der zumindest manche nicht mehr arm sind? Glücklicherweise stellt sich diese Frage immer weniger, denn die ärmeren Länder haben stärkere Einkommenszugewinne als die reicheren. Deswegen sinkt mittlerweile die Ungleichheit zwischen Ländern wieder.[55] Der Nobelpreisträger Angus Deaton beschreibt dies als »großartige Konvergenz« hin zu einer Weltgesellschaft, in der alle Länder vergleichbar viel haben.[56] Die folgende Grafik fasst diese Entwicklung zusammen. Sie zeigt, wie viel Kaufkraft die Ärmsten, die Reichsten und alle dazwischen von 1980 bis 2016 hinzubekommen haben.

**Einkommenszuwachs ärmste 10 % bis reichste 0,01 %
von 1980 bis 2016[57]**

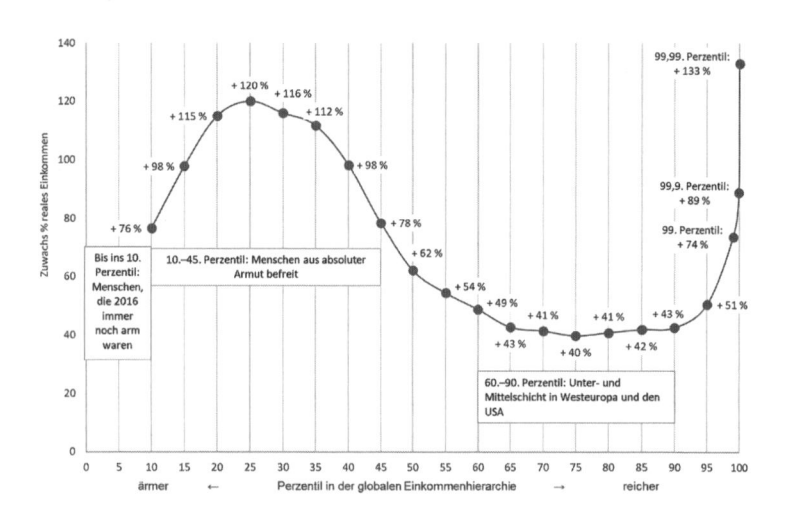

Die erste Zahl links in der Grafik bedeutet, dass das zehnte Perzentil, also die ärmsten 10 Prozent der Weltbevölkerung, ihr Einkommen seit 1980 um 76 Prozent steigern konnte. Dieser Zugewinn fand vor allem in den letzten zehn Jahren statt.[58] Trotzdem sind diese ärmsten 10 Prozent diejenigen, die schon 1980 arm waren und es heute immer noch sind. Sie leben fast alle in Staaten Afrikas ohne inklusive Institutionen, in denen eine kleine Elite immer noch die Wertschöpfung der Bevölkerung absaugt. Vom 10. bis 45. Perzentil finden sich Menschen, die noch 1980 in Armut lebten, mittlerweile aber nicht mehr arm sind. Ihretwegen ist die Armutsquote seit 1980 von circa 45 auf 10 Prozent gesunken. Diese Menschen haben kein Auto und vielleicht nicht mal ein Fahrrad. Aber dem Hunger sind sie im Wesentlichen entkommen.

Vom 45. bis zum 70. Perzentil findet man Menschen, die schon 1980 keinen Hunger litten und jetzt zu einer neuen weltweiten Mittelschicht gehören. Sie haben mehr als 45, aber weniger als 30 Prozent der Menschheit und leben zu einem großen Teil in China. Sie sorgen dafür, dass man die Menschheit nicht mehr so einfach in reiche Menschen in reichen Ländern und arme Menschen in armen Ländern einteilen kann. Denn diese Gruppe hat mehr Einkommen, als man typischerweise mit Entwicklungsländern assoziiert, und erreicht langsam den Wohlstand von Geringverdienern in entwickelten Ländern. Noch Ende der 1990er Jahre hielten Ökonomen der Weltbank ihren Aufholprozess für unwahrscheinlich, heute ist er abgeschlossen.[59]

Aber wie kann man sich das Leben auf den verschiedenen Stufen vorstellen? Auf der ärmsten von vier Wohlstandsstufen müssen immer noch etwas unter einer Milliarde Menschen in Armut leben, mit weniger als 2 Dollar pro Person und Tag, aber 5 Kindern pro Familie. Würden Sie in dieser ärmsten Milliarde leben, könnten Ihre Kinder oft nicht in die Schule gehen, weil sie barfuß Trinkwasser aus einem schlammigen Loch holen müssen. Auf dem Rückweg sammeln sie Feuerholz, damit Sie das ewig gleiche Essen kochen können: Haferschleim. Der Tod lauert hinter jeder Krankheit und Missernte. Das ist extreme Armut. Sie ist furchtbar, da gibt es nichts zu beschönigen. Aber der Anteil der Menschen, die weltweit so leben müssen, hat sich in den letzten 200 Jahren weltweit von circa 80 bis 90 auf circa 10 Prozent verringert.

Die nächste Gruppe besteht aus 3 Milliarden Menschen mit 2 bis 8 Dollar pro Tag. Wenn Sie in dieser zweiten Gruppe leben, hat Ihre Familie eine Zahnbürste, die sich alle Familienmitglieder teilen. Sie müssen Wasser nicht mehr barfuß holen, sondern mit Sandalen und Fahrrad. Sie müssen auch kein Holz für eine Feuerstelle sammeln, sondern haben einen kleinen Gaskocher. Darauf bereiten Sie ein paar selbst gehaltene Hühner zu, sodass sie genug Protein zu sich nehmen. Ihre Kinder gehen regelmäßig zur Schule. Sie haben Strom, der allerdings für einen Kühlschrank noch zu instabil ist. Sie schlafen auf dem Boden, aber sparen auf eine Matratze. Wird eines Ihrer Kinder krank, muss es nicht sterben, aber die Behandlung kann schnell die Ersparnisse der Familie aufbrauchen.

In der dritten Gruppe befinden sich 2 Milliarden Menschen mit 8 bis 32 Dollar pro Tag. Leben Sie in dieser Gruppe, haben Sie einen festen Lohn, für den Sie allerdings bis zu 16 Stunden täglich 7 Tage die Woche arbeiten müssen. Sie haben fließend kaltes Wasser, einen Kühlschrank und können jeden Tag etwas anderes auf Ihrer Herdplatte zubereiten. Sie haben ein Moped und schielen auf einen besser bezahlten und weniger anstrengenden Job. Sie können krank werden, ohne Ihre Ersparnisse zu verlieren, und Ihre beiden Kinder gehen auf eine weiterführende Schule. Sie können zum ersten Mal in den Urlaub fahren.

Verdoppeln Sie Ihr Einkommen noch einmal, und Sie sind in der weltweit reichsten Milliarde, in der jede Person mehr als 32 Dollar täglich hat. Wenn Sie dieses Buch lesen, gehören Sie vermutlich dazu. Das heißt, Sie waren höchstwahrscheinlich mindestens 12 Jahre in Schule und Ausbildung, sind schon einmal geflogen und können monatlich Essen gehen, haben fließend heißes Wasser und könnten sich ein Auto leisten.[60] Nur eine Milliarde Menschen sind jeweils in der reichsten und ärmsten Gruppe. Wir erfahren jedoch kaum etwas über die 5 Milliarden dazwischen, weil die Extreme interessanter sind. Insofern können Sie sich relativ sicher sein, dass auch der nächste Zeitungsartikel, den Sie lesen werden, eher die reichsten 62 den ärmsten 3 Milliarden Menschen gegenüberstellt, auch wenn das über die Lebensbedingungen auf der Welt kaum etwas aussagt.

Man könnte denken, der Aufstieg von Milliarden Menschen aus der ersten in die zweite, dritte und vierte Wohlstandsstufe sei eine positive Entwicklung. Doch es schafft auch Europas und Nordamerikas größtes Problem. Denn die neuen Mittelschichten Asiens übernehmen viele Jobs, auf die westliche Industriearbeiter bisher stolz waren. Unterhalb der obersten Einkommensschichten können sich deswegen viele Europäer und Amerikaner kaum mehr leisten als vor 30 Jahren. Das sieht man in der vorangegangenen Grafik daran, dass Menschen im obersten Drittel unterhalb der reichsten 5 Prozent nur circa 40 Prozent Kaufkraft hinzugewonnen haben. Das sind die vergleichsweise mageren Zugewinne nordamerikanischer und westeuropäischer Geringverdiener und Mittelschichten. Diese merken einerseits, wie Menschen aus ehemaligen Entwicklungsländern nun ähnlich viel verdienen wie sie. Andererseits können sie nicht mit den Einkommenszugewinnen der reichsten Mitglieder ihrer eigenen Gesellschaften mithalten. Es fahren immer noch alle mit dem Fahrstuhl nach oben, aber einige fahren schneller.

Neben der neu entstandenen weltweiten Mittelschicht ist das weltweit reichste Prozent der zweite große Gewinner der letzten 40 Jahre. Dieses reichste Prozent der Weltbevölkerung konnte seine monatliche Kaufkraft seit 1980 um 74 Prozent steigern, übrigens ähnlich wie die ärmsten 10 Prozent. Sie werden allerdings kaum glauben, wer mit hoher Wahrscheinlichkeit zu diesem reichsten Prozent gehört: Sie. Mit einem monatlichen Nettoeinkommen von 2300 Euro gehört man zum weltweit reichsten Prozent, auch wenn es sich nicht so anfühlt in einem Land, in dem auch viele andere recht wohlhabend sind.[61] Im reichsten Prozent sind vor allem Menschen, die in Ländern wie Deutschland eine gute Qualifikation haben. Erst die reichsten 0,1 Prozent der Weltbevölkerung erreichen nur noch wenige Deutsche. Denn um ihnen anzugehören, braucht man monatlich 6000 Euro netto. Und die Einkommenszuwächse dieser 0,1 Prozent waren noch mal höher, seit 1980 verdienen sie real 89 Prozent mehr. Dann gibt es noch die allerreichsten 0,01 Prozent weltweit. Um zu ihnen zu gehören und damit reicher als 99,99 Prozent der Menschheit zu sein, brauchen Sie circa 43 000 Euro monatlich. Und diese

Gruppe der dann wirklich Reichen hatte seit 1980 sogar einen Einkommenszuwachs von 133 Prozent.

Den ersten Grund für den Einkommensanstieg der Allerreichsten haben Sie schon gehört: Nicht nur in Deutschland, sondern auf der ganzen Welt verdienen jene mehr, die eine hohe Bildung haben, allerdings nicht Soziologen oder Philosophen, sondern Informatiker und Ingenieure. Denn überall spalten sich Arbeitsmärkte in zwei Gruppen: Die einen nutzen Computer und Roboter. Die anderen werden von ihnen ersetzt. Ein Unternehmen, das früher 10 Mitarbeiter zur Dateneingabe anstellte, kann heute mit einer Programmiererin die Dateneingabe automatisieren. Da diese Programmiererin 10 Arbeitskräfte ersetzt, kann ein Unternehmen ihr viel mehr zahlen und trotzdem seinen Gewinn steigern. Aber die 10 niedrig qualifizierten Arbeitskräfte zur Dateneingabe verlieren ihren Job. Das ist der schon einmal erwähnte *skill-biased technological change*, bei dem technologische Veränderungen die Rendite einer ohnehin schon lukrativen Ausbildung noch weiter erhöhen.

Zweitens steigen besonders die Top-Einkommen, weil die Rendite auf Kapital in der Regel über dem Wirtschaftswachstum liegt. Stellen Sie sich vor, die Wirtschaft wächst um real 2 Prozent, während die Zinsen nach Inflation bei 4 Prozent liegen. Sie können sich das wie einen Kuchen vorstellen, der jedes Jahr um 2 Prozent größer wird. Aber der Kuchen muss jedes Jahr zwischen denen aufgeteilt werden, die von ihrer Arbeit leben, und denen, die von Kapitalerträgen leben. Wenn die Kapitalerträge aber 4 Prozent ausmachen, während der Kuchen nur um 2 Prozent wächst, muss ein wachsender Kuchenanteil an die Kapitalbesitzer gehen. Karl Marx hat dieses Problem im 19. Jahrhundert beschrieben. Thomas Piketty hat mit Vermögensdaten aus Dutzenden Ländern über Hunderte von Jahren berechnet, dass es tatsächlich so ist: Meist liegen die Zinsen über dem Wirtschaftswachstum, sodass die Ungleichheit zugunsten der Kapitalbesitzer ansteigt.[62]

Warum gerade Menschen in Entwicklungsländern und die weltweit Reichsten profitieren, während Mittelschichtseinkommen in entwickelten Ländern stagnieren, können Sie sich wieder am Beispiel von einem Arzt und einem Bauarbeiter vorstellen. Ein sehr guter Arzt kann heute mehr verdienen, weil sein Wissen nun weltweit gefragt ist. Wenn er ein Haus baut, kann er zudem auf Bauarbeiter aus Niedriglohnländern zurückgreifen. Die freuen sich, ihr Lohn steigt und sie verdienen mehr als in ihrem Heimatland. Aber damit verdrängen sie Bauarbeiter aus entwickelten Ländern. Deren Lohn sinkt, relativ zu ärmeren Ländern und relativ zum Arzt im eigenen Land. Der Wohlstand von Ländern gleicht sich deswegen an, die Welt wird gleicher. Doch innerhalb dieser Länder nimmt die Ungleichheit zu.[63]

In entwickelten Ländern konnten Menschen lange realistischerweise erwarten, dass ihr Einkommen sich in etwa 20 Jahren verdoppelt. Seit 1980 passiert das nicht mehr. Dafür geht mehr Einkommen an das reichste Prozent. In egalitären Ländern wie Dänemark hat das reichste Prozent circa 6 Prozent aller Einkommen, in Ländern wie Deutschland 13 und in extrem ungleichen Ländern wie den USA 20 Prozent.[64] Das ist aus zwei Gründen schlecht für die Lebenszufriedenheit. Erstens frustriert es diejenigen, deren Einkommen nicht mithalten können. Zweitens bringt das zusätzliche Einkommen denen, die es bekommen, kaum etwas. Alle Befragungen zu Lebenszufriedenheit zeigen, dass spätestens ab einem Jahreseinkommen von 70 000 Euro mehr Einkommen die Lebenszufriedenheit nicht steigert.[65]

Insofern spricht nichts gegen eine Umverteilung von den Reichsten zum Rest. Doch die meisten Länder haben vielmehr die Steuern für Wohlhabende gesenkt. In Deutschland wurden bis 1989 Einkommen ab circa 66 000 Euro mit 56 Prozent besteuert, 2016 waren es noch 42 Prozent ab 53 666 Euro und 45 Prozent ab 254 447 Euro. Andere Länder haben die Reichsten noch stärker entlastet. Im Vereinigten Königreich betrug der Spitzensteuersatz bis in die 60er über 90 Prozent und bis in die 80er 75 Prozent ab einem Einkommen von heute umgerechnet circa 160 000 Euro. Mittlerweile zahlen Briten ab ungefähr 170 000 Euro Jahreseinkommen nur noch 45 Prozent Einkommenssteuer. In den USA beträgt der Spitzensteuersatz heute 39,6 Prozent ab 415 000 Dollar. Es scheint heute geradezu unglaublich, dass es bis 1980 noch 70 Prozent ab 215 000 Dollar waren.

Die früheren Steuersätze entwickelter Länder waren ziemlich happig. Oder wie sehr würden Sie sich noch ins Zeug legen, wenn man Ihnen von jedem zusätzlichen Euro 75 Cent wieder wegnimmt? Die damalige Reduktion der Spitzensteuersätze hat Arbeit auch für Topverdiener wieder lohnenswert gemacht. Zu den ehemaligen amerikanischen oder englischen Spitzensteuersätzen von 80 oder 90 Prozent will daher heute niemand mehr zurück. Doch Simulationsstudien zu optimalen Spitzensteuersätzen finden keine Argumente gegen eine Erhöhung in Richtung von 50 bis 60 Prozent. Selbst wenn die Steuersätze so hoch wären, würden die meisten Menschen ihr Land nicht verlassen, nur weil sie etwas mehr von ihrem Bruttoeinkommen abgeben müssen.[66] Man könnte die ansteigenden Bruttoeinkommen des reichsten Prozents insofern recht einfach von einem Problem zu einer Lösung machen, indem man die Reichsten wieder besteuert. Nicht das Rezept fehlt, sondern der Wille es umzusetzen, übrigens oft auch bei den Wählern. Aber es ist ja nicht so, dass hohe Bruttoeinkommen heute gar nicht besteuert werden. Deswegen ist das Problem der Einkommensungleichheit in Wirklichkeit kleiner, als die bisherige Fokussierung auf Bruttoeinkommen nahelegt.

*Wie ungleich sind Nettoeinkommen weltweit verteilt?*
Für die von Menschen wahrgenommene und erlebte Ungleichheit zählen die Nettoeinkommen, die auch heute schon viel gleicher verteilt sind als die Bruttoeinkommen. Die USA werden immer wieder als Land gigantischer Ungleichheit präsentiert. Und verglichen mit anderen Ländern sind sie das auch. Darum schätzen Sie doch einmal:

Wie viel mehr Nettoeinkommen haben die reichsten 10 Prozent aller amerikanischen Haushalte gegenüber den ärmsten 10 Prozent? 100-mal so viel? 10-mal so viel? 2-mal so viel? Haben Sie eine Zahl? Dann schätzen Sie noch eine zweite: Wie hat sich dieser Wert seit Anfang der 1980er Jahre verändert, als die Ungleichheit in den meisten Ländern anfing zu steigen?

Zunächst einmal: Die Ungleichheit ist in den meisten Ländern, für die wir langfristige Zeitreihen haben, tatsächlich angestiegen. Doch das Erstaunliche ist das Niveau: Selbst in den USA hatten die reichsten 10 Prozent 2016 5,9-mal mehr als die ärmsten 10 Prozent. Mitte der 1980er Jahre konnten sich die reichsten 10 Prozent 4,5-mal so viel wie die Ärmsten leisten. Ein Anstieg. Aber was hatten Sie vermutet? Ich lasse in meinen Vorlesungen regelmäßig Studenten schätzen, wie viel in den USA die Reichsten mehr haben als die Ärmsten. Vom 400-fachen bis zum 50-fachen ist alles dabei. Aber dass die realen Gegensätze selbst in den USA nur circa 1 zu 6 sind, darauf kommt kaum jemand.

Auch in Deutschland ist die Ungleichheit angestiegen. Hier haben die reichsten 10 Prozent mittlerweile 3,7-mal so viel Einkommen wie die ärmsten 10 Prozent, 1981 war es noch 2,9-mal so viel. Sie müssen selbst beurteilen, ob Sie einen Anstieg vom 2,9- auf das 3,7-Fache dramatisch finden. Aber deswegen von einer Explosion der Ungleichheit zu sprechen, ist schwierig.[67] Und diese Quotienten sind keine Ausnahmen. Es gibt schlicht keine Länder, in denen die reichsten 10 Prozent 50-, 100- oder 200-mal mehr haben als die ärmsten 10 Prozent. Das ungleichste Land, für das wir verlässliche Daten haben, ist Südafrika. Hier haben die reichsten 10 Prozent der Haushalte 18,3-mal mehr Nettoeinkommen als die ärmsten 10 Prozent. Das ist schon beachtlich. Extreme Ungleichheit findet sich allerdings nur in Schwellenländern, in denen jedoch vor 20 oder 30 Jahren noch fast alle Menschen arm waren. Nun haben es in diesen Ländern einige zu Wohlstand gebracht, bei Weitem aber noch nicht alle. In entwickelten Ländern mit Wohlfahrtsstaat muss dahingegen niemand Hunger leiden; die Einkommen der allermeisten Menschen befinden sich in der Mitte. Deswegen sind die Einkommensunterschiede der Nettoeinkommen in reicheren Länder selten so krass wie in ärmeren Ländern und viel geringer, als die meisten Menschen vermuten.[68]

## Geht unser Wohlstand auf Kosten der Natur?

Nie hatten so viele Menschen genug zu essen. Und Strom, Kühlschränke, Matratzen, Autos und Klimaanlagen gleich dazu. Aber was für diese Menschen eine gute Nachricht ist, ist für die Natur eine schlechte. Denn sie schenkt uns Luft, Wasser und Boden und bekommt dafür Abgase, Abwasser und verödete Steppen. Das hat auch Folgen für Menschen. Umweltverschmutzung wird für 16 Prozent aller weltweiten Todesfälle verantwortlich gemacht.[1] Für Philosophen wie John Gray sind Menschen deswegen eine Plage, der sich die Erde entledigen muss, sodass »die Biosphäre im Jahr 2150 wieder im sicheren Bereich der Vorplagenbevölkerung von 0,5 bis 1 Milliarde Menschen liegen wird«.[2] Haben Sie ebenfalls Schwierigkeiten, sich das Aussterben von 90 Prozent der Menschheit als »sicheren Bereich« vorzustellen? Dann wollen Sie vielleicht wissen, wie schlimm wir unseren Planeten wirklich zugerichtet haben und ob es noch ein wenig Hoffnung gibt.

Leider hatten Menschen im 19. Jahrhundert andere Probleme, als Datenreihen zu sammeln, um den Zustand der Natur langfristig nachzuzeichnen. Deswegen sind kaum Indikatoren über lange Zeiträume verfügbar. Einer der wichtigsten schon angesprochenen Indikatoren ist Schwefeldioxid. Autos und Fabriken stoßen Schwefeldioxid aus. Dieses verwandelt sich unter anderem in Schwefelsäure, die für sauren Regen, saure Böden, Seen- und Waldsterben verantwortlich gemacht wird. Schwefelsäure zersetzt sogar Gebäude aus Beton-

oder Kalkstein. Sie war lange der Hauptgrund, warum wir von schlechter Luft redeten. Sagen wir einfach, es gibt einen guten Grund, warum die Hölle mit Schwefel assoziiert wird. Die folgende Grafik zeigt, wie viel Petagramm (das ist ein Gramm mit 15 Nullen) Schwefeldioxid die unterschiedlichen Weltregionen (und damit die Welt) seit 1850 ausgestoßen haben.

**Petagram Schwefeldioxidemissionen weltweit, in Weltregionen**[3]

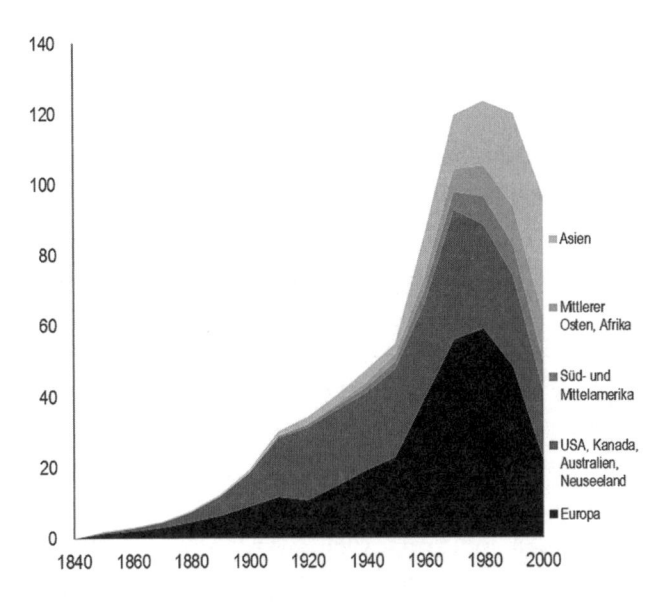

Die Grafik zeigt, wie die Luftverschmutzung mit der Industrialisierung und Weltbevölkerung exponentiell anstieg, woraufhin die industrialisierten Länder ihre Emissionen seit 1990 um circa 90 Prozent reduzierten.[4] Das passierte, weil 34 europäische Staaten, plus die USA, Kanada und Russland, sich Ende der 1970er erst auf eine Reduktion von 30 Prozent und dann zu immer höheren Zielen verpflichteten, sodass sie langfristig den 90-prozentigen Rückgang erreichten.[5] Schwefeldioxid ist exemplarisch; auch der Ausstoß von

Stickoxiden in der EU ist seit 1990 um 50 Prozent gesunken und Feinstaub seit dem Jahr 2000 um ein Viertel.[6] Und erinnern Sie sich noch an FCKW und die Panik um das Ozonloch? Mitte der 1980er Jahre war die Angst groß, dass die Öffnung des Ozonlochs Hautkrebsepidemien auslöst. Daraufhin verboten die wichtigsten Staaten einfach die verursachenden Fluorchlorkohlenwasserstoffe. Heute schließt sich das Ozonloch wieder, ein Erfolg, der weitgehend totgeschwiegen wird. Doch während die entwickelten Länder ihre Luftverschmutzung beenden, kann man Ländern wie China kaum einen Vorwurf machen, dass sie sich dasselbe Recht zur Umweltverschmutzung herausnehmen, das sich die heute entwickelten Länder früher herausgenommen hatten.

Die durchschnittliche Luftverschmutzung nimmt daher kaum ab, sodass 2015 weltweit immer noch 100 von 100 000 Menschen jährlich an Luftverschmutzung gestorben sind, 1990 waren es noch 132.[7] Was uns jedoch aus unserer privilegierten Situation heraus kaum noch klar ist, ist, dass aufstrebende Länder Umweltverschmutzung zeitweilig willentlich in Kauf nehmen, um sich zu industrialisieren. Obwohl Deutschlands Luft und Gewässer 1960 verdreckter als 1860 waren, ging es fast allen Deutschen besser, weil die Vorteile der Umweltverschmutzung als günstige Wärme, Lebensmittel und Fortbewegung wichtiger als die Nachteile waren. Umweltverschmutzung ist unproblematisch, wenn Menschen ihre wirtschaftliche Entwicklung zeitweilig wichtiger als eine unversehrte Umwelt ist. In einem Land ohne Hunger und mit Bio-Lebensmitteln kann man sich kaum vorstellen, wie ein Leben inmitten von Industrieschloten besser sein kann als ein natürlicheres, aber auch hungrigeres, kälteres und kürzeres Leben.

Denn erst wenn Menschen keinen Hunger mehr haben, können sie sich Gedanken machen, wie schön es wäre, wieder in Flüssen baden und gute Luft atmen zu können. Studien mit Satellitenbildern zeigen, dass sehr arme Länder im Zuge ihrer Entwicklung die Wälder zunächst abholzen. Ungefähr mit dem Entwicklungslevel von China oder Südafrika wird der Schutz der Umwelt ihnen dann wichtiger, sodass sie ihre Wälder wieder aufforsten. Das gipfelt in Ländern wie Luxemburg oder Deutschland, die mit zunehmender Entwicklung keine abnehmende, sondern eine zunehmende Waldabdeckung aufweisen.[8] Einige argumentieren, dass man dieses Modell für Umweltverschmutzung generalisieren kann. Umstritten ist dabei allerdings, ab welchem Wohlstand welche Verschmutzung abnimmt. Und das Ganze kann auch nur funktionieren, wenn die Umwelt sich wieder erholen kann. Doch wenn Arten einmal ausgestorben sind, können sie nicht einfach wiederkommen.

*Biodiversität*
Der WWF macht seit 1970 einen 58-prozentigen weltweiten Rückgang an Wirbeltieren aus. Paul Ehrlich schreibt gar von »biologischer Vernichtung« und einem »schreckenerregenden Angriff auf die Grundfeste der menschlichen Zivilisation«.[9]

Aber wie schlimm ist dieses Artensterben wirklich? Unabhängige Hochrechnungen zeigen, dass die weltweite Artenvielfalt zuletzt noch 75 Prozent betrug. Ein durchschnittlicher Flecken des Planeten Erde beheimatet also nur noch drei Viertel der Arten, die dort früher einmal anzutreffen waren. Der größte Rückgang fand in Westeuropa statt, wo nur noch 68 Prozent der ehemaligen Artenvielfalt aufzufinden sind. Erstaunlich ist dabei jedoch, dass die Artendichte Europas Anfang des 20. Jahrhunderts mit 60 Prozent schon einmal geringer war. Im 20. Jahrhundert ist die Artendichte Europas gestiegen, weil Waldbestände aufgeforstet wurden.[10]

Dennoch kann man den Rückgang der Biodiversität unterschiedlich einordnen, je nachdem wie man die Zahlen bewertet. So beschreiben WWF und Ehrlich nicht den Rückgang von Spezies, sondern den Rückgang der Mitglieder einer Spezies an gegebenen Orten. Tatsächlich ausgestorben sind dahingegen bisher nur 189 Wirbeltierspezies seit 1900 und 322 seit dem Jahr 1500.[11] Auch das hört sich zunächst furchtbar viel an, bis man sich klarmacht, dass dies nur 0,25 Prozent aller Wirbeltierspezies seit 1900 und weniger als 0,5 Prozent in den letzten 500 Jahren bedeutet. Zudem sind fast ausschließlich isolierte Bestände auf einsamen Inseln ausgestorben.

Nicht zuletzt deswegen sind einige Untersuchungen aus den weltweit anerkanntesten Fachzeitschriften unbesorgt. Sie geben auch zu bedenken, dass die gängigen Messungen an einzelnen Orten irreführend sind. Schließlich kann eine Spezies schon deswegen an einem Ort nicht mehr anzutreffen sein, weil sie migriert ist oder eine vorher nicht heimische Spezies sie verdrängt hat. Die gesamte Biodiversität kann sogar zunehmen, während die lokale abnimmt. Die Extrapolation von lokalen auf globale Populationen überschätzt den Verlust der Biodiversität deswegen möglicherweise um mehr als das 1,5-Fache, wodurch es überhaupt kein nennenswertes Artensterben geben würde.[12] Unter der Annahme, dass Spezies wandern, kommen Wissenschaftler in der Fachzeitschrift *Science* zu einem Verlust der weltweiten Biodiversität von nur 12 bis 15 Prozent. Aber schon das kann zu viel sein, sagen manche, da alles ab einer Abnahme von 10 bis 70 Prozent gefährliche Auswirkungen haben kann.[13] Andere Untersuchungen in *Science* fanden jedoch überhaupt keine systematische Abnahme der Biodiversität seit 1874, sondern nur ein schnelleres gegenseitiges Ablösen von Arten an jedem Standort. Dennoch bleibt auch die Möglichkeit, dass Extremisten wie Ehrlich recht damit haben, dass schon die Abnahme der Mitglieder einer Spezies auf einen drohenden Kollaps hindeuten kann. Die – je nach Standpunkt – verunsichernde oder beruhigende Nachricht ist also: Niemand weiß wirklich, ob die Abnahme von Biodiversität ein Problem ist.[14] Das ist kein Grund, nichts zu tun. Doch während nicht ganz klar ist, ob hier ein wirkliches Problem vorliegt, ist unumstritten, dass Deutschland und Europa bereits mit positiven Folgen gehandelt haben und weltweit ein Umdenken stattfindet, das zu weiterem Handeln ermutigt.

Mitte der 1980er Jahre ist der Begriff »Biodiversität« erstmals aufgetaucht. Seitdem ist seine Nutzung sprunghaft angestiegen. Der Menschheit ist also erst seit Kurzem klar, dass überhaupt ein Problem existieren könnte. Seitdem ist der unter Naturschutz stehende Teil der Erdoberfläche um drei Viertel angestiegen, von 8 auf 14 Prozent.[15] Was im Jahr 2000 die Millennium Development Goals waren, die Menschen aus Armut befreien sollten, waren 2015 die Sustainable Development Goals, die die weltweite Artenvielfalt erhalten sollen. Und wenn es den Sustainable Development Goals so geht wie den Millennium Development Goals damals, werden sie zuerst als überambitioniert verspottet, dann erreicht und schließlich vergessen. Vielleicht trifft dies sogar auf ein Problem zu, auf das ich beim Verfassen dieses Buches am öftesten angesprochen wurde: den Klimawandel.

*Klimawandel*
Kohlendioxid oder auch $CO_2$ ist der Hauptverursacher des Klimawandels. Und anders als bei anderen Schadstoffen steigt dessen Ausstoß bisher auch noch weiter an. Die folgende Grafik zeigt, wie der weltweite $CO_2$-Ausstoß in den letzten 160 Jahren zugenommen hat.

Historisch kamen fast alle $CO_2$-Emissionen aus Europa und den USA. Wenn man sich also fragt, wer bisher der Bösewicht war, ist die Antwort eindeutig: wir, die sogenannten westlichen Länder. Diese sind allerdings auch die einzigen, die ihre Emissionen schon reduzieren. Das ist bei Kohlendioxid schwieriger als bei Schwefeldioxid, denn man kann es nicht einfach aus Abgasen herausfiltern. Deswegen können Länder wie China – anders als bei Schwefeldioxid – kaum Technologien nutzen, die ihren Wohlstandszuwachs von Anfang an vom Ausstoß abkoppeln. Und man kann solchen Ländern auch kaum Vorwürfe machen, dass sie die erst einmal schmutzige Industrialisierung nachholen, die vorher in Europa und den USA stattgefunden hat. Eine Weile, hoffentlich nicht mehr allzu lange, ist der Ausstoß von Kohlendioxid deswegen unvermeidlich, was auch eine weitere Aufheizung des Planeten unvermeidlich macht.

**Milliarden Tonnen $CO_2$-Ausstoß weltweit, eingeteilt in Länder und Weltregionen[16]**

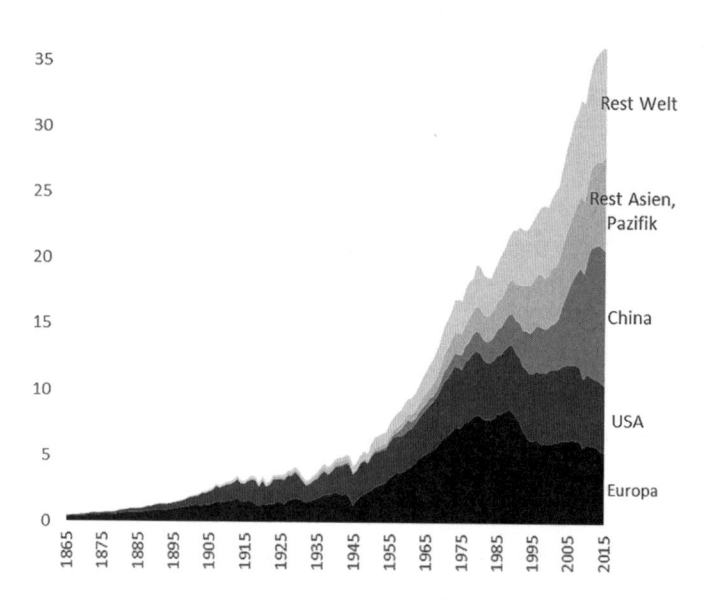

Aber wie schlimm ist das überhaupt? Hier kann man natürlich in Teufels Küche geraten (sorry, das Wortspiel drängte sich auf). Denn mehr noch als bei anderen Themen stellt sich die Frage, wessen Information man überhaupt trauen kann. Während mein Lieblingsschwarzseher John Gray meint, dass »der Klimawandel ein Mechanismus sein kann, mit dem der Planet sich von seiner menschlichen Last erleichtert«,[17] versucht das Intergovernmental Panel on Climate Change (IPCC), den wissenschaftlichen Erkenntnisstand über den Klimawandel möglichst objektiv zusammenzutragen. Geschaffen von den Vereinten Nationen und der Weltorganisation für Meteorologie, ist der IPCC in Deutschland auch als Weltklimarat bekannt. 97 Prozent der Wissenschaftler, die selbst zum Klimawandel forschen, finden die Einschätzungen des IPCC glaubhaft.[18] Was also halten dessen Analysen fest?

Objektiv messbar und unbestritten ist, dass die Erde wärmer wird, in den letzten 130 Jahren um ungefähr 0,85 Grad. 97 Prozent aller Klimaforscher meinen, dies sei menschengemacht.[19] Doch während die Gegenwartsdiagnose des IPCC eindeutig ist, gehen seine Zukunftsprognosen notwendigerweise auseinander: Wenn Kohlendioxidemissionen sich wie bisher entwickeln, erwärmt die Erde sich bis zum Jahr 2100 um 4,5 Grad, plus oder minus ein Grad als statistisches Konfidenzintervall. So ein Anstieg kann zu katastrophalen, sogenannten singulären Events führen. Langfristig kann das Grönlandeis schmelzen, woraufhin der Meeresspiegel um bis zu 7 Meter ansteigen könnte. Die Menschheit würde all das überleben. Aber man würde ihr Leben kaum wiedererkennen. Und selbst im besten Szenario, einer radikalen Verringerung des weltweiten Kohlendioxausstoßes, erwärmt die Welt sich noch um 1,5 Grad (plus minus 0,5).[20]

So weit die schlechten Nachrichten. Die erste gute ist, dass alles sehr, sehr langsam passiert. Beispielsweise würde das Abschmelzen des Grönlandeises ungefähr 1000 Jahre dauern. Bis zum Jahr 2100 soll der Meeresspiegel lediglich um 0,3 bis 1,2 Meter steigen. Je nach Szenario sind das jährlich 2 bis 6 Millimeter, wobei die extremsten Werte die unwahrscheinlichsten sind.[21] Entwickelte Länder können sich daran anpassen. Die Hälfte der Niederlande liegt heute schon einen Meter unter dem Meeresspiegel, aufgrund eines ausgeklügelten Systems aus Pumpen und Deichen völlig problemlos. Die zweite gute Nachricht ist, dass laut IPCC viele Veränderungen des Klimawandels positiv sind. Kanada, Alaska, Grönland, Russland und Skandinavien könnten sich in grüne Paradiese verwandeln. Auf einer wärmeren Welt gibt es zwar wahrscheinlich extremeres Wetter, aber auch insgesamt mehr Niederschlag, weil mehr Wasser verdunstet. Auch wachsen Pflanzen besser, wenn es mehr Kohlendioxid gibt, sodass zwar an einigen Stellen weniger wachsen wird, dafür jedoch an anderen mehr. Ein Artikel in *Nature* zeigt, wie die Welt schon heute durch das zunehmende Kohlendioxid grüner wird. Drittens sind selbst im schlimmsten Fall, einer Erwärmung von ungefähr 4 Grad Celsius bis zum Jahr 2100, die Folgen für Europa durch Hitze, Ansteigen des Meeresspiegels und Wasserknappheit laut IPCC gering, selbst wenn nur minimale Vorkehrungen getroffen werden.[22] Für reiche, zumal nordeuropäische Länder ist der Klimawandel deswegen kein unlösbares Problem, so zumindest die überraschende Einschätzung des IPCC.

Das ändert nichts daran, dass viele der heute schon wärmeren Länder im schlimmsten Fall unbewohnbar würden. Tendenziell sind diese wärmeren Länder auch ärmer, sodass die betroffensten Länder oft die geringsten Anpassungskapazitäten haben. Bremsen sie ihre Entwicklung, bremsen sie den Klimawandel. Aber dann haben sie auch weniger Ressourcen, um sich anzupassen. Entwickeln sich die ärmeren Länder, haben sie zwar mehr Ressourcen, um sich anzupassen, dafür machen die daraus resultierenden Emissionen den Klimawandel umso schlimmer. Man kann keinem Land einen Vorwurf machen, sich wie die westlichen Länder entwickeln zu wollen, und das geht bisher nur mit Emissionen. Doch damit die Temperatur bis zum Jahr 2100 um weniger als 2 Grad ansteigt, muss die Menschheit ihre $CO_2$-Emissionen bis 2050 ungefähr halbieren und bis 2100 auf null senken.[23] So weit, so schlecht, und darum hört die Geschichte an dieser Stelle oft auf.

Doch die Frage ist nicht, ob die Reduktion von Kohlendioxid möglich ist, sondern nur, ob wir sie wirklich wollen. Denn prinzipiell ist eine $CO_2$-freie Wirtschaft schon heute möglich. Eine Kilowattstunde Braun- oder Steinkohlestrom kostet 5 bis 10 Cent. Selbst in Deutschland kann man dahingegen eine erneuerbare Kilowattstunde Strom schon für 4 bis 12 Cent erzeugen, 100-mal günstiger als vor 40 Jahren. Gehen diese Effizienzsteigerungen weiter, ist Wind- und Solarstrom im Deutschland des Jahres 2035 weitaus erschwinglicher als Strom aus fossilen Quellen. Weltweit erzeugen die effizientesten Solar- und Windanlagen sogar schon Strom für 3 Cent pro Kilowattstunde.[24]

Wir müssen unsere Hoffnung also keineswegs in irgendeine Zukunftstechnologie stecken. Genau genommen müssen wir überhaupt nicht hoffen. Denn es reicht vollkommen, bestehende Technologien weiterzuentwickeln und den ärmsten Ländern zur Verfügung zu stellen. Laut IPCC ist das nicht einmal besonders teuer. Der Weltklimarat unterstellt ein Weltwirtschaftswachstum von 1,6 bis 3 Prozent. Würde man die Wirtschaft nun völlig auf klimaneutrale Technologien umstellen, geht der ICCP von einer Verringerung des Wachstums um jährlich 0,04 bis 0,14 Punkte aus. Die Weltwirtschaft würde dann jährlich immer noch mit 1,46 bis 2,96 Prozent wachsen und die Welt Ende des 21. Jahrhunderts nicht 3,9- bis 12,7-mal, sondern 3,5- bis 12,2-mal reicher sein als heute. Mit anderen Worten: Es macht fast keinen Unterschied.

Wenn beispielsweise eine $CO_2$-Steuer das Verfeuern von Kohle und Öl jedes Jahr um 7 Prozent verteuerte, würden $CO_2$-Emissionen in 50 Jahren fast 30-mal teurer und in 100 Jahren ungefähr 800-mal teurer sein. Langfristig würden klimaschädliche Emissionen damit unbezahlbar. Doch Unternehmen und Verbraucher hätten Jahrzehnte, um sich daran anzupassen. Die Einnahmen könnten erneuerbare Energiequellen finanzieren und menschliche Arbeit von Abgaben befreien. Arbeit würde sich in dem Maße mehr lohnen, wie Umweltverschmutzung sich weniger lohnt. Das gesamte wirtschaftliche Umfeld würde für $CO_2$-verursachende Unternehmen unattraktiver, wie es für Arbeitsplätze schaffende Unternehmen attraktiver würde.

Selbst ein einzelnes Land wie Deutschland könnte solch eine Steuer ohne Verlust an Wettbewerbsfähigkeit einführen. Denn wenn Ökosteuereinnahmen Arbeitsabgaben verringern, gewinnt ein Land durch günstigere Arbeitskosten genauso viel Wettbewerbsfähigkeit, wie es an anderer Stelle durch höhere Energiekosten einbüßt. Ein steigender Preis für nicht-erneuerbare Ressourcen würde die Erforschung erneuerbarer Ressourcen zugleich immer profitabler machen. Bisher hat die Menschheit für jedes ihrer Probleme eine technologische Lösung gefunden – wenn nur der Druck groß genug war. Deswegen muss man diesen Druck schaffen. Das bedeutet nicht, jemandem eine Pistole an den Kopf zu halten. Es würde schon reichen, wenn Unternehmen heute wüssten, dass $CO_2$-Emissionen immer teurer würden, dann könnten sie sich langfristig darauf einstellen, Profitmöglichkeiten in einem sich verändernden Umfeld zu finden. Doch diesen Druck muss man den Unternehmen machen. Denn selbst wenn sich irgendwann herausstellt, dass der Klimawandel doch harmloser ist als befürchtet, hätte all das im schlimmsten Fall zur Erforschung von Technologien geführt, die endliche Ressourcen und die Umwelt schonen. Es gibt schlichtweg keinen guten Grund, es nicht zu tun.

Alle heute vorliegenden Daten weisen zwar auf ein Problem hin, aber nicht auf eine Klima-Apokalypse, der wir hilflos ausgesetzt sind. Das Schlimmste wäre deswegen, jenen zu glauben, die uns weismachen wollen, der Klimawandel sei eine unabwendbare Katastrophe oder sogar, wie John Gray es meint, ein Mechanismus des Planeten Erde, um sich der Menschen zu entledigen. Und dass der Syrienkrieg, das Artensterben, die weltweite Flucht und der Populismus oft mit einem unabwendbaren Klimawandel erklärt werden, ist nicht nur deshalb sinnlos, weil es niemandem hilft, wenn Menschen in Angst und Schrecken erstarren, sondern auch, weil solche Zuschreibungen kausal überhaupt nicht möglich sind. Wie die Welt heute aussehen würde, wäre sie ein Grad kälter, weiß schlichtweg niemand. Die verfügbaren Daten legen vielmehr nahe, den Klimawandel als nächstes einer ganzen Reihe von Problemen anzusehen, die die Menschheit bisher doch recht zufriedenstellend gelöst hat.

## Gibt es weltweit immer mehr Gewalt?

In einem genauso witzigen wie wichtigen Buch zeigt Steven Pinker, wie Gewalt in jeder Form zurückgeht. Man kann darüber streiten, ob Pinker recht hat und dies die wichtigste Entwicklung der Menschheitsgeschichte ist.[1] Ich sehe zurückgehenden Hunger, gestiegenen Wohlstand und gestiegene Lebenserwartung als ebenso aussichtsreiche Kandidaten an. Aber außer Frage steht, dass es ein großer Fortschritt ist, wenn Menschen sich nicht mehr umbringen. Ebenso wie man Schwefeldioxid als Indikator für Luftverschmutzung ansehen kann, kann man Morde als Indikator für Gewalt ansehen. Denn je höher die Mordquote einer Gesellschaft, umso mehr Gewalt gibt es dort generell.[2]

Welchen Fortschritt es auf diesem Gebiet wirklich gibt, wissen wir erst, seit der Kriminologe Manuel Eisner ausgezählt hat, wie viele Morde und Totschläge historische Register europäischer Regionen verzeichnen. Denn damit hat er regionale Tötungsraten berechnet. Wichtiger als die letzte Nachkommastelle seiner Berechnungen ist deren Größenordnung. In der folgenden Grafik sehen Sie, wie Tötungsdelikte sich seit Mitte des 13. Jahrhunderts entwickelt haben.

In der Mitte des 13. Jahrhunderts wurden auf dem Gebiet des heutigen Deutschlands und der Schweiz jährlich 37 von 100 000 Menschen umgebracht. Demgegenüber ist die Gefahr, heute umgebracht zu werden, um mehr als 95 Prozent gesunken. In der EU stirbt heute jährlich einer von 100 000 Menschen durch ein Tötungsdelikt. Im Schnitt aller entwickelten Länder sind es 2,3. Die USA sind mit 5 getöteten Menschen pro 100 000 die gewalttätige Ausnahme. Ein Grund dafür ist, dass europäische Länder erst ihre Bürger entwaffneten und dann demokratisch wurden. Die USA wurden erst demokratisch und konnten daraufhin ihre Bürger nicht mehr entwaffnen.[3]

Die Region mit der höchsten Tötungsquote ist heute Lateinamerika, wo zuletzt 23 von 100 000 Menschen umgebracht wurden; in Subsahara-Afrika, der weltweit ärmsten Region, waren es 9,4 von 100 000 Menschen. Damit sind die heute gewalttätigsten und ärmsten Weltregionen friedlicher, als es früher die am weitesten entwickelten waren.

**Tötungsdelikte pro 100 000 Einwohner[4]**

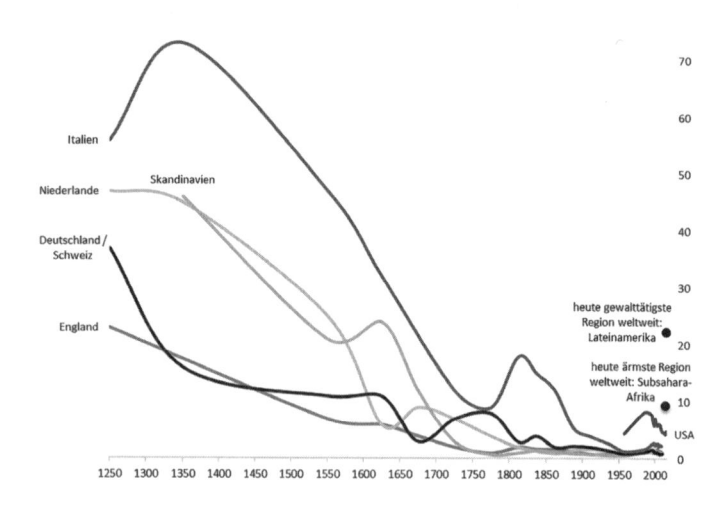

[Diagramm: Tötungsdelikte pro 100 000 Einwohner von 1250 bis 2000 für Italien, Niederlande, Skandinavien, Deutschland/Schweiz, England, USA; Vergleichspunkte: heute gewalttätigste Region weltweit: Lateinamerika; heute ärmste Region weltweit: Subsahara-Afrika]

Denn der von Norbert Elias beschriebene *Prozess der Zivilisation* fand nicht nur in Deutschland, sondern überall statt, wo Staaten die Hobbes'sche Falle entschärften. Dahingegen bedeutete Konfliktbewältigung überall dort Gewalt, wo Staaten das Recht noch nicht durchsetzen konnten.[5] Andrew Jackson, dem Präsidenten der Vereinigten Staaten ab 1829, sagte man nach, er rassele wie eine Tüte Murmeln, weil er Kugeln aus 13 Duellen in sich trug. Und im wohl letzten Degenduell der westlichen Welt forderte 1967 René Ribière, konservativer Abgeordnete der französischen Nationalversammlung, den sozialistischen Fraktionschef Gaston Defferre heraus, weil dieser ihn einen Idioten genannt hatte. Dass Duelle mittlerweile verboten waren, konterte der konservative Abgeordnete noch mit den Worten: »Die Ehre gilt mir mehr als das Gesetz.« Weil das heute immer seltener so ist, geht die Gewalt zurück; weil diese Form von Selbstjustiz nur noch in Räumen begrenzter Staatlichkeit existiert, scheint es uns anachronistisch, wenn Familien Blutrache nehmen. Doch nicht nur Menschen bringen sich seltener gegenseitig um, auch Staaten lassen ihre Bürger häufiger am Leben. Noch in der ersten Hälfte des 20. Jahrhunderts führten fast alle Staaten Hinrichtungen durch. Im Jahr 2016 waren es nur noch 172 der 193 UN-Mitgliedsstaaten. Gewalt ist so weit aus unserem Alltag verschwunden, dass wir uns kaum noch vorstellen können, dass öffentliches Verbrennen, Vierteilen, Erstechen, Hängen, Ertränken, Aufspießen und Zersägen beliebte öffentliche Spektakel waren. Dass der Staat selbst gewalttätig war, ist ein Grund, warum man ihm lange Zeit das Gewaltmonopol nicht übertragen konnte. Doch auch Staaten gewöhnen sich daran, ihre Konflikte gewaltfrei zu lösen.

### *Gibt es mehr Kriegsopfer?*

Je genauer Sie die Nachrichten verfolgen, desto schwerer wird es, zu erraten, dass Politikwissenschaftler unsere heutige Zeit die »Ära des langen Friedens« nennen.[6] Zwar gibt es noch immer Kriege. Doch die sogenannten Großmächte, die USA, Russland, China, Frankreich und Großbritannien, führen keine direkten Kriege mehr gegeneinander.

John Lewis Gaddis, der den Begriff *Long Peace* prägte, illustriert mit einer Fabel, was für eine glückliche Fügung das ist. Stellen Sie sich vor, die Welt ist sich nach einem Krieg mit fast 20 Millionen Toten einig, dass so etwas nie wieder geschehen darf. Die klügsten Köpfe tüfteln ein Regelwerk aus, das so vorsichtig gestrickt, so umsichtig sein soll, dass es Kriege zwischen Völkern obsolet macht. Nur 20 Jahre später führt es zu genau solch einem Krieg, der mehr als 3-mal so viele Menschenleben kostet wie der vorherige.

Wieder sind sich alle einig: So etwas darf nicht noch mal passieren. Doch diesmal sind die Ausgangsbedingungen viel schlechter. Bevor der Krieg überhaupt zu Ende ist, beginnen schon die Konflikte unter den Siegermächten. Die Kriegsgewinner scharen sich in zwei verfeindete Camps, die sich jeweils als tödliche Gefahr betrachten. Beide Seiten entwickeln Waffen, die nicht nur ihre ehemaligen Verbündeten, sondern alles Menschenleben auslöschen können.

Kaum etwas erscheint unglaublicher, als dass gerade aus dieser Ausgangskonstellation eine bisher beispiellose Friedensperiode hervorgeht. Deswegen hat es auch niemand erwartet. Der britische Intellektuelle C. P. Snow war noch 1961 überzeugt, Nuklearwaffen würden in spätestens 10 Jahren militärisch genutzt. Hans Morgenthau, der Begründer des sogenannten Realismus in den internationalen Beziehungen, versicherte 1979, die Welt bewege sich unentrinnbar auf einen dritten Weltkrieg zu. Der Gesellschaftskritiker Joseph Weizenbaum begrüßte den Jahrgang der Harvard University 1976 gleich mit den Worten, es gebe »nicht den geringsten Zweifel, dass Sie im Jahr 2000 alle tot sein werden«.[7]

Doch nicht nur blieb der dritte Weltkrieg aus. Auch wurden Atomwaffen nach dem Zweiten Weltkrieg nie wieder in Kampfhandlungen benutzt. Am 15. Mai 1984 war es so weit: Seit dem Ende des Römischen Reichs war noch nie so viel Zeit ohne Krieg zwischen zwei Großmächten verstrichen.[8] Wir können uns einen Krieg zwischen Großmächten heute kaum noch vorstellen. Das können Sie an sich selbst bemerken: Als Großbritannien für den Brexit stimmte, was ist Ihnen durch den Kopf gegangen? Vielleicht waren sie enttäuscht, traurig oder dachten, es sei ein Fehler. Vielleicht fanden Sie es auch richtig oder konsequent. Aber haben Sie darüber nachgedacht, Großbritannien mit einem kleinen Krieg vom Brexit abzubringen? Nur ein kleiner Krieg, als Denkanstoß. Weihnachten wären alle Soldaten wieder zu Hause. Das kommt Ihnen verrückt vor? Darum geht es mir. Nein, nicht dass Sie mich für verrückt halten. Aber dieses Beispiel soll Ihnen verdeutlichen, dass wir heute selbst in Situationen, die früher selbstverständlich zu Kriegen führten, einen Krieg nicht einmal mehr als mögliche Option sehen.

Denn die Geschichte ist voller Beispiele, in denen genau solch eine Lossagung zu Krieg führte. Als sich 13 Kolonien von Großbritannien lossagten, begann England den amerikanischen Unabhängigkeitskrieg. Dass sich 85 Jahre später die amerikanischen Südstaaten von den amerikanischen Nordstaaten trennen wollten, beantwortete der Norden mit dem amerikanischen Bürgerkrieg. Und dass Spanien im 19. Jahrhundert jede Unabhängigkeitserklärung eines südamerikanischen Landes mit einer Kriegserklärung beantwortete, war so sicher wie das Amen in der Kirche. Selbst Mitte des 20. Jahrhunderts erkämpften afrikanische, südamerikanische und asiatische Länder ihre Unabhängigkeit noch in blutigen Dekolonisationskriegen.

Aber jetzt stellen Sie sich vor, Bayern wollte sich von Deutschland lossagen. Sagen wir, 90 Prozent der Bayern wären dafür. Wir fänden es komisch. Wir fänden es schade. Wir fänden es befremdlich, über eine Landesgrenze fahren zu müssen, um zum Oktoberfest zu kommen. Aber würde irgendwer auf die Idee kommen, Panzerverbände nach München zu schicken? Das ist das Verrückte: Ein Krieg kommt Menschen heute selbst dann nicht mehr in den Sinn, wenn ihnen früher nichts anderes mehr eingefallen wäre. Wer früher von Frieden sprach, meinte damit oft, dass der letzte Krieg vorbei sei und der nächste noch nicht angefangen hatte.[9] Demgegenüber ist Krieg zumindest für Menschen in entwickelten Ländern buchstäblich undenkbar geworden.

Der Grund liegt in einem der wenigen Gesetze der Politikwissenschaft: Demokratien führen keine Kriege miteinander.[10] Warum etwas *nicht* passiert, ist meist schwieriger zu beantworten, als warum etwas passiert. Forscher mutmaßen, dass für tausend Seiten, die über Kriegsgründe geschrieben werden, weniger als eine Seite über Friedensgründe geschrieben wird.[11] Doch ein paar Seiten haben es in sich: In seiner Schrift *Zum ewigen Frieden* lieferte Immanuel Kant 1795 die immer noch beste Erklärung für diesen demokratischen Frieden. Er bemerkte, dass Bevölkerungen von Demokratien »alle

Drangsale des Krieges über sich selbst beschließen« müssen, weswegen sie sich »sehr bedenken werden, ein so schlimmes Spiel anzufangen«. Das Staatsoberhaupt eines undemokratischen Landes kann dahingegen einen Krieg leichtfertig beginnen, weil es »an seinen Tafeln, Jagden, Lustschlössern, Hoffesten u. dgl. durch den Krieg nicht das Mindeste einbüßt, diesen also wie eine Art von Lustpartie aus unbedeutenden Ursachen beschließen« kann.[12] Da frühere Herrscher Kriege beschließen konnten, ohne die Konsequenzen selbst auszubaden, kam es aus den nichtigsten Gründen zu den tödlichsten Konflikten.

Als König Ludwig VII. sich, trotz des Bittens seiner Frau Eleonore von Aquitanien, seinen Bart nicht nachwachsen ließ, trennte sie sich nicht nur von ihm, sondern erklärte ihm 1152 auch gleich den Krieg. Es dauerte 300 Jahre, ehe Eleonores Nachfahren die Auseinandersetzung schließlich verloren. 1325 klauten die Bewohner Modenas einen Holzeimer aus der Stadt Bologna. Bolognas Stadtobere erklärten Modena daraufhin den Krieg. 2000 Tote später stand der Holzeimer noch immer in Modena. Die Führer der arabischen Stämme Dahis und El Ghabra begannen im Jahr 609 einen 40-jährigen Krieg über die Frage, wer ein Pferderennen gewonnen hatte. Krieg war der Normalzustand, sporadisch brach Frieden aus.

Weil Demokratien nicht miteinander kämpfen und sowohl wirtschaftlich als auch militärisch meist mächtig sind (von den 15 Ländern mit den höchsten Militärausgaben sind 11 Demokratien), werden sie auch seltener angegriffen.[13] Da, wie wir noch sehen werden, immer mehr Länder demokratisch sind, gibt es insgesamt weniger Krieg. Ablesen kann man dies auch daran, dass Anfang der 1960er Jahre die durchschnittlichen Militärausgaben noch 6 Prozent der weltweiten Wirtschaftskraft betrugen, 2016 dagegen nur noch 2,2 Prozent.[14] Ein zweiter Grund für die zurückgehenden Kriege ist, dass die internationale Gemeinschaft sie nicht mehr zulässt. Kein einziges von den Vereinten Nationen anerkanntes Land hat seit 1945 aufgehört zu existieren, weil es durch ein anderes erobert wurde. Und auch wenn niemand die Zukunft vorhersehen kann: Fällt Ihnen ein realistisches Szenario ein, wieso zwei demokratische Länder in Zukunft Krieg führen könnten? Die Abwesenheit großer Kriege ist ja schön und gut. Doch vielleicht sterben mehr Menschen in Kriegen, die kaum jemand auf dem Radar hat? Sehen Sie selbst, wie viele Kriegsopfer es Jahr für Jahr seit dem Zweiten Weltkrieg gab. Wenn ein bestimmter Krieg besonders viele Kriegstote gefordert hat, habe ich diesen gesondert angemerkt.[15]

**Kriegstote durch militärische Konflikte seit 1946[16]**

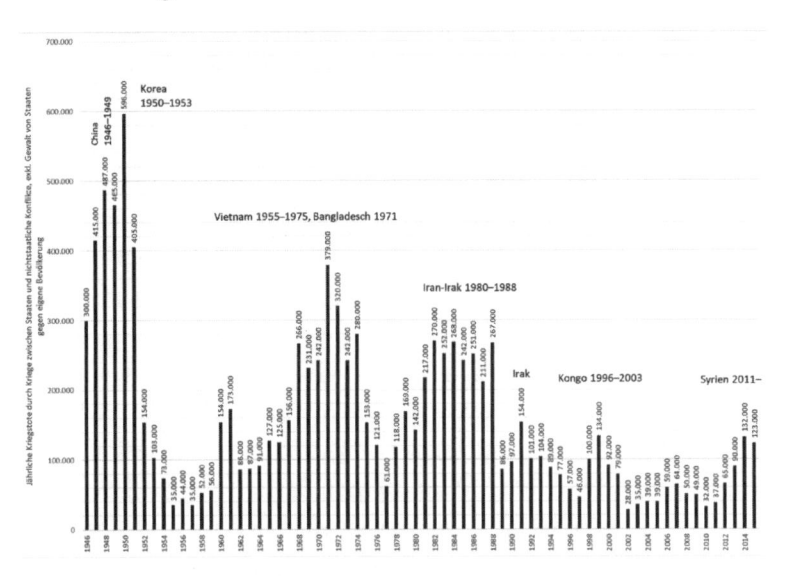

Der Syrienkrieg fordert zwar seit 2011 mehr Kriegsopfer als die extrem friedliche Zeit von 2002 bis 2011. Doch die Zahl der Kriegstoten lässt wenig Zweifel, dass wir heute in vergleichsweise friedlichen Zeiten leben.[17] Mittlerweile sterben weltweit doppelt so viele Menschen durch Softdrinks wie durch kriegerische Auseinandersetzung.[18] Für deutsche Einsätze gilt dies besonders. Bisher sind im Afghanistan-

Einsatz der Bundeswehr 38 Soldaten durch Feindeinwirkung gestorben. Halb so viele sind durch Verkehrs- oder Haushaltsunfälle in Afghanistan gestorben. Als deutscher Soldat in Afghanistan mussten Sie statistisch vor den Taliban nicht wesentlich mehr Angst haben als vor Autos, Leitern und elektrischen Wasserkochern. Doch Deutschland ist heute so sensibel gegenüber Kriegsopfern, dass die Bundeswehr sich aufgrund der Verluste zuerst in ihrem Lager einmauerte und dann ganz zurückzog.

Das ist vielleicht auch gut so. Man darf diese mittlerweile extreme Sensibilität für Gewalt nur nicht mit einem Anstieg der Gewalt selbst verwechseln. Durch technisch raffinierte Berichterstattung rückt der Horror des Krieges immer näher an uns heran, während er weltweit verschwindet. Vor zweihundert Jahren haben Menschen in Zeitungen über Kriege erfahren. Im 20. Jahrhundert brachte das Radio zuerst den Ton des Krieges in die Wohnzimmer, dann kamen die Bilder, erst in Schwarz-Weiß, dann in Farbe und heute in Ultra HD. Heute ist der Schrecken des Krieges über Youtube, Facebook und Nachrichtenfeeds für viele so präsent wie nie zuvor. Nur mit der Entwicklung der Zahl der weltweiten Kriegstoten hat all das nichts zu tun.

Die Welt ist sogar noch friedlicher geworden, als die obige Grafik vermuten lässt. Denn sie zeigt nur die absoluten Kriegstoten. Doch wenn von 6 Milliarden Menschen eine Million sterben, ist die Wahrscheinlichkeit, umzukommen, nur halb so hoch, wie wenn von 3 Milliarden Menschen eine Million sterben, auch wenn die absoluten Todesopfer gleich bleiben. Um zu verstehen, wie wahrscheinlich es für Menschen ist, in Kriegen umzukommen, muss man deswegen die Todesopfer in Relation zur Gesamtbevölkerung setzen.

Daraus ergibt sich, dass im Jahr 1950 noch circa 24 von 100 000 Menschen Opfer militärischer Konflikte wurden. 2016 wurden dahingegen nur noch 1,4 von 100 000 Menschen Kriegsopfer, ein Rückgang von über 90 Prozent gegenüber der direkten Nachkriegszeit. Doch wer weiß schon, dass selbst der Syrienkrieg viel harmloser ist, als es der Korea- oder Vietnamkrieg waren? Es mag dem Eindruck widersprechen, den die Nachrichten vermitteln, doch seit der Jahrtausendwende verlebt die Menschheit wahrscheinlich die friedlichste Zeit ihrer Existenz.

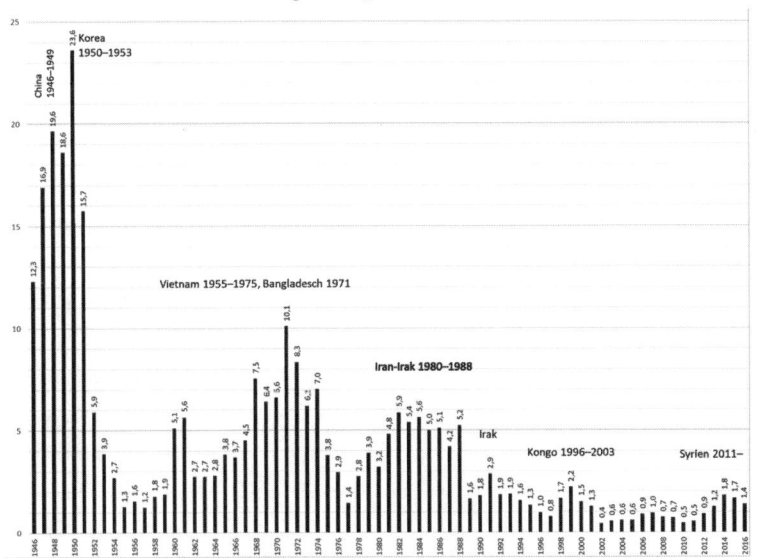

**Weltweite Kriegstote pro 100 000 Menschen**[19]

Denn vergleicht man die Zahl der heutigen Kriegstoten noch weiter mit jenen der Vergangenheit, zeigt sich, wie geradezu absurd niedrig sie heute ist. Wenn der Balken, der die Kriegstoten des Jahres 1950 pro 100 000 Menschen anzeigt, auf dem Höhepunkt des Koreakrieges, 10 Zentimeter hoch wäre, dann wäre der letzte Balken für 2016 kleiner als ein Zentimeter. Balken, die die Kriegsopfer des Zweiten Weltkriegs festhalten, wären demgegenüber circa 1,80 Meter hoch.[20]

Sind Sie schon vom Stuhl gefallen? Es geht noch weiter: Denn selbst der Zweite Weltkrieg, den wir heute verständlicherweise für den Inbegriff des Horrors halten, verblasst im Vergleich zu mittlerweile fast vergessenen Konflikten. Der Zweite Weltkrieg hat circa 2,5 Prozent der Menschheit ausgelöscht. Doch damit schafft er es nur auf Platz 9 der tödlichsten Konflikte aller Zeiten. Übertroffen wird er von Kriegen, die heute kaum noch jemand kennt. Oder haben Sie schon einmal von Platz 1 der tödlichsten Konflikte gehört, der An-Lushan-Rebellion, die von 755 bis 763 über 13 Millionen Todesopfer forderte und damit mehr als 5 Prozent der damaligen Menschheit auslöschte? Wie ist es mit dem Krieg der chinesischen Qing- und Ming-Dynastie, der circa 25 Millionen Menschenleben von 1618 bis 1683 kostete und damit ebenfalls circa 5 Prozent der damaligen Menschheit umbrachte?[21] Hochrechnungen für vorstaatliche Gesellschaften zeigen sogar, dass dort ein ganz normales Lebensjahr so gefährlich war wie ein Jahr im Zweiten Weltkrieg.[22] Rousseaus Vorstellung einer friedlichen Vergangenheit, in der edle Wilde die Friedenspfeife rauchen, gibt es nur in der Phantasie. Hobbes, nicht Rousseau, hatte recht: Der vorstaatliche Naturzustand ist ein Krieg aller gegen alle.

Aber was sagen Kriegsopfer überhaupt aus? Die von mir genutzte UCDP/PRIO-Datenbank zählt nicht nur militärische, sondern auch direkte zivile Opfer von Kriegshandlungen. Ab den 1990er Jahren argumentierten immer mehr Institutionen, dass Anfang des 20. Jahrhunderts nur 5 Prozent aller Kriegsopfer Zivilisten waren, wohingegen es Ende des 20. Jahrhunderts 90 Prozent gewesen sein sollen. Vielleicht sinkt die Anzahl der Kriegsopfer, doch sind unter ihnen möglicherweise mehr unschuldige Zivilisten? Die Zahl von 90 Prozent zivilen Kriegsopfern wurde zunehmend von offiziellen Quellen für politische Zwecke genutzt, bis einem Wissenschaftler auffiel, dass sie mit zwei Publikationen belegt wird, in denen sie gar nicht steht.[23] Doch über 10 Jahre schaute einfach niemand nach, die Zahl blieb im Raum, weil genügend Menschen daran glauben wollten, dass Kriege schlimmer werden. Aber was ist mit Gewalt jenseits von Kriegen? Eine große Ausnahme war der Genozid in Ruanda 1994. Dieser taucht in den PRIO-Daten nicht auf, da er kein Konflikt militärischer Parteien ist, sondern Gewalt eines Staates gegenüber seiner eigenen

Bevölkerung. Trotzdem hat er laut UCDP-Schätzungen über 800 000 Menschen das Leben gekostet. Dies zeigt ein Problem der Zahlen. Menschen können nicht nur durch Kriege umkommen. Und fragt man sie nach ihren größten Ängsten, taucht immer wieder der Terrorismus auf. Aber wie hat sich der weltweite Terrorismus entwickelt? Und muss man wirklich Angst vor ihm haben?

*Muss man im Ausland Angst vor Terrorismus haben?*
Stellen Sie sich vor, Sie lieben Gewalt, bangen nicht um Ihr Leben und möchten politische Ziele durchsetzen. Sollten Sie dann Terrorist werden? Gegen eine Terroristenkarriere spricht ein überraschendes Argument: Terroristen sind Loser. Sie kriegen es einfach nicht gebacken. Max Abrahms hat sich den Erfolg aller 28 Gruppen angeschaut, die von den USA 2001 als ausländische Terrororganisationen klassifiziert wurden. Nach Abrahms haben 93 Prozent dieser Terrororganisationen ihre Ziele nie erreicht, obwohl sie es durchschnittlich über 30 Jahre versuchten. Warum sind Terroristen solche Nieten? Weil sie immer dasselbe Problem haben: Mit Angriffen auf Zivilisten lenken sie von ihren eigentlichen Zielen ab und bringen alle gegen sich auf, deren Unterstützung sie eigentlich benötigen. Niemand denkt nach einem Terrorangriff: »Nachdem diese Terroristen ein paar meiner Landsleute umgebracht haben, finde ich ihre Ziele doch ganz einleuchtend.« Ganz im Gegenteil. Terroristen treibt es regelmäßig zur Verzweiflung, dass nach ihren Anschlägen niemand mehr über ihre politischen Forderungen redet, sondern nur noch über den Anschlag an sich.

Nach dem Anschlag von 9/11 verkündete George Bush, al-Qaida wolle die USA ins Chaos zu stürzen. Demgegenüber versuchte al-Qaida mehrmals, seine eigentlichen Gründe für den Anschlag darzustellen: Die USA sollten ihre Truppen aus dem Persischen Golf abziehen, keine Muslime mehr umbringen und Pakistan, Saudi-

Arabien und Israel nicht mehr unterstützen. Aber haben Sie jemals von diesen Forderungen gehört? Das ist eher unwahrscheinlich, denn niemand interessierte sich dafür, welche Forderungen al-Qaida mit dem Anschlag durchsetzen wollte. Alle schauten nur noch auf den Anschlag an sich und verwechselten das Mittel mit den Zielen. Die Folge war, dass niemand öffentlich erwog, auf die Forderungen einzugehen. Jede einzelne der Forderungen verkehrte sich vielmehr in ihr Gegenteil. Die USA erhöhten ihre Truppenstärke im Persischen Golf um das 15-Fache, brachten Tausende Muslime um und arbeiteten enger mit Pakistan, Saudi-Arabien und Israel zusammen, um al-Qaidas Mitglieder zu töten.[24]

Kaum eine Terrororganisation entkommt al-Qaidas Schicksal. Von 268 Terrororganisationen, die seit 1968 nicht mehr existieren, erreichten nur 10 Prozent ihr Ziel. In den wenigen Fällen, in denen Terrororganisationen erfolgreich waren, war der Grund fast immer, dass die geforderte Veränderung sich auch ohne ihr Handeln ergab. Dahingegen war keine jener Terrororganisationen erfolgreich, die größere Ziele verfolgten. Keine einzige der religiösen Terrororganisationen erreichte ihr Ziel, keine einzige der Terrororganisationen, die ein Imperium gründen wollten, und auch keine einzige derer, die eine Revolution starten wollten.[25]

Insofern sind Terroristen Versager. Ihre Anschläge tragen nicht zum Erreichen der dahinterstehenden Ziele bei. Und das ist kein Wunder, sondern beruht auf einer zutiefst menschlichen Reaktion. Wie reagieren Sie, wenn jemand Sie angreift? Wollen Sie den Angreifer besser verstehen, ihm helfen? Meist passiert eher das Gegenteil. Statt sich mit den Zielen eines Angreifers zu beschäftigen, geschweige denn darauf einzugehen, werden wir wütend, wenn wir angegriffen werden. Wir wünschen dem Angreifer die Pest an den Hals, statt uns zu fragen, wie wir ihm entgegenkommen können. Terrororganisationen sind daher so erfolgreich, wie Sie es in einer Gehaltsverhandlung wären, die Sie mit einem Schlag ins Gesicht beginnen. Mit jedem Terrorangriff schaufeln sie ihren politischen Zielen ein Grab, doch dabei leider auch unschuldigen Zivilisten.[26]

Tatsächlich sind im Jahr 2016 laut der Global Terrorism Database weltweit 25 673 Menschen durch Terrorangriffe umgekommen.[27] Doch auch hier lohnt sich ein genauerer Blick auf die Zahlen. Erstens muss man wissen, dass die GTD Terrorismustote anhand der damit verbundenen Medienberichterstattung zählt. Wenn Medien nicht über Terrorismustote berichten, kann die GTD sie auch nicht festhalten. Zweitens muss man sich klarmachen, was circa 26 000 Todesopfer bedeuten. Bei einer Weltbevölkerung von 7,42 Milliarden wird jeder Mensch mit einer Wahrscheinlichkeit von 99,9997 Prozent innerhalb eines Jahres *nicht* zum Terroropfer.

Sie erinnern sich vielleicht noch, dass man in Deutschland über 2 Millionen Jahre lang leben muss, um mit einer Wahrscheinlichkeit von 50 Prozent Terroropfer zu werden. Weltweit sind es angesichts dieser Zahlen circa 230 000 Jahre. Aber auch dies sagt wenig aus. Denn 38 Prozent aller weltweiten Terrortoten entfielen 2016 auf den Irak und 18 Prozent auf Afghanistan, sodass zwei Länder 56 Prozent aller Terrortoten bedingen. Weitere 8 Prozent entfallen auf Syrien, 7 Prozent auf Nigeria und 4 Prozent auf Pakistan, sodass fünf Länder für drei Viertel aller Terrortoten verantwortlich sind. Demgegenüber kamen gerade einmal 0,7 Prozent aller weltweiten Terroropfer 2016 in Westeuropa ums Leben. Verstehen Sie mich nicht falsch. Nur weil Terrorismus nicht in Westeuropa passiert, ist er nicht weniger schlimm für die Opfer. Aber wer meint, dass der weltweite Terrorismus Westeuropa bedroht, hat nicht nur unrecht, weil die Terrorgefahr absurd gering ist, sondern auch weil sie geringer als in der Vergangenheit ist.

Die Jahre 2015 und 2016 brachten Westeuropa tatsächlich außergewöhnlich viele Terroropfer. Doch verglichen mit den 1970er, 1980er und sogar frühen 1990er Jahren, gab es selten so *wenige* Terroropfer in Westeuropa wie seit der Jahrtausendwende. Natürlich sind Madrids 191 Todesopfer durch islamistische Terroristen 2004,

**Jährliche Tote durch Terrorismus in Westeuropa**[28]

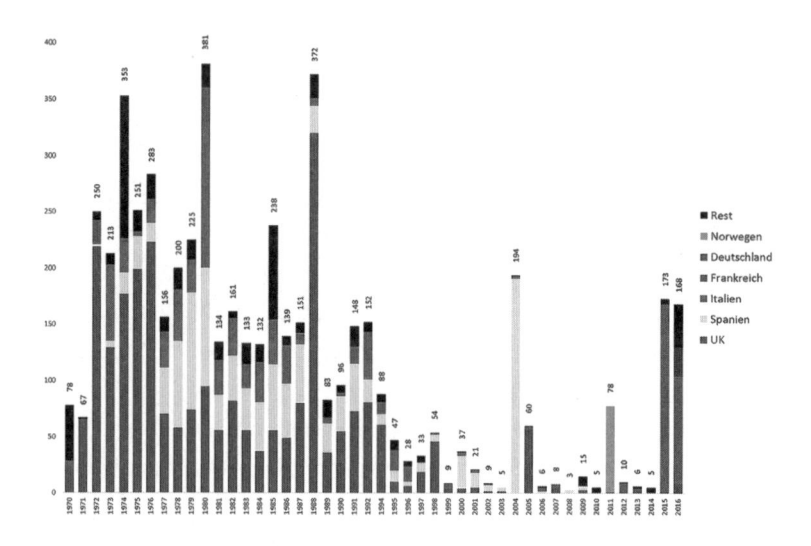

Norwegens 77 Todesopfer durch einen rechtsextremen Spinner 2011, Frankreichs 130 Todesopfer durch den IS 2015 und 87 Opfer in Nizza 2016 furchtbar. Aber die Schlagzeilen dieser Ereignisse verdecken einen dahinterstehenden Trend, der bisher langfristig nach unten zeigt. Zwischen 1972 und 1988 fielen in Europa jährlich zwischen 132 und 381 Menschen Terroranschlägen zum Opfer. Das waren im jährlichen Durschnitt mehr als 2015 in Paris. Trotzdem schocken uns Terroranschläge heute mehr denn je. Von November 2015 bis 2017 war Frankreich aufgrund von Terroranschlägen im offiziellen Ausnahmezustand. Demnach hätte das Vereinigte Königreich fast die gesamten 1970er und 1980er Jahre aufgrund der Terroranschläge der IRA im Ausnahmezustand sein müssen. Ebenso wie Spanien aufgrund der ETA und Italien aufgrund der Roten Brigade und Ordine Nuovo. Doch ging früher in Irland eine Bombe hoch, haben Deutsche davon kaum etwas mitbekommen. Wenn es heute passiert, nehmen wir Anteil und bekommen Angst. Mit Menschen mitzufühlen,

ist sicherlich eine Verbesserung. Doch es führt auch dazu, dass die Terrorangst wächst, während der Terror zurückgeht und keine nennenswerte Gefahr darstellt.

Im Jahr 2015 gab es in Westeuropa 173 Terrorismusopfer und ungefähr 17 000 Verkehrstote. Selbst in Jahren mit großen Anschlägen war es 100-mal wahrscheinlicher, bei einem banalen Verkehrsunfall umzukommen – in vielen Jahren sogar 10 000-mal wahrscheinlicher. Und diese Vorsicht vor Ungefährlichem kann selbst gefährlich werden, da die Angst vor Terror nach 9/11 zu Verhaltensweisen führte, die mehr Todesopfer als die Angriffe selbst forderten.[29]

Terrorismus nimmt eine grundlegende Schwäche unseres Gehirns als Geisel: Wir überschätzen spektakuläre, aber harmlose Risiken. Vor Autofahren oder fettiger Ernährung hat kaum jemand Angst. Denn die damit verbundenen Todesfälle sind vermeidbar, aber unspektakulär. Vor Terrorismus haben wir dahingegen Angst, obwohl Terrorattacken nur sehr viel weniger Menschen umbringen. Würden wir Terrorattacken weniger beachten, wären Terroristen machtlos. Natürlich sollte man deswegen nicht aus den Augen verlieren, dass in Teilen der Welt Kriege mit terroristischen Mitteln geführt werden. Aber Berichte über Terrorgefahr kann man getrost ignorieren, ob im Ausland oder in Deutschland. Die Illusion, dass man Angst haben sollte, erklärt sich nicht aus den Todeszahlen, sondern durch mediale Schlagzeilen oder Facebooks »Ich bin in Sicherheit«-Button, die den Eindruck einer ernsthaften Gefahr erwecken. Wenn es danach geht, müssten wir nach jeder Autofahrt einen »Ich bin in Sicherheit«-Button klicken, damit unsere Facebook-Freunde aufatmen können.

## Ist die Demokratie auf dem Rückzug?

Als der amerikanische Präsident Calvin Coolidge den Komiker Will Rogers fragte, wie er auf seine Witze komme, antwortete Rogers: »Ich beobachte die Regierung und berichte die Fakten.« Selten hätte Rogers es so einfach gehabt wie heute. Angefangen von einem US-Präsidenten, dessen Wahl die Simpsons vorhergesagt haben, bis hin zu Edmund Stoibers legendärer Transrapid-Rede 2002 (googeln Sie sie, wenn Sie sie nicht kennen): Unsere Demokratie scheint nur noch ein schlechter Witz zu sein. Doch während unsere Demokratie immerhin noch Anlass zum Lachen gibt, schaffen manche Länder sie gleich ab oder verzetteln sich auf dem Weg dorthin in blutigen Kriegen. Die demokratischen Revolutionen des Arabischen Frühlings: gescheitert. Russland, Polen, Ungarn und die Türkei: zerstören demokratische Kontrollen, um einem starken Führer zu folgen. Kein Wunder, dass manche vor Postdemokratie warnen, während Medien titeln, die Demokratie sei »weltweit in Gefahr«, »auf dem Rückzug« oder schon »am Ende«.[1] Doch auch hier sollte man sich fragen: Hat diese Berichterstattung wirklich etwas mit dem langfristigen Trend zu tun?

Das Polity IV Project codiert nach festgelegten Regeln jene Länder als demokratischer, in denen das Regierungshandeln stärker eingeschränkt ist, Bürger mehr Grundrechte haben und ihre politische Führung freier wählen können. Als autokratischer werden jene Länder codiert, deren Bürger weniger Rechte haben, ihre Regierung nicht frei wählen können und in denen die Regierungsmacht uneingeschränkt ist. Zieht man von den Demokratie- die Autokratiewerte ab, entsteht eine Skala von –10 bis +10.[2] Saudi-Arabien oder Nordkorea schafften 2016 eine glatte –10. Mehr Diktatur geht nicht. Die ehemalige DDR hatte im letzten Jahr ihres Bestehens eine –9. Wissenschaftler klassifizieren Länder als demokratisch, wenn sie auf diesem Index mindestens fünf Punkte haben. Russland verfehlte dies beispielsweise 2016 mit 4 Punkten, es galt nicht als Demokratie; die

Türkei stand sogar bei −4 und damit an der Schwelle zur Autokratie. Länder wie die Schweiz, Schweden und Deutschland kommen dahingegen jeweils auf eine glatte 10. Dass Länder überhaupt demokratisch sind, ist eine überraschend neue Entwicklung. Eine Minimalanforderung an eine Demokratie ist, dass eine Regierung ohne Blutvergießen durch eine andere abgelöst werden kann. Vor dem 19. Jahrhundert war das nicht die Regel. In den 1200 Jahren davor fand jeder siebte europäische Herrscher sein Ende, weil er ermordet wurde.[3] Erst Anfang des 19. Jahrhunderts kamen ein paar Länder auf die Idee, dass es vielleicht bessere Möglichkeiten gibt, eine Regierung auszuwechseln: Sie ersannen die Demokratie.

**Prozentanteil Demokratien an allen Ländern der Welt[4]**

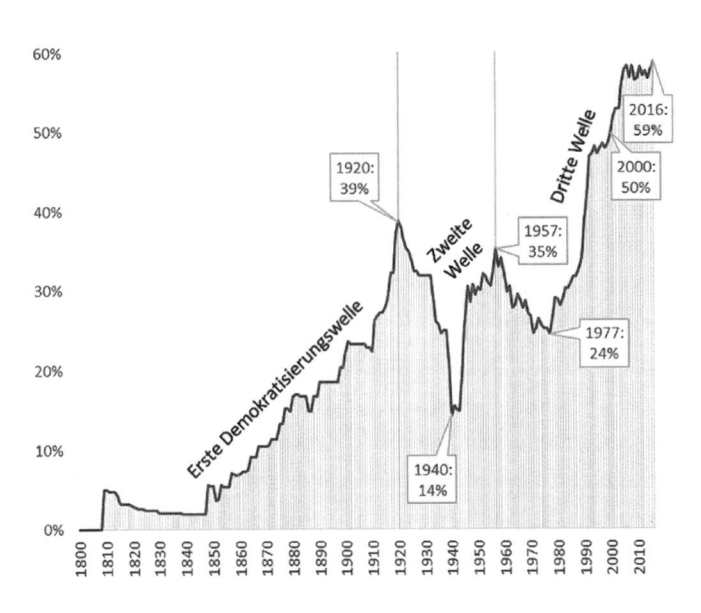

Die Entwicklung der letzten 200 Jahre fasst die Politikwissenschaft in drei großen Demokratisierungswellen zusammen. Die erste dieser Wellen begann in Belgien, Frankreich, Neuseeland, der Schweiz und den USA. Als sie 1920 endete, waren 39 Prozent aller Länder demokratisch. Hitler und Mussolini bombten den Anteil der Demokratien bis 1940 auf 14 Prozent zurück. Mit der Offensive der Alliierten begann die zweite Demokratisierungswelle, die bis ins Jahr 1957 35 Prozent aller Länder die Demokratie brachte. Doch viele Länder zerstörten ihre Demokratie auf dem Weg zum Kommunismus, für andere erledigte es die Sowjetunion. Die USA zeigten 1954 in Guatemala, 1961 im Kongo, 1964 in Brasilien und 1973 in Chile, dass ihnen Kapitalismus wichtiger war als Demokratie, indem sie demokratisch gewählte marktskeptische Regierungen zugunsten autokratischer marktfreundlicher Regime stürzten. Bis 1977 fiel der Anteil demokratischer Länder im Zuge dessen auf 24 Prozent. Mitte der 1970er Jahre wurde die Demokratie als Auslaufmodell angesehen. Der Soziologe und spätere Politiker Daniel Moynihan vermutete, die Demokratie sei wie die »Monarchie im 19. Jahrhundert; eine Überbleibsel-Regierungsform, die in einigen isolierten und besonderen Orten weiterbesteht und unter speziellen Umständen auch gut funktioniert, die aber einfach keine Relevanz für die Zukunft hat. Demokratie ist die Vergangenheit der Welt, nicht deren Zukunft.«[5]

Zum Glück stimmte diese Vorhersage nicht im Geringsten, vielmehr war sie noch nie so falsch. Denn 1965 beschloss das Zweite Vatikanische Konzil der katholischen Kirche, dass Demokratie vielleicht doch keine so schlechte Idee ist, auch wenn sie Religionsfreiheit mit sich bringt. Von einem Unterstützer katholischer Diktatoren wurde die katholische Kirche damit zu deren Widersacher und löste Demokratisierungsbewegungen in Südeuropa und Südamerika aus.[6] Im kommunistischen Osteuropa wurde die höhere Lebensqualität auf der demokratischen Seite des Eisernen Vorhangs schwerer zu leugnen. Und als dadurch selbst die russische Elite den Glauben an den Kommunismus verlor, konnten osteuropäische Staaten sich ohne Angst vor russischen Panzern demokratisieren.[7] Noch 1997 warnte der Soziologe und Politiker Ralf Dahrendorf: »Ein Jahrhundert des

Autoritarismus ist keineswegs die unwahrscheinlichste Prognose für das 21. Jahrhundert.«[8] Doch zur Jahrtausendwende war erstmals die Hälfte aller Länder demokratisch, bis zum Jahr 2005 wurden es 58 Prozent. In den letzten 10 Jahren sind einige Länder wieder autokratischer geworden, beispielsweise Russland, die Türkei und die USA. Doch während Sie aus den Nachrichten wahrscheinlich von diesen spektakulären Zusammenbrüchen erfahren haben, haben Sie kaum etwas von den Demokratisierungen in Bhutan, Zimbabwe, Kenia, Kirgisistan oder Pakistan mitbekommen. Weil spektakuläre Zusammenbrüche bessere Schlagzeilen als friedliche Demokratisierungen machen, wirkt die Demokratie auf dem Rückzug. Und tatsächlich steigt der Anteil demokratischer Länder seit 2006 nicht weiter. Doch er fällt auch nicht, sondern liegt stabil bei knapp unter 60 Prozent aller Länder. Das hindert den Berufspessimisten John Gray nicht daran, selbstsicher zu verkünden, im 20. Jahrhundert habe sich das »ethische und politische Leben [...] den größten Teil des Jahrhunderts verschlechtert«.[9] Mit der Realität, in der mittlerweile drei statt nur einem Fünftel aller Länder demokratisch organisiert sind, hat das allerdings nichts zu tun.

Wie verhält es sich aber mit dem Argument, dass viele Staaten heute »zwischen geschwächter Demokratie und geschwächter Tyrannei« oszillieren?[10] Es stimmt, dass nicht alle Länder Musterdemokratien sind, nur weil sie auf einer Demokratisierungsskala mehr als 5 Punkte haben. Länder wie Namibia und Sri Lanka haben mit einem Demokratiewert von sechs zwar formell freie Wahlen; doch die Regierung nutzt ihre Macht, um sich bei Wahlen Vorteile zu verschaffen.[11] Um in Rechnung zu stellen, dass es keinen magischen Wert gibt, ab dem die Demokratie wie ein Lichtschalter angeknipst ist, kann man daher auch die Entwicklung des Durchschnittswertes auf der Demokratisierungsskala vergleichen. Die daraus hervorgehende Kurve unterscheidet sich jedoch kaum vom Prozentanteil der Länder, die mindestens 5 Punkte haben. Nicht nur der reine Anteil an Demokratien erhöht sich also, auch werden autokratische Länder weniger autokratisch und demokratische Länder demokratischer. In den letzten 10 Jahren ist der Demokratiewert eines durchschnittlichen Landes um 0,5 Punkte gestiegen. Zwei weitere stark genutzte Demokratisierungsindizes unterstützen diese Deutung.[12] Ein weiterer Indikator für zunehmende Demokratisierung ist das Frauenwahlrecht. Anfang des 20. Jahrhundert durften Frauen lediglich in Neuseeland wählen, im Jahr 2000 nahmen Frauen in 147 Ländern an Wahlen teil. Auch der Anteil weiblicher Parlamentarier ist gestiegen.[13] Egal wie man es misst, alles weist auf eine langfristig demokratischere Welt hin.

Gegenüber diesen eindeutigen Indikatoren betreiben manche Forscher geradezu Datenmanipulationen, um eine Verschlechterung zu diagnostizieren. Roberto Foa und Yascha Mounk haben die Welt mit der Nachricht aufgeschreckt, die Zustimmung zur Demokratie gehe zurück. Doch sie manipulieren Daten auf so frappierende Weise, dass man schon fast von bewusster Täuschung sprechen muss. Auf einer Zehnerskala der Zustimmung zur Demokratie, bewerten sie alle Antworten unter 10 Punkten als Ablehnung. Sie stellen fest, dass die jüngere Generation weniger oft 10 Punkte wählt, lassen dabei jedoch im Ungewissen, ob dies wirklich an einem Generationeneffekt liegt oder ob jüngere Menschen schon immer andere Prioritäten hatten, als ihr Gemeinwesen maximal demokratisch zu bewerten. Sie präsentieren Daten aus den Ländern, die am dramatischsten aussehen und verschweigen andere.[14] Solcher Umgang mit Daten entspricht einer wissenschaftlichen Todsünde. Entweder haben die beiden Forscher Wissenslücken, die jeder empirische Methodenkurs im ersten Semester füllt, oder sie haben bewusst manipuliert, um mit negativen Schlagzeilen Aufmerksamkeit zu bekommen. Zum Glück fällt so etwas auch anderen Wissenschaftlern auf, sodass solche Versuche kaum dauerhaft Erfolg haben.[15]

All das heißt natürlich nicht, dass Demokratien unverwundbar sind. Doch einen allgemeinen Rückzug der Demokratie können empirische Daten nicht belegen. Der Politikwissenschaftler Christopher Fariss zeigt, warum wir dennoch einen anderen Eindruck gewinnen können. Er rekonstruierte, wie zunehmend Vergehen als Menschenrechtsverletzungen klassifiziert wurden, die früher niemand als Problem ansah. Als er einen zeitkonsistenten Standard an die Menschenrechtsberichte von Amnesty International und ähnlichen Organisationen anlegte, zeigte sich eine Verbesserung der weltweiten Menschenrechtssituation, während die öffentliche Meinung immer mehr Vergehen beklagte.

Wenn wir also Länder wie China dafür verurteilen, unseren demokratischen Standards nicht zu genügen, vergessen wir oft, dass diese Standards selbst anspruchsvoller werden. Unter Mao hat China circa 40 Millionen Menschen umgebracht und verhungern lassen, doch kein Staat sah die Notwendigkeit, einzugreifen. Heute verurteilen wir China, wenn es Stadtquartiere zu rücksichtslos räumt. Unter Stalin hat Russland circa 20 Millionen Menschen umgebracht, ohne dass ein Staat es gewagt hätte, sich einzumischen. Heute verurteilen wir die russische Regierung für das Kleinhalten der Opposition und für peinliche Urlaubsfotos des russischen Präsidenten. Selbst die Führer solch undemokratischer Länder schielen heute ängstlich auf die Zustimmung ihrer Bevölkerung. Doch anstatt zu merken, wie glücklicherweise unsere Standards steigen, gewinnen wir fälschlicherweise den Eindruck, die Demokratie gehe zu Grunde.[16]

Aber warum sind so viele Länder auf dem langen Treck zur Demokratie? Neben dem Gesetz, dass Demokratien keine Kriege miteinander führen, gibt es noch ein zweites Gesetz der Politikwissenschaft: Demokratie stirbt nicht in reichen Ländern. Zwar sind bis 2005 schon 70 Demokratien zusammengebrochen. Doch bisher war es eine Grundregel der Politikwissenschaft, dass noch keine Demokratie ihr Ende gefunden hat, deren Pro-Kopf-Einkommen über umgerechnet 6000 Dollar lag – ungefähr das Wohlstandsniveau Argentiniens 1975.[17] Dieses Gesetz der Politikwissenschaft wurde allerdings gerade von der Türkei umgestoßen.[18] Die Gefahr ist jedoch, von solch tragischen und aufsehenerregenden Ausnahmen auf eine Regel zu schließen. Zwar sind Fatalisten (wie der nimmermüde John Gray) sicher, dass »freie Märkte nicht die Demokratie fördern«.[19] Doch die Daten zeigen das Gegenteil: Fast alle reichen Länder sind demokratisch, fast alle sehr armen Länder undemokratisch. 94 Prozent aller Länder mit einem Bruttoinlandsprodukt von mehr als 10 000 Dollar pro Person (in 1996er-Kaufkraft) haben freie und kompetitive Wahlen. Ländern mit weniger als 2000 Dollar sind dahingegen nur zu 18 Prozent demokratisch organisiert. Ob ein Land demokratisch ist, kann man mit 75-prozentiger Genauigkeit anhand von dessen Wohlstandsniveau vorhersagen. Und wie demokratisch ein Land ist, folgt aus vorherigen Veränderungen des Wohlstands, während Wohlstandsveränderungen nicht aus dem vorherigen Demokratisierungsgrad eines Landes folgen. Wenn Wohlstand tatsächlich Demokratisierung bedingt, geht die Demokratisierung der Welt weiter, da der Wohlstand fast überall steigt. Als zweites gewichtiges Argument für den Anstieg der Demokratie können empirische Untersuchungen ins Feld geführt werden, die zeigen, wie zunehmender Wohlstand besonders dann zu Demokratisierung führt, wenn andere Länder schon demokratisch sind. Länder übertragen in diesem Sinne ihre Demokratie aufeinander, so wie Länder östlich des Eisernen Vorhangs sich von der Demokratie des Westens haben anstecken lassen.[20] Von Rückzug oder Tod der Demokratie kann deswegen keine Rede sein, obschon man seit über 10 Jahren von einer Stagnation sprechen muss. Dabei darf man jedoch nicht vergessen, dass diese Stagnation auf dem höchsten Level aller Zeiten stattfindet, und das liegt mittlerweile bei fast 60 Prozent demokratischen Ländern auf der Welt. Im Vergleich: Vor 200 Jahren war noch kein einziges Land eine Demokratie nach heutigem Maßstab.

Die beste Nachricht ist vielleicht, dass sich die Fortschritte gegenseitig befördern. Wohlstand fördert Demokratie, die wiederum

Gewaltfreiheit fördert, da Demokratien keine Kriege führen, interpersonelle Gewalt senken und ihre eigene Bevölkerung nicht durch Genozide, Hungersnöte oder Auftragsmorde umbringen.[21] Dass Menschen in Demokratien weniger Angst um ihr Leben und Eigentum haben müssen, steigert wiederum den Wohlstand. Der vielleicht erstaunlichste Grund, warum Länder nicht nur wohlhabender, sondern auch demokratischer werden, ist jedoch ein anderer: Die Menschen werden intelligenter.

## Wird die Welt dümmer?

Menschen mit höherem IQ sind nicht nur schulisch erfolgreicher; sie sehen auch die Konsequenzen ihrer politischen Entscheidungen präziser voraus, versetzen sich stärker in andere und sind seltener gewalttätig.[1] Solange hohe Werte in IQ-Tests mit diesen positiven Erscheinungen einhergehen, braucht die Menschheit mehr davon, egal ob man es Intelligenz, g-Faktor, Klugheit, Verstand oder Auffassungsgabe nennt. Das macht eine Frage umso wichtiger: Steigt das, was IQ-Tests messen?

Das verstehen Psychologen besser, seit Read Tuddenham Mitte des 20. Jahrhunderts bemerkte, dass amerikanische Soldaten des Zweiten Weltkriegs fast 15 IQ-Punkte mehr erreichten als Soldaten des Ersten Weltkriegs. Ein typischer Soldat im Zweiten Weltkrieg wäre damit intelligenter gewesen als circa 80 Prozent aller Soldaten 25 Jahre vorher.[2] Psychologen waren sich einig: Das musste ein Messfehler sein. Denn niemand konnte sich vorstellen, dass die reale Intelligenz so schnell anstieg. Auch James Flynn war zunächst skeptisch, als seine Daten zeigten, wie der IQ der Amerikaner im Mittel ebenfalls anstieg. Doch dann fand er dasselbe Muster in 13 weiteren Ländern. Überall mussten IQ-Tests immer schwieriger gemacht werden, damit die Ergebnisse sich nicht alle 10 Jahre um circa 2,8 Punkte verbesserten. Entsprechend zeigen Metastudien, wie Menschen in etwas mehr als

100 Jahren durchschnittlich 30 IQ-Punkte hinzugewonnen haben. Wer vor 100 Jahren einen durchschnittlichen IQ hatte, wäre damit heute weniger intelligent als circa 98 Prozent aller anderen und dadurch an der Grenze zur geistigen Behinderung. Umgekehrt würde eine Person mit heute durchschnittlichem IQ damals zu den intelligentesten 2 Prozent der Bevölkerung gehört haben und damit als hochbegabt gelten.

Für viele Psychologen hörte sich das zu verrückt an. Sie vermuteten ein Problem mit den IQ-Tests statt einen derart rapiden Anstieg realer Intelligenz. Doch der gemessene IQ steigt weniger bei mechanischen Auswendiglernaufgaben wie dem Benennen von Hauptstädten, sondern bei generellen Problemlösungsfähigkeiten, beispielsweise dem logischen Weiterführen von Zahlenreihen oder der Identifikation von Gemeinsamkeiten abstrakter Kategorien.[3] Um es in der Sprache der Psychologen auszudrücken: Fluide Intelligenz steigt stärker als kristalline.

Leider können wir nicht in die Vergangenheit reisen, um die Bedeutung einer niedrigen fluiden Intelligenz zu verstehen. Doch zu unserem Glück hat Alexander Luria mit einer Studie über sozial isolierte usbekische Bauern aus dem Jahr 1931 diese festgehalten. Wenn eine Forschungsfrage nach Steuergeldverschwendung klingt, dann wohl die Erforschung usbekischer Bauern. Doch tatsächlich war Lurias Forschung enorm wichtig. Denn sie zeigt, was es bedeutet, nicht abstrakt denken zu können. Der Psychologe stellte Fragen wie:»In ganz Deutschland gibt es keine Kamele. Berlin liegt in Deutschland. Gibt es in Berlin Kamele?« Ihnen ist die logische Schlussfolgerung aus dem Gesagten klar, unabhängig davon, ob Sie sich über die Vorstellung von Kamelen an der Spree wundern. Denn schon aus dem Gesagten ergibt sich, dass es in Berlin keine Kamele geben kann. Doch die Bauern konnten diesen Schluss nicht ziehen. Sie beschwerten sich, die Antwort nicht geben zu können, ohne in Berlin gewesen zu sein. Um sicherzugehen, dass sie ihn richtig verstanden hatten, ließ Luria die Bauern die Prämissen wiederholen: Erstens: Es gibt keine Kamele in Deutschland; zweitens: Berlin liegt in Deutschland. Diesen Teil hatten die Bauern verstanden. Erneut fragte Luria sie: »Gibt es dann Kamele in Berlin?« Antwort: »Wenn es eine große Stadt ist, kann es Kamele geben.« Luria: »Aber was implizieren meine Worte?« Antwort: »Wenn es eine große Stadt ist, müsste es Kamele geben.« Luria: »Aber wenn ich doch sage, dass es keine Kamele in Deutschland gibt und Berlin in Deutschland liegt?« Antwort: »Wenn dieses Dorf in einer großen Stadt ist, gibt es wahrscheinlich keinen Platz für Kamele.«

Luria versuchte es auch mit folgender Frage: »Im Norden, wo immer Schnee liegt, sind Bären weiß. Die Stadt Novaya Zemlya liegt im Norden, wo immer Schnee liegt. Welche Farbe haben die Bären dort?« Antwort: »Es gibt unterschiedliche Bären.« Luria: »Aber welche sind in Novaya Zemlya? Was implizieren meine Worte?« Antwort: »Wenn ein alter Mann einen weißen Bären gesehen hätte und mir darüber erzählt, würde ich es glauben. Aber ich habe noch keinen gesehen und kann darum nichts dazu sagen.« Die Bauern konnten keine Schlüsse ziehen, die über ihre direkte Wahrnehmung hinausgingen. Sie konnten lediglich auf das schließen, was sie selbst erlebt hatten.

Dasselbe Problem zeigte sich bei einfachen Textaufgaben, die Luria stellte: »Man braucht 30 Minuten, um zum Dorf zu kommen. Mit dem Fahrrad ist man 5-mal schneller. Wie lange dauert es mit dem Fahrrad?« Antwort: »Mein Bruder Dzhizak hat ein Fahrrad, und er ist schneller als ein Pferd oder ein Mensch.« Luria stellte sicher, dass die Bauern 30 durch 5 teilen konnten. Das war nicht das Problem. Dann wiederholte er die Frage. Die Antwort diesmal: »5-mal schneller, hm ... (Pause, überlegt). Wenn man zu Fuß geht, braucht man 30 Minuten. Mit dem Fahrrad ist man natürlich viel schneller, dann braucht man wahrscheinlich nur eine oder zwei Minuten.« Die getesteten Bauern konnten die Matheaufgabe lösen, aber das abstrakte Rechenproblem nicht aus der konkreten Situation herausdestillieren.[4]

Wie kann die Abstraktionsfähigkeit derart zugenommen haben? Für eine genetische Veränderung ist die Verbesserung zu schnell vonstattengegangen. Intelligenzforscher gehen sogar davon aus, dass der genotypische IQ seit dem 18. Jahrhundert um 14 Punkte zurückgegangen sein könnte, denn die allgemeine Reaktionsgeschwindigkeit hat abgenommen, was wiederum mit genereller Intelligenz korreliert ist. Aber dennoch bezweifeln sie nicht, dass Menschen aus einem möglicherweise zurückgehenden Intelligenzpotential mehr herausholen, sodass Zugewinne der phänotypischen Intelligenz den Abfall der genotypischen Intelligenz überkompensieren.[5]

In sehr armen Ländern beginnt der Anstieg des Denkvermögens mit dem Ende des Hungers.[6] Doch sobald Menschen genug zu essen haben, übernimmt ein sozialer Prozess: Der IQ steigt, weil Menschen sich an ein System anpassen, das Intelligenz belohnt.[7] Am Anfang eines Menschenlebens, weil Eltern ihr Kind loben, wenn es etwas richtig macht. Aber so selbstverständlich es uns heute vorkommt, dass Eltern Zeit für ihre Kinder haben, so ist es doch, ebenso wie die allgemeine Schulpflicht, eine relativ neue Entwicklung. Selbst europäische Länder haben die allgemeine Schulpflicht erst Ende des 19. Jahrhunderts eingeführt, sodass eine Schulbildung lange Zeit nicht Normalität war.

Drei Viertel der Weltbevölkerung hatte 1870 keine Schulbildung; in Europa und englischsprachigen Ländern sah es besser aus, in allen anderen Teilen der Welt schlechter. Daraufhin gelang es zuerst den USA, Kanada und Australien um 1940, annähernd ihrer gesamten Bevölkerung eine Schulbildung zukommen zu lassen. Selbst West- und Osteuropa waren erst in den 1980er Jahren so weit. Heute steigt der Bevölkerungsanteil mit Schulbildung vor allem in den ärmsten Ländern. Noch 1950 hatten weniger als 20 Prozent der Bevölkerung Südostasiens, des Mittleren Ostens, Nordafrikas und Subsahara-Afrikas eine Schulbildung. Heute sind es über zwei Drittel. In den ärmsten Regionen ist der Anteil an Kindern ohne Schulbildung heute nur noch circa halb so groß wie 1990, dank der Millenniums-Entwicklungsziele der Vereinten Nationen.[8] Vor allem hat sich der Bildungsabstand von Frauen zu Männern seit Mitte des 20. Jahrhunderts überall verringert.[9] Heute haben nicht mehr drei Viertel der Bevölkerung *keine* Schulbildung, sondern mehr als vier Fünftel haben eine. 80 Prozent der Weltbevölkerung können heute lesen und schreiben. Ein Grund ist, dass Kinder seltener arbeiten müssen. Noch 1950 musste jedes vierte Kind im Alter von 10 bis 14 arbeiten, heute ist es nur noch jedes zehnte.[10]

**Bevölkerungsanteil über 15-Jähriger mit Schulbildung, Weltregionen**[11]

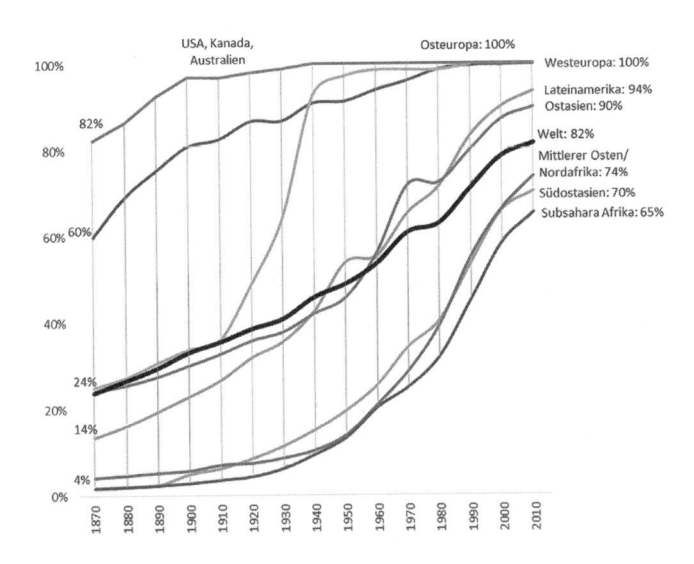

Dennoch wissen nur 28 Prozent der Deutschen, wie stark die weltweite Bildung gestiegen ist. Fast drei Viertel glauben, dass nur 40 bis 60 Prozent der Menschheit lesen und schreiben können, und nur 9 Prozent ist klar, wie viele Mädchen heute eine Schulbildung bekommen. Trotz aller Schulbildung wussten Menschen weniger über den Zustand der Welt als Schimpansen, die bei nur 3 Antwortmöglichkeiten eine Trefferquote von 33 statt 9 Prozent gehabt hätten.[12]

Und es geht längst nicht mehr nur um einfache Schulbildung. Weltweit beginnen heute 36 Prozent aller Schüler ein Studium. 1970 waren es nur 10 Prozent.[13] Dabei müssen sie Aufgaben lösen, die Intelligenztests nahekommen. Im Durchschnitt haben Menschen mit hohem IQ stimulierendere Jobs, verdienen mehr, leben länger und haben sogar eine größere Partnerauswahl.[14] Und wer einen intelligenten Partner oder einen komplizierten Job hat, dessen Intelligenz wird weiter stimuliert. Eine Spirale entsteht, bei der Intelligenz ihre bisherige Grenze überschreitet und damit neue Aufgaben ermöglicht, die den eigenen Horizont erneut erweitern. Intelligenz wird zu ihrer eigenen Ursache. Das passiert nicht nur innerhalb eines Menschenlebens, sondern über Generationen: Eltern bieten ihren Kindern ein stimulierendes Umfeld. Haben die Kinder selbst Nachwuchs, können sie aufgrund ihrer höheren Intelligenz ein noch stimulierenderes Umfeld ermöglichen. Menschen im Mittelalter hätte nichts ferner gelegen. Sie brachten ihren Kindern bei, sich an bestehende Gebräuche anzupassen, statt bessere zu finden.[15]

Heute dahingegen leben immer mehr Menschen in einer Welt, die morgen nicht so ist, wie sie gestern war. Neue Technologien zerstören einfache Jobs und lassen komplizierte übrig, die eine hohe Intelligenz erfordern. Gleichzeitig bringt unsere höhere Intelligenz die neuen Technologien, von denen sie profitiert, überhaupt erst hervor. Die beiden Ökonomen Claudia Goldin und Lawrence Katz nennen es ein Rennen zwischen Technologie und Bildung, und bei diesem Rennen steigt die Intelligenz der meisten Menschen.[16] Intelligenz schafft die Vorbedingung für weitere Intelligenz.

Aber kann das ewig so weitergehen? In einigen sehr reichen Ländern scheint der IQ nicht mehr zu steigen. Die typische Erklärung hierfür ist, dass Menschen zwar ihr genotypisches Intelligenzpotential realisieren, doch dieses Potential irgendwann ausgeschöpft ist und möglicherweise sogar absinkt. Auch James Flynn sieht dieses Problem, er geht von einem genotypischen Rückgang des IQs von 5 Punkten aus, der von einem phänotypischen Anstieg von 35 Punkten kompensiert wurde, sodass ein Nettogewinn von 30 IQ-Punkten in etwas mehr als einem Jahrhundert herauskommt.[17] Gegenüber Hunderten von Studien, die einen Anstieg der Intelligenz zeigen, gibt es bisher allerdings nur sieben zuverlässige Studien, die Rückgänge zeigen.[18]

Sicher sagen kann man deswegen, dass wir messbar schlauer werden, viel schlauer sogar. Aber beschleicht Sie dabei auch ein kleines Unwohlsein? Das hört sich anstrengend an, oder? Jeder am Maximum seines Potentials, Rennen zwischen Technologie und Bildung, immer mehr, immer höher, immer weiter, und damit auch immer anstrengender? Kann es sein, dass unsere Intelligenz dabei gewinnt, während unsere Zufriedenheit verliert? Das wäre tragisch. Denn wenn unser Fortschritt uns nicht zufriedener macht, bedeutet dann Fortschritt überhaupt noch Verbesserung? Schauen wir uns deswegen zuletzt an, ob die Menschen auf der Welt zufriedener werden.

## Wird die Welt unglücklicher?

Was bringen steigender Wohlstand, ein längeres Leben und höhere Intelligenz, wenn sie letztlich nur den Absatz von Antidepressiva steigern? Vor dem Jahr 1860 gab es in medizinischen Lehrbüchern nicht einmal einen Eintrag für Depression. Heute gibt es kaum etwas, das nicht depressiv machen soll.

Steigender Lebensstandard? Die vergrößerten Konsummöglichkeiten machen nur depressiv, wenn man dem amerikanischen Psychologen Barry Schwartz glaubt. Demokratie und Freiheit? Sind nach der sogenannten kritischen Theorie nur »repressive Toleranz« und machen deswegen depressiv, wenn man dem einflussreichen Buch *Das erschöpfte Selbst* des französischen Intellektuellen Alain

Ehrenberg glaubt. Darin wird Depression beschrieben als »die Krankheit einer Gesellschaft, deren Verhaltensnorm nicht mehr auf Schuld und Disziplin gründet, sondern auf Verantwortung und Initiative.« Höherer IQ? Sogenannte phänomenologische Studien, die Befragte bitten, »Bedeutung aus ihren facettenreichen Depressionserfahrungen herzustellen«, meinen: Intelligenz macht ebenfalls depressiv. Selbst eine höhere Lebenserwartung bedeutet dann nur noch mehr Zeit, um depressiv zu sein.[1] Doch wenn ein höherer Lebensstandard, Freiheit und Intelligenz depressiv machen, wird jeder Fortschritt zum Rückschritt.

Wenn man sich die tatsächlichen Daten vor Augen führt, zeigt sich ein ganz anderes, viel positiveres Bild. Ein Literaturüberblick aus 44 Studien seit Mitte des 20. Jahrhunderts fand keine Zunahme psychischer Krankheiten. Die Autoren selbst stellen fest, dieser »Befund steht in krassem Widerspruch zu der von der Öffentlichkeit erlebten zunehmenden Belastung durch psychische Probleme oder Störungen«. Diesen Unterschied zwischen Wahrnehmung und Fakten erklären sie durch die »Psychiatrisierung von Belastungsreaktionen nach kritischen Lebensereignissen wie partnerschaftlichen Trennungen oder Arbeitsplatzverlusten« sowie einer »Entstigmatisierung einzelner psychischer Störungsbilder [vor allem] der Depression«.[2] Was früher eine Lebenskrise war, wird heute als psychische Störung diagnostiziert. Was heute beispielsweise millionenfach als Burn-out behandelt wird, nannte man früher Neurasthenie oder Nervenschwäche, die mit einer Kur statt einer Psychotherapie behandelt wurde.

Es ist ein Fortschritt, dass Menschen heute zum Psychiater gehen, während sie früher still litten oder unwirksam behandelt wurden. Doch auch hier besteht die Gefahr, zunehmende Sensibilität für ein Problem mit dem Problem selbst zu verwechseln. Dass Menschen mit psychischen Belastungen heute öfter geholfen wird, vermittelt den falschen Eindruck, dass es mehr von ihnen gibt. Ein guter objektiver Indikator für schwere psychische Probleme ist der Suizid. Die Weltgesundheitsorganisation trägt für 10 Länder seit 1950 kontinuierlich zusammen, wie viele Menschen sich umbringen. Diese Suizidquoten sind im Laufe der Zeit leicht gesunken.[3]

Seit fast 50 Jahren fragen psychologische Studien auch danach, wie zufrieden Menschen mit ihrem Leben sind. Das Eurobarometer verzeichnet seit 1973, dass sich in allen befragten europäischen Ländern (außer Italien) mehr Menschen als glücklich bezeichnen. In Deutschland ist der Anteil sogar von 82 auf 90 Prozent angestiegen. Daten für den Rest der Welt hat Ruut Veenhoven aus Studien zusammengetragen, in denen Befragte ihre Lebenszufriedenheit auf einer Zehnerskala bewerten sollten.

Die Ergebnisse sind eindeutig: Erstens ist die Lebenszufriedenheit in den meisten Ländern recht hoch. In einem durchschnittlichen Land bewerten Menschen ihre Lebenszufriedenheit mit 7,2 von 10 möglichen Punkten. Zweitens werden Menschen tendenziell zufriedener. Von Anfang der 1980er bis Anfang der 2010er stieg der durchschnittliche Zufriedenheitswert aller Länder von 6,89 auf 7,18 Punkte. Das ist insofern ein hoher Zuwachs, als Lebenszufriedenheit über die Zeit generell recht konstant ist. Aber warum werden Menschen zufriedener?

Der World Values Survey hat ebenfalls insgesamt 335 809 Menschen in 100 Ländern gefragt, wie zufrieden sie mit ihrem Leben auf einer Skala von 1 bis 10 sind. Da die Befragungen von 1981 bis 2013 bis zu 6-mal pro Land wiederholt wurden, kann eine sogenannte Multilevelpanelregression (ich weiß, fast so schlimm wie Haushaltsnettoäquivalenzeinkommen) zeigen, ob eine bestimmte Variable hinter dem Anstieg der Lebenszufriedenheit steht. Überspringen Sie den nächsten Absatz, wenn Sie das technische Vorgehen dahinter nicht interessiert. Wenn es Sie interessiert, wie man von Daten auf Zusammenhänge schließen kann, dann sind die folgenden Ausführungen interessant für Sie.

Um zu verstehen, warum die Lebenszufriedenheit ansteigt, versucht man sie mit den seit der ersten Befragung vergangenen Jahren zu erklären. Man untersucht also, ob mit zunehmenden Jahren höhere Lebenszufriedenheitswerte entstehen. Es erweist sich tatsächlich, dass die Lebenszufriedenheit über die Zeit ansteigt, wie es die Daten der World Database of Happiness zeigen. Dann versucht man, diesen Einfluss der Zeit auf die Lebenszufriedenheit mit weiteren Variablen zu erklären, die hinter dem Anstieg über die Zeit stecken könnten. Wenn beispielsweise das Vertrauen immer mehr ansteigt und Menschen, die sich mehr vertrauen, auch zufriedener sind, dann verschwindet der Einfluss der Zeit auf die Lebenszufriedenheit, sobald man die Variable Vertrauen »kontrolliert«.

Doch weder, dass Menschen sich zunehmend vertrauen, noch dass sie öfter heiraten, eine bessere Bildung haben, seltener arbeitslos sind oder älter werden, erklärt den Anstieg der Lebenszufriedenheit. Eine einzige Variable kann dahingegen den tendenziellen Anstieg der Lebenszufriedenheit über die Zeit erklären: Kaufkraft. Die entscheidende Variable ist also, wie viel eine durchschnittliche Person in einem Land sich mit ihrem Gehalt leisten kann (nach Berücksichtigung der Inflation und landesspezifischer Kaufkraftparität). Rechnet man diesen tendenziellen Wohlstandszuwachs heraus, verschwindet auch der positive Einfluss vergehender Jahre auf die Lebenszufriedenheit. Menschen werden also nicht per se im Laufe der Zeit zufriedener, sondern weil entweder ein höheres Wohlstands*niveau* oder ein höheres Wohlstands*wachstum* ihre Lebenszufriedenheit erhöht. Unterscheidet man beides, zeigt sich, dass sowohl das Niveau als auch das Wachstum des Wohlstands zur Zufriedenheit beitragen. Reichere Länder haben eine zufriedenere Bevölkerung als ärmere, und in jedem Land ist die Bevölkerung in den Jahren zufriedener, in denen die Wirtschaft besonders stark gewachsen ist.

Aber stimmt die Gleichung reicheres Land gleich zufriedenere Bürger auch in Ländern, die sowieso schon reich sind, oder nur in

Ländern, die noch arm sind? In den Ländern, die weniger als 17 000 US-Dollar pro Person haben, haben jene eine zufriedenere Bevölkerung, die reicher sind als andere – also näher an den 17 000 Dollar. Auch sind in den ärmeren Ländern Menschen in den Jahren zufriedener, in denen der Wohlstand stärker wächst, sich also den 17 000 Dollar annähert. Innerhalb der Länder, die sowieso schon ein Wohlstandsniveau von mindestens 17 000 US-Dollar haben, sind die Bevölkerungen jener Länder, die weit über den 17 000 Dollar liegen, nicht zufriedener als die Bevölkerungen jener, die nur knapp über den 17 000 Dollar pro Person liegen. In diesen schon reichen Ländern steigert zusätzliches Wirtschaftswachstum die Zufriedenheit also nicht mehr.

Das heißt, im Durchschnitt sind Menschen zufriedener, wenn ihr Land sich der Gruppe der reichen Länder annähert. Doch sobald eine durchschnittliche Person mit ihrem jährlichen Einkommen in den USA für 17 000 Dollar einkaufen könnte, führt mehr Wohlstand nicht zu noch mehr Zufriedenheit, weder im Vergleich zu anderen Ländern noch im Vergleich zum eigenen Land in der Vergangenheit.[4] Diese Schwelle von 17 000 US-Dollar entspricht ungefähr dem Wohlstandsniveau der Türkei im Jahr 2011. Rechnet man die Werte mittels Kaufkraftparitäten in monatliche Euro um, kann man grob sagen, dass bis zu einem Wohlstandsniveau von circa 1500 Euro pro Person und Monat mehr Wohlstand mit höherer Lebenszufriedenheit einhergeht. Ab diesem Wohlstandsniveau bringt zusätzliches Wirtschaftswachstum keinen Zugewinn an Lebenszufriedenheit mehr. Statt mit komplizierten Berechnungen kann man diesen Zusammenhang auch grafisch veranschaulichen. Ich verstehe, wenn Sie jetzt denken: Warum hat er das dann nicht gleich gemacht? Aber nur so hatten Sie eine Einführung in die quantitative Forschungslogik.

Die folgende Grafik zeigt von links nach rechts, wie viel Kaufkraft eine durchschnittliche Person in jedem Land des World Values Survey hat, von unten nach oben, wie zufrieden die Bevölkerung eines Landes ist. Ein paar südamerikanische und asiatische Länder sind zwar arm (links), haben aber trotzdem eine relativ zufriedene Bevölkerung (oben). Doch andere arme Länder, besonders in Osteuropa und Afrika, sind nicht nur arm (links), sondern haben ebenfalls eine unzufriedene Bevölkerung (unten). Arme Länder können also eine zufriedene oder unzufriedene Bevölkerung haben. Demgegenüber ist der untere rechte Teil des Graphen leer, denn alle reichen Länder haben eine zufriedene Bevölkerung. Kein Land mit einem Bruttoinlandsprodukt über 30 000 US-Dollar hat eine Bevölkerung mit weniger als 6,5 von 10 möglichen Lebenszufriedenheitspunkten.

**Der Zusammenhang zwischen Bruttoinlandsprodukt und Lebenszufriedenheit[5]**

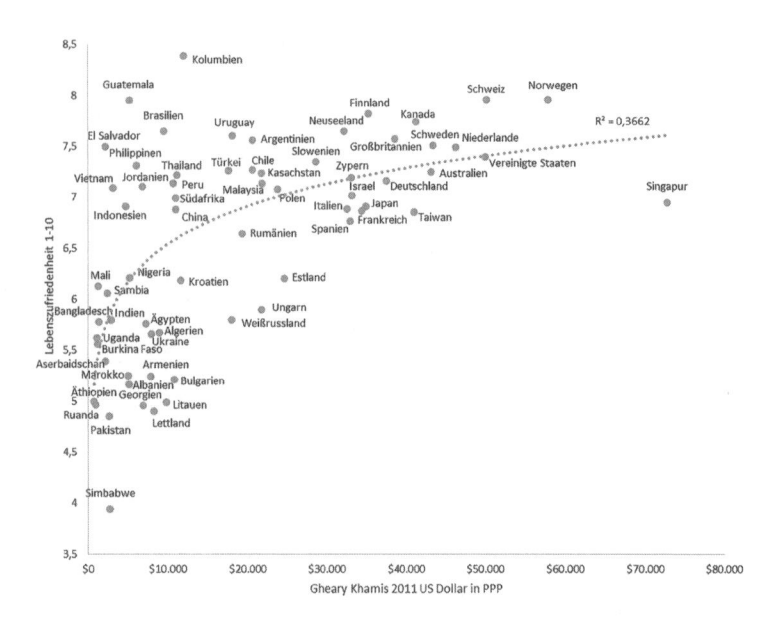

Armut geht also nicht zwangsläufig mit einer unglücklichen Bevölkerung einher, doch Wohlstand garantiert eine Bevölkerung mit im

Mittelwert hoher Zufriedenheit. Die gepunktete Linie zeigt den logarithmischen Zusammenhang zwischen der durchschnittlichen Lebenszufriedenheit eines Landes und dessen Wohlstand. Dieser logarithmische Zusammenhang zwischen Lebenszufriedenheit und Bruttoinlandsprodukt ist sehr hoch. Man kann 37 Prozent der zwischen Ländern variierenden durchschnittlichen Lebenszufriedenheit durch deren Bruttoinlandsprodukt erklären. Wenn man den Reichtum von Ländern kennt, kann man also ungefähr ein Drittel ihrer variierenden Zufriedenheitswerte erklären, die restlichen zwei Drittel ergeben sich aus anderen Faktoren. Doch der logarithmische Zusammenhang bedeutet auch, dass der Zusammenhang immer schwächer wird, je reicher ein Land schon ist.[6] Die Daten des World Values Survey zeigen beispielsweise, dass Menschen um fast 2 von 10 Punkten zufriedener werden, wenn sich der Wohlstand ihres Landes von 1000 auf 25 000 US-Dollar pro Jahr erhöht. Aber die Verdoppelung von 25 000 zu 50 000 Dollar bringt nur noch 0,84 Zufriedenheitspunkte mehr.

Die Lebenszufriedenheit steigt deswegen nicht per se, weil Länder reicher werden. Stattdessen geht es vor allem darum, eine Schwelle von ungefähr 17 000 US-Dollar pro Person und Jahr zu überschreiten. Darüber hinaus steigert zusätzlicher Wohlstand die Lebenszufriedenheit immer weniger. In reichen Ländern wächst die Zufriedenheit auch daher kaum noch, weil sie schon so hoch ist. In den reichsten Ländern liegt sie bereits bei 8 von 10 möglichen Punkten. Wichtig ist auch, dass reiche Länder nicht nur eine durchschnittlich hohe Lebenszufriedenheit haben. Auch sind mehr Menschen nahe an diesem hohen Durchschnittswert, denn die interpersonelle Schwankung der Lebenszufriedenheit ist in reichen Ländern ebenfalls geringer.[7]

Dabei muss gar nicht Wohlstand per se die Lebenszufriedenheit bedingen, es kann ebenfalls sein, dass mit Wohlstand ein besseres Gesundheitssystem, bessere Bildung, weniger absolute Armut und weniger Gewalt einhergehen. Selbst Weltuntergangsprophet John

Gray stellt nicht infrage, dass es technologischen Fortschritt gibt, sondern dass dieser das Leben von Menschen verbessert.[8] Das Problem an diesem Untergangsmärchen ist jedoch, dass es der Konfrontation mit empirischen Daten nicht standhält. Denn Menschen in entwickelten Ländern sind durchschnittlich sehr zufrieden mit ihrem Leben. Und immer mehr arme Länder überschreiten die Wohlstandsschwelle von ungefähr 1500 Euro monatlich pro Person, die ihrer Bevölkerung ein Mindestmaß an Zufriedenheit garantiert. Insofern werden nicht nur mehr Menschen wohlhabend, sondern auch zufrieden. Mehr und mehr Menschen können sich die Frage stellen: »Wenn die Welt immer schlechter wird, wieso geht es dann mir und den Menschen, die ich kenne, immer besser?«

# Warum wir die Welt nur besser machen können, wenn wir sie sehen, wie sie wirklich ist

Die vorherigen Kapitel haben gezeigt, wie Wohlstand, Gesundheit, Frieden, Demokratie, Intelligenz und Zufriedenheit weltweit zunehmen. Sie werden kaum einen Teil der Welt finden, in dem Menschen heute schlechter leben als vor 20, 50 oder 100 Jahren. Lange haben Menschen Hunger und Krieg mit dem Willen der Götter erklärt und damit jede Verantwortung von sich gewiesen. Heute lassen die Daten eine Welt ohne Armut und Krieg erstmals realistisch erscheinen, und ein Rückschritt scheint kaum vorstellbar. Oder können Sie sich vorstellen, dass Kinder wieder geschlagen werden, Frauen das Wahlrecht abgesprochen wird oder Andersdenkende öffentlich gefoltert und Ungläubige verbrannt werden?

Das sollten wir uns erst mal klarmachen und sacken lassen. Wenn Sie mich fragen, wäre eine weltweite Party durchaus angebracht. Aber natürlich gibt es keinen Grund, sich auf den Erfolgen auszuruhen. Stattdessen sollten wir überlegen, was richtig gemacht wurde, um damit weiterzumachen. Erst wenn wir merken, warum so viele Krankheiten ausgerottet sind, können wir den Wert von Impfkampagnen und medizinischer Forschung erkennen. Erst wenn wir verstehen, warum es so viel weniger Kriegstote gibt, sehen wir, dass eine demokratischere Welt eine friedlichere ist. Erst die Tatsache, dass so viele Menschen heute keinen Hunger mehr leiden, zeigt uns, dass inklusive Institutionen die beste Versicherung gegen Armut sind. Die Verbesserungen der Welt zeigen, dass der Kampf für eine bessere Welt sich lohnt.

Aber gerade weil eine Welt ohne Hunger und Krieg erstmals möglich erscheint, kann man auch empört fragen, warum es denn dann überhaupt noch Hunger und Krieg auf der Welt gibt. Diese kritische Perspektive hat dieselbe Berechtigung wie der Verweis auf die bisher erreichten Verbesserungen. Denn dass die Welt besser geworden ist, bedeutet weder, dass sie perfekt ist, noch, dass sie nicht noch besser werden kann. Aber kann man das realistischerweise erwarten? Vielleicht geht es uns wie einem Mann, der vom Hochhausdach springt und nach den ersten zehn Metern ruft: »So weit so gut!« Denn natürlich ist nicht alles rosig, und vielleicht steuern wir auf ein Desaster zu, ohne es zu merken. Möglicherweise gibt es ein problematisches Artensterben. Möglicherweise verändert der Klimawandel die Welt stärker, als wir uns das bisher ausmalen. Und mit Sicherheit hat das reichste 1 Prozent der Menschheit in den letzten 30 Jahren höhere Einkommenszugewinne gehabt als alle anderen.

Wie also wird die Zukunft aussehen? Ich möchte Sie gleich enttäuschen: Ich weiß es genauso wenig wie Sie. Mit dem Instrumentarium, das mir zur Verfügung steht, den Methoden der empirischen Sozialforschung, konnte ich Ihnen hoffentlich einen neuen Blick auf die Welt der Vergangenheit und Gegenwart geben. Doch über die Zukunft kann man als empirischer Sozialforscher nichts Gesichertes aussagen, und wer Ihnen etwas anderes weismachen will, dem glauben Sie besser nicht.

Der kanadisch-amerikanische Psychologe Philip Tetlock befragte über zwei Jahrzehnte 284 Experten, wie wahrscheinlich es ist, dass bestimmte Ereignisse eintreten, beispielsweise der Zusammenbruch der Sowjetunion oder die Invasion des Iraks durch die USA. Die Auswertung der daraus hervorgehenden 82 361 Vorhersagen brachte ein niederschmetterndes Ergebnis: Auch die Zukunftsprognosen der Experten waren im Schnitt schlechter, als die eines Schimpansen wären, der einfach zufällige Antworten auswählt. Und die allerschlechtesten Antworten kamen von jenen vermeintlichen Experten, die von einer großen Idee überzeugt waren. So eine Idee kann natürlich auch sein, dass alles besser wird. Entsprechend sollte man demütig sein und nicht annehmen, dass irgendetwas weiterhin besser wird, nur weil es bisher so war.[1] Vielleicht steht uns nächstes Jahr ein großer Atomkrieg ins Haus, vielleicht war der Syrienkrieg der letzte große Krieg der Menschheitsgeschichte. Die Welt von morgen ist nicht einfach eine Verlängerung der Welt von heute. Ich kann Ihnen also nicht sagen, wie die Zukunft wird. Aber ich kann Ihnen sagen, warum es Grund zur Hoffnung gibt.

Der erste Grund ist, dass sich Menschen auf der ganzen Welt eigentlich einig sind, wo sie hinwollen. Dieses einziges Mal kann ich Ihnen keine Daten liefern, mit denen sich dies belegen lässt, aber es ist anzunehmen, dass eine gewaltige Mehrheit der Weltbevölkerung zustimmen würde, dass eine Welt wünschenswert ist, in der möglichst viele Menschen möglichst zufrieden mit ihrem Leben sind. Fast jeder will zufrieden sein, und kaum jemand hat einen Grund, anderen dieses Recht abzusprechen.

Zweitens ist mittlerweile relativ klar, wie man dorthin kommen kann: durch ein vorsichtiges Ausprobieren innerhalb offener Gesellschaften. Früher diktierten Religionen, Traditionen, intolerante Eltern und autoritäre Regime, was richtig und falsch war. Offene Gesellschaften erlauben dahingegen Experimente, deren Erfolg sich an der Zufriedenheit ihrer Bevölkerung bemisst. Ist die Bevölkerung unzufrieden, steigt der Druck, weiter zu experimentieren, bis weniger Menschen unzufrieden sind. Im Zuge der Probleme der Industrialisierung testeten Gesellschaften Elemente des modernen Wohlfahrtsstaats. Als dessen Widersprüche zu groß wurden, versuchten sie in den 1970er Jahren den Neoliberalismus. Vielleicht steigen in den kommenden Jahren nun die Steuern für Reiche wieder, oder es kommt das Grundeinkommen. Offene Gesellschaften haben ein Rezept für dauerhaften Fortschritt gefunden: Sie probieren etwas aus, beobachten, ob es klappt, und rekalibrieren, bis eine gute Lösung gefunden ist. Das passiert unter lautem Ächzen und Krachen, begleitet von vielen Protesten und ewigen Debatten. Aber es passiert, wie der langfristige Trend zu Demokratisierung und inklusiven Institutionen deutlich zeigt.

Entsprechend kann unser Leben besser werden, solange wir dieses System aus Ausprobieren, Beobachten und Verbessern nicht aufgeben oder kaputt machen. Darin liegt aber auch die schlechte Nachricht, dass wir dieses System kaputt machen können, und zwar auf drei verschiedene Arten. Erstens, so banal es klingt, müssen wir das System überhaupt weiter anwenden, damit es funktioniert. Wenn offene Gesellschaften ihre Probleme, wie die sehr ungleiche Verteilung von Einkommenszugewinnen, nicht mehr angehen, dann vergessen Menschen, dass ihr Lebensstandard in Demokratien steigen kann, und autoritäre Parteien werden zu einer verlockenden Alternative.

Zweitens kann man nicht ausprobieren, beobachten und rekalibrieren, wenn es nur einen einzigen Versuch gibt. Gesellschaften können zwar ausprobieren, wie es sich mit niedrigeren oder höheren Steuern lebt. Aber den Klimawandel oder das Artensterben kann man nicht ausprobieren und notfalls rückgängig machen. Bei Problemen, bei denen es bereits zu spät sein könnte, wenn etwas schiefgelaufen ist, ist deswegen allergrößte Vorsicht angebracht.

Drittens dürfen wir nicht aufhören zu differenzieren, was gut und was schlecht läuft. Das scheint selbstverständlich, ist es aber nicht. Denn da Medien die Realität systematisch zu negativ darstellen, ist der Irrtum weit verbreitet, es laufe sowieso alles schlecht. Was tatsächlich funktioniert, geht darin unter, sodass wir blind für mögliche Lösungen werden. Damit wir an das, was bisher funktioniert, anknüpfen können, müssen sich also die Berichterstattung, die Politik und unsere eigene Wahrnehmung ändern. Die folgenden Abschnitte zeigen, wie das funktionieren kann.

## Wie sich die Berichterstattung ändern muss

Die Daten der vorherigen Kapitel haben gezeigt, dass Menschen mit ihrem eigenen Leben meistens recht zufrieden sind. Aber gleichzeitig denken sie, dass es anderen schlecht geht. Wie kann das sein? Ihr eigenes Leben können Menschen selbst beurteilen, das ihrer Freunde und Nachbarn auch. Doch »[w]as wir über unsere Gesellschaft, ja über die Welt, in der wir leben, wissen, wissen wir durch die Massenmedien.«[2] Und das Weltbild der meisten Menschen wird umso negativer, je mehr sie etwas nicht aus eigener Anschauung, sondern aus den Massenmedien erfahren. Fragt man beispielsweise, wie kaputt die Umwelt der unmittelbaren Umgebung, des Landes und der Welt ist, so wird die Einschätzung der Befragten umso negativer, je weiter man den Kreis zieht und je stärker sie deswegen zu dessen Beurteilung auf die Massenmedien angewiesen sind.[3]

Wollen wir einen realistischeren Blick auf die Welt bekommen, muss sich also die Berichterstattung ändern. Das heißt nicht, dass Medien beschönigen sollen. Sie sollen vielmehr ein realistisches Bild der Welt vermitteln. Den Unterschied können Sie sich an folgendem Gedankenexperiment klarmachen: Stellen Sie sich vor, die weltweite Armut nimmt noch einmal um 90 Prozent ab. Nicht mehr 700 Millionen, sondern nur noch 70 Millionen Menschen würden dann in Armut leben. Aber auch 70 Millionen Menschen sind mehr als genug, um Sendungen, Zeitungen und Webseiten mit herzzerreißenden Reportagen zu füllen. Trotz eines Rückgangs der Armut um 90 Prozent könnten unsere Nachrichten dann genauso aussehen wie vorher. Die Berichterstattung wird dadurch verzerrter und unrealistischer, je besser die Welt wird. Dazu müssen Medien nicht lügen. Es reicht, dass sie sich auf den traurigsten Ausschnitt der Realität konzentrieren, ohne etwas über die Normalität dahinter zu sagen. Kurzfristig mag das Quote bringen, doch langfristig kann der Schuss auch nach hinten losgehen. Denn diese Art der Berichterstattung führt zu einer zunehmenden Kluft zwischen dem sich verbessernden Leben der meisten Menschen und der Berichterstattung. Dadurch entsteht eine sogenannte kognitive Dissonanz, eine Diskrepanz zwischen medialen und alltagsweltlichen Erfahrungen. Diese kognitive Dissonanz ist unangenehm, Menschen wollen sie vermeiden. Doch ihren Alltag können sie nicht abschalten, ihren Fernseher, Radio oder Computer schon. Die kurzfristig quotenbringende Fokussierung auf das Negative kann deswegen langfristig Einschaltquoten, Klicks und Auflagen senken.

Studien der öffentlich-rechtlichen Sender zeigen, dass »drei Viertel der Befragten eine zu starke Fokussierung der Berichterstattung auf die Probleme anstatt auf die Lösungsmöglichkeiten« bemängeln. Nur knapp die Hälfte der Deutschen meint noch, dass die Medien »Dinge so wiedergeben, wie sie wirklich sind«, nur 4 Prozent der Deutschen sagen, ihr Vertrauen in die deutschen Medien steige, bei 46 Prozent geht es zurück.[4] Der Fokus auf das Negative wäre ja in Ordnung, wenn es tatsächlich so viele Probleme und wenige Lösungsmöglichkeiten gibt. Doch die vorherigen Seiten haben gezeigt, dass dies empirisch einfach nicht der Fall ist.

Ein Lösungsvorschlag, der weder die Einschaltquoten senken noch einen einseitig positiven Blick auf die Welt liefern will, ist folgender: Die Medien sollten weiter über jeden spektakulären Flugzeugunfall, Kriegstoten und Menschen in Armut berichten. Nur sollten sie diese Berichterstattung in den dahinterstehenden historischen Trend einordnen. Ein Bericht über einen Flugzeugabsturz kann anmerken, ob das Fliegen insgesamt sicherer wird. Ein Bericht über einen Krieg kann mit einem Satz einordnen, ob ein Kriegsausbruch die Ausnahme gegenüber einem zurückgehenden Trend ist. Kein Terroranschlag soll verschwiegen werden. Aber eine kurze Einordnung kann klären, ob die Terrorgefahr insgesamt zu- oder abnimmt und wie hoch sie im Vergleich zu anderen Risiken ist. Durch diese Kontextualisierung wäre die Berichterstattung nicht nur realitätsgetreuer, sondern auch näher an dem, was die Menschen interessiert. Denn wer von einem Flugzeugabsturz hört, möchte wissen, ob es unsicher ist, in ein Flugzeug zu steigen. Wer von einem Krieg oder Terroranschlag hört, möchte wissen, ob er sich konkrete Sorgen machen muss.

Bisher machen Medien genau das Gegenteil. Sie berichten über Einzelfälle statt über die langfristigen Trends dahinter. Zeitungen, Webseiten und Fernsehsender berichten in aller Regel, was seit gestern passiert ist. Doch der Rückgang von Armut, Krieg und Diktatur ist kein Einzelfall; vielmehr handelt es sich um Trends, die erst über Jahrzehnte eindrucksvoll werden. Bisher erfahren wir in den Medien viel von Stürmen in Wassergläsern, aber nichts über die Großwetterlage. Aufgrund der vielen kleinteiligen Informationen fühlt man sich desorientiert, als ob man jeden Tag mit einer Lupe durch die Stadt läuft und sich nach ein paar Jahren wundert, immer noch keinen Überblick zu haben.

Wenn man Journalisten diese Fokussierung auf kurzfristig negative Ereignisse vorhält, entgegen sie, es sei ihre Aufgabe, aufzudecken, was schiefläuft. Deswegen erzählen sie uns von dem einen korrupten Politiker, dem einen Flugzeugabsturz, dem einen Kriegsausbruch, dem einen Mord und der einen Epidemie, auch wenn diese entgegen dem allgemeinen Trend stattfinden. Doch wenn 99,5 Prozent der Deutschen nicht klar ist, wie stark der weltweite Hunger zurückgegangen ist, tragen Medien mit dieser Fokussierung auf das Negative nicht mehr zur Information, sondern zur Desinformation bei. Und wenn mittlerweile 76 Prozent der Deutschen sagen, ihnen seien die Fernsehnachrichten zu negativ, nur 49 Prozent glauben, dass Medien Dinge so abbilden, wie sie sind, 60 Prozent kein oder wenig Vertrauen in sie haben und lediglich 44 Prozent den Journalisten noch hohes Ansehen bescheinigen (weniger als der Müllabfuhr oder Klärwerksmitarbeitern), dann kann man sagen, dass die Medien nicht mehr viel zu verlieren haben und möglicherweise mit realistischem Journalismus langfristig Vertrauen, und damit auch Zuschauer, Hörer und Leser, zurückgewinnen könnten.[5]

Dazu müssten die Medien aber weniger Meinungen produzieren und vermehrt über Fakten berichten. Wenn Journalisten zu einem Thema recherchieren, rufen sie meist einen Experten an und drucken dessen Meinung; um ausgeglichen zu berichten, lassen sie zusätzlich jemanden mit der gegenteiligen Meinung zu Wort kommen. Doch während jeder ein Recht auf seine eigene Meinung hat, hat niemand ein Recht auf eigene Fakten. Die Flüchtlingskrise hat uns das Problem faktenarmer und meinungsreicher Berichterstattung deutlich vor Augen geführt. Während viele Experten meinten, alles sei gar nicht so schlimm, meinten andere, alles sei noch viel schlimmer. Aber die wichtigsten Fakten, also wer warum kam und wie gut die Neuankömmlinge gebildet waren, kannte 2015 noch niemand, sodass auch Experten kaum etwas Sinnvolles sagen konnten; die dazu notwendigen Daten waren einfach noch nicht vorhanden. Aus der entstehenden faktenarmen Meinungsfülle konnte sich jeder die Meinung herauspicken, die zu seiner Ideologie passte. Dadurch werden aus Ideologien unterschiedliche Wahrnehmungen der Realität. Einige konnten die Flüchtlingskrise für den Untergang des Abendlandes halten. Sie fanden genug Experten, die ihnen diese Sicht bestätigten. Andere sahen überhaupt kein Problem und fanden ebenfalls genug Experten, die ihnen recht gaben. Aber ohne die Fakten zu kennen, kann man nicht sagen, welche der beiden Meinungen inwiefern richtiger ist – und so kam es, dass die beiden Seiten sich wahlweise des Gutmenschentums oder der Ausländerfeindlichkeit bezichtigten. Wenn Fakten fehlen, wäre es deswegen besser, zunächst nichts zu schreiben und zu warten, bis jemand die reale Situation repräsentativ gemessen hat.

Glücklicherweise wissen viele Menschen heute schon, welche Medien sie aus genau diesem Grund am besten gar nicht erst nutzen sollten. Nur einer von zehn Deutschen bezeichnet Boulevardmedien oder soziale Netzwerke als glaubwürdig, weniger als 40 Prozent das Privatfernsehen.[6] Zeitungen gelten dahingegen nicht nur als glaubwürdiger. Wenn sie weniger auf Panikmache setzten, konnten sie sogar ihre Auflage steigern. Das beste Beispiel ist *Die Zeit*, die mit einer ausgewogenen Mischung aus guten und schlechten Nachrichten als einzige große deutsche Zeitung ihre Auflage erhöhen konnte. Und seit der Chefredakteur des Dänischen Rundfunks die Idee eines »konstruktiven Journalismus« präsentiert hat, versuchen viele Journalisten, Probleme nicht nur zu beschreiben, sondern auch Lösungen zu präsentieren.[7] Für gewinnorientierte Medien ist dabei vielleicht am wichtigsten, dass der Dänische Rundfunk damit zugleich seine Quoten steigern konnte. Dessen Chef meint: »Die Leute waren es leid, wie wir früher die Welt dargestellt haben, und sind zurückgekommen, weil unsere Arbeit jetzt mehr Sinn macht für sie.«[8] Dabei geht es weder darum, zu beschwichtigen, noch, zu dramatisieren, sondern auch über Lösungen und positive Entwicklungen zu berichten, da es de facto nicht nur Probleme gibt.

## Was kann die Politik tun?

Nicht nur einige Journalisten, auch viele Demagogen halten die schlechtesten Nachrichten für die besten. Denn wenn Menschen glauben, dass die Welt den Bach runtergeht, haben sie immer wieder nach starken Führern gesucht, die versprechen, die Welt wieder in Ordnung zu bringen. Was kann die Politik also tun, damit die nächste Angstwelle nicht den nächsten starken Führer an die Macht spült? Bisher sind viele Politiker eher Teil des Problems als Teil der Lösung. Denn immer wieder sagen sie, man müsse die Ängste der Menschen ernst nehmen. Aber muss man das wirklich?

Wenn ein Freund Angst vor der Dunkelheit hat, müssen Sie das natürlich irgendwie ernst nehmen. Es wäre nicht nett, ihn in einen dunklen Raum einzuschließen. Das ändert jedoch nichts daran, dass diese Angst irrational ist. Und wenn einer Angst keine reale Gefahr gegenübersteht, sollte man versuchen, darüber aufzuklären, statt die

Angst noch zu bedienen. Wer Angst vor Terrorismus hat, dem kann man vorrechnen, dass selbst am Tag des Terroranschlags von Berlin ungefähr doppelt so viele Deutsche durch Haushaltsunfälle umgekommen sind.[9] Wer meint, die Welt werde immer schlechter, dem kann man mittlerweile mit Daten belegen, dass dies in fast jeder Hinsicht schlicht und einfach falsch ist. Aber es geht nicht nur darum, aufzuklären, was gut läuft. Wichtig ist auch, übertriebenen Erwartungen vorzubeugen.

So sind beispielsweise die Zeiten fetten Wirtschaftswachstums erst mal vorbei. Durch neue Erfindungen ist die Landwirtschafts- und Industrieproduktivität bis in die 1970er Jahre phänomenal gestiegen. Ein typischer Industriearbeiter produziert heute 3,5-mal so viel wie ein Industriearbeiter im Jahr 1950. Doch genau deswegen bieten Landwirtschaft und Industrie heute kaum noch Arbeitsplätze. Im Dienstleistungssektor ist es viel schwieriger, mit Innovationen die Produktivität zu erhöhen. Die Produktivität von Lehrern, Krankenpflegern oder Taxifahrern kann schwerer verdoppelt werden als die von Bauern oder Industriearbeitern. Auch hatten die Erfindungen der letzten Jahrzehnte, vor allem Computer, Internet und Smartphone, nicht dieselbe Eingriffstiefe in das Leben von Menschen wie Eisenbahn, Elektrizität oder fließendes Wasser vorher. In den 50 Jahren von 1890 bis 1940 hat sich das Leben technologisch stärker verändert als in der Zeitspanne von 1970 bis 2018. Weil technologische Innovationen ausbleiben, die riesige Investitionen benötigen, sprechen Ökonomen wie Robert Gordon, Larry Summers und Ben Bernanke von einer *savings glut*, einer Sparschwemme: Viele Menschen haben Geld gespart und möchten Zinsen dafür. Doch niemand hat eine Investitionsmöglichkeit für das ganze Geld. Darum ist nicht nur der Zins niedrig, sondern auch das Wirtschaftswachstum. Viele Ökonomen meinen, entwickelte Länder könnten deswegen auf absehbare Zeit nur ungefähr ein Prozent reales Wirtschaftswachstum erwarten.[10] Aber auch hier gilt: In die Zukunft sehen kann niemand. Vielleicht tüftelt gerade jemand an der nächsten großen Erfindung.

Eine Lösungsmöglichkeit für den Investitionsstau wäre, die Reichen zu besteuern. Denn die finden heute keine Investitionsmöglichkeiten mehr für ihr Geld, weswegen sie es unproduktiverweise horten. Anders als Privatbürger könnte der Staat zusätzliches Geld durchaus sinnvoll investieren, indem er niedrig qualifizierte Arbeit günstiger macht und klimaneutrale Technologien, Kindergärten, Schulen und Universitäten finanziert. Doch nach allem, was Wirtschaftswissenschaftler heute annehmen, würde auch das die spektakulären Wachstumsraten der Vergangenheit nicht zurückbringen.

Die Politik sollte deswegen die Hoffnung auf die phänomenalen Wachstumsraten der Vergangenheit nicht anheizen. Sollten sie wiederkommen, kann man immer noch positiv überrascht sein, aber erwarten sollte man die Rückkehr spektakulären Wirtschaftswachstums angesichts des zurückgehenden Produktivitätswachstums nicht. Und ein reales Wachstum von einem Prozent, das viele Wirtschaftswissenschaftler prophezeien, ist in entwickelten Ländern nicht wirklich schlimm. Denn erstens verdoppelt es den Lebensstandard immer noch alle siebzig Jahre. Zweitens verliert das Wirtschaftswachstum an Bedeutung, wenn die wichtigsten materiellen Bedürfnisse schon gestillt sind. Wer Hunger hat, braucht dringend Wirtschaftswachstum. Wer sich zwischen Kartoffeln und Nudeln entscheiden muss, für den ist es schon weniger wichtig. Und wer zwischen Lachs und Rinderfilet wählt, dem bringt Wirtschaftswachstum kaum noch etwas. Drittens bedeutet ein Prozent dauerhaften Wirtschaftswachstums auch, dass die Lebenswelt der Menschen stabiler bleibt und nicht mehr so stark durcheinandergewürfelt wird, wie sie es durch die technologischen Umwälzungen der Vergangenheit wurde. Die Politik muss jedoch den Mut haben, Menschen ihre Angst vor niedrigem Wirtschaftswachstum zu nehmen, denn richtig gestaltet ist es nichts Negatives, sondern eher ganz gemütlich.

Etablierte Parteien sind jedoch strukturell kaum in der Lage, Menschen ihre Zukunftsangst zu nehmen: Konservative Parteien können es nicht, weil sie damit werben, die vermeintlich gute Vergangenheit gegenüber der schlechten Gegenwart zu bewahren. Würden sie argumentieren, die Vergangenheit sei schlechter als die Gegenwart, könnte man zurückfragen, warum es die Vergangenheit zu bewahren gilt. Doch konservative Parteien könnten ja durchaus weiterhin versprechen, das Beste aus der Vergangenheit zu bewahren. Dass manches gut war, bedeutet schließlich nicht, dass es nicht besser werden kann. Auch den linken Parteien steckt der Gegenwartspessimismus in den Genen. Denn wenn sie etwas Positives über die Gegenwart sagen, fürchten Sie, ihrem Projekt der zukünftigen Weltverbesserung den Saft abzudrehen. Linke Parteien könnten allerdings argumentieren, dass man nicht mit etwas aufhören sollte, nur weil es funktioniert. Wenn von konservativer Seite jedoch Angst vor Terror geschürt wird, um dann zu argumentieren, man müsse die Ängste der Menschen ernst nehmen, so darf man sich nicht wundern, wenn viele meinen, dass die etablierten Parteien den Ängsten der Menschen nicht gerecht werden. Und wenn die linken Parteien Wahlkampf damit machen, dass Deutschland zutiefst ungerecht ist, so trifft dies auf eine Realität, in der nur 10 Prozent der Deutschen ihre wirtschaftliche Lage als schlecht beurteilen und nur 22 Prozent von sich denken, überhaupt in der unteren Hälfte der Einkommensbezieher zu sein.

Anstatt selbst Teil des Problems zu sein, könnte die Politik einen realistischeren Blick auf die Realität befördern. Ein erster Schritt könnte beispielsweise die Ausschreibung eines Preises für faktenbasierte Berichterstattung sein. Der würde Journalisten bei ihrem Ehrgeiz packen und könnte einen Wettbewerb starten, bei dem die Medien versuchen, möglichst realitätsgetreu zu berichten. Für die Zuschauer würde der Preis klarmachen, wem sie vertrauen können.

Einen Schritt radikaler wäre die Umwandlung der GEZ-Gebühr in eine Flatrate für Qualitätsjournalismus. Jeder Haushalt könnte dann monatlich 17,50 Euro an Medienangebote vergeben, die er für gut recherchiert und faktenbasiert hält. Nachdem man einen Artikel gelesen oder einen Beitrag gesehen hat, könnte man einen »Pro Faktenjournalismus«-Button klicken und so viel von seinem monatlichen Budget vergeben, wie man möchte. Das wäre eine alternative Einnahmequelle für Medien, die durch Qualität konkurrieren. Ein solcher Schritt würde einen Markt schaffen, der Qualitätsjournalismus belohnt.

Wie oft Menschen den »Pro Faktenjournalismus«-Button geklickt hätten, könnte wiederum als Signal für faktenbasierte Berichterstattung dienen, die anderen Medienkonsumenten nützt. Wir bewerten ja auch Restaurants im Internet, sodass wir nicht mehr in das mit der hellsten Reklame, sondern in das mit den zufriedensten Gästen gehen können. Doch bisher gibt es keine Möglichkeit, guten Journalismus zu kennzeichnen. Warum sollte sich das nicht ändern?

Aber würden Menschen auch wirklich prämieren, was am besten recherchiert ist? Vielleicht würden sie den »Pro Faktenjournalismus«-Button auch bei Schwachsinn anklicken. Hindern könnte man sie daran nicht, es kann ja nicht um Zensur gehen. Aber warum nicht einen Vertrauensvorschuss geben? Menschen bewerten in der Regel ja auch nicht das Restaurant mit dem fettigsten Fast Food, sondern mit dem besten Angebot am besten. Warum sollten wir ihnen nicht auch zutrauen, das am besten recherchierte Medienangebot positiv zu bewerten? Schön wäre doch, wenn zumindest die Möglichkeit bestehen würde. Und wenn viele positiv bewerten, was andere weniger positiv finden, kann es zu Faktenchecks und nötigen Debatten über die Frage führen, was wir vom Journalismus eigentlich erwarten.

Die Politik kann zwar die Infrastruktur dafür schaffen. Doch letztlich kann sie nur Anstöße bieten, um das Verhalten der Nachrichtenkonsumenten, also unser Verhalten, zu ändern. Wir, die Konsumenten, sind es, die den faktenbasierten und nicht den einzelfallbasierten Journalismus nutzen müssen. Und das führt zu der letzten Frage: Was kann man selbst tun, um nicht mehr auf die Untergangspropheten hereinzufallen?

## Was kann man selber machen?

Umfragen zeigen, dass viele Deutsche sich den negativen Nachrichten hilflos ausgesetzt fühlen, weil »in vielen Fragen kein Kontextwissen bestehe, das als Vergleichsfolie für mediale Deutungsangebote fungieren könne«.[11] Das ist für Sie jetzt anders. Sie kennen nun die wichtigsten statistischen Daten zur Veränderung der Lebensqualität in Deutschland und der Welt. Vielleicht sind Sie dennoch nicht optimistischer geworden. Das ist sogar zu erwarten. Denn unsere Gefühle reagieren kaum auf Statistiken. Josef Stalin wird der Satz zugeschrieben, der Tod eines Mannes sei eine Tragödie, der Tod von Millionen nur eine Statistik. Was unser Bewusstsein angeht, hat er leider recht. Die Information, dass Kriegstote oder Hunger um 90 Prozent zurückgegangen sind, berührt uns weniger als ein dramatisches Einzelschicksal. Journalisten nutzen das, indem sie von schockierenden Einzelfällen erzählen, ohne etwas über den dahinterstehenden Trend zu verraten, der meistens Verbesserungen zeigt.[12] Daher sollten Sie sich klarmachen, dass in den Nachrichten präsentiertes Unglück per se nichts darüber aussagt, wie gut oder schlecht, gefährlich oder ungefährlich, lebenswert oder abscheulich die Welt ist. Eine schockierende Nachricht sagt nichts über einen größeren Trend aus und schon gar nicht über eine gesellschaftliche Krise. Ganz im Gegenteil, der Nachrichtenwert eines negativen Einzelfalls steigt sogar, wenn dieser angesichts eines positiven Trends zur Ausnahme wird und damit weniger erwartbar. Deswegen empfehle ich Ihnen erstens, zu jedem Einzelschicksal, von dem Sie in den Medien hören und das Sie nicht loslässt, selbst zu recherchieren und es in einen größeren Kontext zu setzen. Das ist nicht kompliziert, Sie können Seiten wie *gapminder.org*, hinter der eine schwedische Stiftung steht, oder *ourworldindata.org* der University of Oxford nutzen; beide Webseiten sind äußerst einfach zu bedienen und klären über die wichtigsten Fakten zur Menschheitsentwicklung auf. Wenn Sie dabei herausfinden, dass das traurige Einzelschicksal gar keines ist, sondern tatsächlich häufiger auftritt, gibt es wirklich ein Problem. Ansonsten können Sie getrost von Panikmache ausgehen. Sollte Letzteres öfter vorkommen, dann überdenken Sie doch, ob Sie das betreffende Medium weiterhin konsumieren wollen. Denn als Konsument können Sie für guten Journalismus sorgen. Es kann auch helfen, von tagesaktuellen Medien auf wöchentliche oder monatliche umzusteigen. Dann verpassen Sie am Dienstag zwar, was am Mittwoch schon wieder vergessen ist. Dafür bekommen Sie die Nachrichten, die auch ein paar Tage später noch relevant sind, und erfahren mehr über langfristige Trends statt über Einzelfälle.

Zweitens sollten Sie gegenüber vermeintlich großen Intellektuellen genauso skeptisch sein wie gegenüber Journalisten. Intellektuelle denken oft, dass sie über allen anderen stehen, weil sie besser sehen, wie verdorben unsere Welt ist. Wenn Philosophen wie John Gray deswegen allumfassende Aussagen machen wie jene, dass Fortschritt eine »Illusion [sei], die dem Herzen, nicht dem Verstand entspringt«,[13] dann lassen Sie sich nicht von irgendwelchen akademischen Titeln blenden, sondern fragen Sie lieber: Kann sich diese Aussage tatsächlich auf empirische, repräsentative und über die Zeit nachverfolgbare Daten stützen? Dabei werden Sie oft herausfinden: Nein, es handelt sich einfach um eine persönliche Meinung. So wie manche Leute Schokoladeneis lecker finden, finden manche, dass alles ganz furchtbar ist. Doch solch eine persönliche Meinung kann keinerlei Geltungsanspruch auf Wahrheit erheben, auch wenn sie aus dem Mund eines bekannten Philosophen kommt. Beurteilen Sie eine Aussage deswegen nie danach, von wem sie kommt, sondern mit welchen Daten sie belegt wird.

Wenn Ihnen das zu radikal erscheint, denken Sie daran, wie oft verschiedenste Untergangspropheten schon mit großem Gestus, schwieriger Sprache und wenigen Daten erklärt haben, wie der Westen oder gleich die ganze Welt verdammt sind: Arthur Schopenhauer,

Friedrich Nietzsche, Karl Marx, Oswald Spengler und John Gray haben mit ihren Prognosen Menschen immer wieder in Angst und Schrecken versetzt, obwohl ihre Diagnosen nichts als persönliche Ansichten waren, die mit empirischen Daten kaum zu belegen waren. Im 19. Jahrhundert sollten alle Arbeiter verarmen, Anfang des 20. Jahrhunderts der Westen untergehen, in den 1960ern Pestizide jeden Vierten umbringen, in den 70ern ein Großteil der Menschheit verhungern, in den 80ern saurer Regen den gesamten Wald absterben lassen und im Jahr 2000 Computer abstürzen und die Gesellschaft gleich mit. Nichts davon passierte, nichts. Man hätte diese Prognosen getrost ignorieren können, und alles, was man verpasst hätte, wäre lediglich unbegründete Zukunftsangst gewesen.

Machen Sie sich drittens klar, dass es ein ewiges Rennen zwischen unseren steigenden Ansprüchen und der realen Verbesserung gibt. Widerstehen Sie also der Versuchung, zu glauben, dass etwas früher besser war, nur weil es heute unseren moralischen Ansprüchen nicht mehr genügt. Denn es sind diese Ansprüche selbst, die gestiegen sind. Die vorherigen Kapitel haben beispielsweise gezeigt, dass wir messbar mehr Zeit mit unseren Kindern verbringen, während wir uns mehr Sorgen machen, zu wenig Zeit mit ihnen zu verbringen. Wir empören uns zunehmend über die Armut in Deutschland, vergessen dabei aber, dass wir mittlerweile jeden als arm ansehen, der weniger als 1064 Euro im Monat zur Verfügung hat. Wir beschweren uns aufgrund strengerer Grenzwerte über Luftverschmutzung, während die Luft tatsächlich sauberer wird. Wenn wir also vergessen, dass unsere Ansprüche gestiegen sind, und uns nur noch auffällt, wie die Welt diesen Ansprüchen nicht entspricht, dann kann jede Verbesserung wie eine Verschlechterung wirken. Überlegen Sie sich also bei jedem Problem, das Sie beschäftigt, ob es früher überhaupt als Problem durchgegangen wäre. Wenn nicht, spricht immer noch nichts dagegen, das Problem anzugehen; es hat nur nichts damit zu tun, dass die Welt schlechter wird.

Die Daten in diesem Buch sollen keine optimistische Apathie befördern, sondern ganz im Gegenteil persönliches Engagement. Denn wer kümmert sich stärker um die Verbesserung der Welt: Jemand, der glaubt, dass sowieso alles den Bach runtergeht? Oder jemand, der weiß, dass reale Fortschritte möglich sind? Letztlich liegt es an Ihnen. Sie können pessimistisch durch die Welt gehen oder sich auf die Zukunft freuen. Es stimmt, die Zukunft kann auch zur Hölle werden. Kurz vor dem Ersten Weltkrieg hätte man ebenfalls mit objektiven Daten belegen können, dass die Gegenwart besser ist, als es die Vergangenheit war. Aber für den Fall, dass die Welt morgen doch nicht untergeht, sollten wir das, was wir erreicht haben, nicht wegwerfen, sondern uns ruhig darüber freuen. Wir sollten weiterführen, was auch bisher dazu geführt hat, dass Menschen gebildeter, freier und zufriedener werden und seltener unter Hunger, Gewalt und Unterdrückung leiden. Denn wenn die Welt – wie in der Vergangenheit – besser geworden ist, dann nur, weil jemand sie besser gemacht hat. Vielleicht gehören Sie ja auch dazu. Ich hoffe jedenfalls, Ihnen gezeigt zu haben, dass sich solch ein Engagement lohnt. Denn der Glaube, dass das Leben in Deutschland oder der Welt früher besser war, ist eine kollektive Illusion. Schließlich zeigt sich ein Muster immer wieder: Pessimisten beherrschen die Schlagzeilen, Optimisten behalten recht.

# Anmerkungen

1 Hans Rosling et al., *Factfulness. Wie wir lernen, die Welt so zu sehen, wie sie wirklich ist*, Berlin 2018, S. 66; Martijn Lampert/Panos Papadongonas, *Glocalities: Think Global, Act Local*, Amsterdam 2016, S. 8. Für eine ausführliche Literaturliste dieses Buchs siehe http://www.beneventobooks.com/produkt/warum-es-uns-noch-nie-so-gut-ging-und-wir-trotzdem-standig-von-krisen-reden-2/.
2 Rosling, *Factfulness*, S. 320–326; Renate Köcher, *Beunruhigt, aber gefasst*, http://www.ifd-allensbach.de/uploads/tx_reportsndocs/FAZ_August_01.pdf; https://yougov.de/news/2016/01/06/chinesen-glauben-am-ehesten-dass-die-welt-besser-w/.
3 Rosling, *Factfulness*, S. 19.
4 Siehe als klassische Studie zu diesem Phänomen des »rosy views« Mitchell et al., »Temporal Adjustments in the Evaluation of Events: The ›Rosy View‹«, in: *Journal of Experimental Social Psychology* 33/1997, S. 421–448.
5 Robert I. Sutton, »Feelings about a Disneyland Visit«, in: *Journal of Management Inquiry* 1/1992, S. 278–287; T. Mitchell/Leigh Thompson, »A Theory of Temporal Adjustments of the Evaluation of Events: Rosy Prospection & Rosy Retrospection«, in: Stubbart et al. (Hrsg.), *Advances in Managerial Cognition and Organizational Information Processing*, Greenwich 1994, S. 85–114; Mitchell, Temporal Adjustments.
6 Daniel Kahneman/Amos Tversky, »Prospect Theory: An Analysis of Decision under Risk«, in: *Econometrica* 47/1979, S. 263–291; Paul Rozin/Edward B. Royzman, »Negativity Bias, Negativity Dominance, and Contagion«, in: *Personality and Social Psychology Review* 5/2001, S. 296–320; John Mordechai Gottman/Nan Silver, *What Makes Love Last? How to Build Trust and Avoid Betrayal*, New York 2012; Benjamin E. Hilbig, »Sad, thus True: Negativity bias in Judgments of Truth«, in: *Journal of Experimental Social Psychology* 45/2009, S. 983–986.
7 Paul Slovic et al., »Facts Versus Fears: Understanding Perceived Risk«, in: Tversky et al. (Hrsg.), *Judgment under Uncertainty: Heuristics and Biases*, Cambridge 1982, S. 463–490: 465f.
8 Amos Tversky/Daniel Kahneman, »Availability: A Heuristic For Judging Frequency And Probability«, in: *Cognitive Psychology* 5/1973, S. 207–232; Elisabeth Engelberg/Lennart Sjöberg, »Perceived Reality of Visually Mediated Hazards and Beliefs about Risk«, in: *Applied Cognitive Psychology* 19/2005, S. 899–912.
9 Rosling, *Factfulness*, S. 255.
10 Vgl. für das Gesetz Gustav Theodor Fechner, *Elemente der Psychophysik*, Leipzig 1860, S. 200ff.; Ernst Heinrich Weber, *Die Lehre vom Tastsinne und Gemeingefühle auf Versuche gegründet*, Braunschweig 1851, S. 86ff.
11 Arthur Herman, *Propheten des Niedergangs. Der Endzeitmythos im westlichen Denken*, Berlin 1998, S. 135.
12 John Gray, »An Illusion with a Future«, in: *Daedalus* 133/2004, S. 10–17: 17;

ders., *Straw Dogs: Thoughts on Humans and other Animals*, London 2003.
13  Arthur Schopenhauer, *Die Welt als Wille und Vorstellung. 2 Bände*, Stuttgart 2008 [1819], S. 460 (I), 757 (II).
14  Karl Marx/Friedrich Engels, *Manifest der Kommunistischen Partei*, London 1848, http://de.wikisource.org/wiki/Manifest_der_Kommunistischen_Partei_%281848%29.
15  Stéphane Courtois, »Introduction: The Crimes of Communism«, in: Ders. et al. (Hrsg.), *The Black Book of Communism: Crimes, Terror, Repression*, Cambridge 1999, S. 1–31: 15.
16  Herman, *Propheten des Niedergangs*, S. 138f., 175; Max Nordau, *Entartung*, Berlin 1892.
17  Oswald Spengler, *Der Untergang des Abendlandes. Umrisse einer Morphologie der Weltgeschichte. Erster Band: Gestalt und Wirklichkeit*, München 1919, S. 136; Ders., *Der Mensch und die Technik. Beitrag zu einer Philosophie des Lebens*, München 1931, S. 87; Ders., *Der Untergang des Abendlandes. Umrisse einer Morphologie der Weltgeschichte. Zweiter Band: Welthistorische Perspektiven*, München 1922, S. 394f.
18  Herman, *Propheten des Niedergangs*, S. 307.
19  Martin Heidegger, *Einführung in die Metaphysik*, Tübingen 1953, S. 39.
20  Herman, *Propheten des Niedergangs*, S. 174f.
21  Rachel Carson, *Der stumme Frühling*, München 1963, S. 1f.
22  National Academy of Sciences, *The Life Sciences*, Washington, D.C. 1970, S. 432.
23  Rachel Carson in *Die Zeit*, 30.08.1963 und in dies., *Der stumme Frühling*, S. 19, 215ff.
24  So hat Carson sich beispielsweise auf Albert Schweitzer berufen und ihm nicht nur ihr Buch gewidmet, sondern sogar ein Zitat von Schweitzer vorangestellt: »Der Mensch hat die Fähigkeit, vorauszublicken und vorzusorgen, verloren. Er wird am Ende die Erde zerstören.« Damit erweckte sie den Eindruck, Schweitzer müsse ein Gegner von DDT sein. In seiner Autobiographie bezeichnete er die Nutzung von DDT jedoch als »Lichtblick« (zitiert nach J. Gordon Edwards, »DDT: A Case Study in Scientific Fraud«, in: *Journal of American Physicians and Surgeons* 9/2004, S. 83). Für eine systematische Aufstellung der Fehler und Manipulationsversuche von Rachel Carson vgl. Edwards, *The Lies of Rachel Carson*, http://www.21stcenturysciencetech.com/articles/summ02/Carson.html.
25  Norman E. Borlaug, »In Defence of DDT and other Pesticides«, in: *Pesticides* 8/1974, S. 15ff.; Tony Trewavas, »Environment: Carson No ›Beacon of Reason‹ on DDT«, in: *Nature* 486/2012, S. 473.
26  Erst im Jahr 2006 hat die Weltgesundheitsorganisation die Nutzung von DDT rehabilitiert und auch 5 Jahre später keinen negativen Einfluss von DDT auf die menschliche Gesundheit festgestellt, solange das Pestizid nicht vollkommen verantwortungslos genutzt wird. Vgl. WHO, »The Use of DDT in Malaria Vector Control«, in: *WHO Position Statement* 2011, S. 3.
27  William und Paul Paddock, *Famine, 1975! America's Decision: Who Will Survive?*, Boston 1967, S. 205, 61, 201f., 207.
28  Paul R. Ehrlich, *The Population Bomb*, New York 1968, S. xi, 3.
29  Ders./Anne H. Ehrlich, »The Population Bomb Revisited«, in: *The Electronic*

*Journal of Sustainable Development* 1/2009, S. 63–71: 68.
30 Donella H. Meadows et al., *The Limits to Growth: A Report for the Club of Rome's Project on the Predicament of Mankind*, New York 1972.
31 Selbst wenn man die damals bekannten Reserven verfünffache, so der Club of Rome, sei Gold im Jahr 2001 verbraucht und im Jahr 2022 dann Erdöl, Zink, Silber, Erdgas, Quecksilber und Kupfer. Vgl. für alle Vorhersagen Meadows, *Limits to Growth*, S. 56ff.
32 Daniel P. Moynihan, »The American Experiment«, in: *The Public Interest* 41/1975, S. 4–8: 5. Vgl. ebenfalls *Spiegel* 20.03.1972 und *Zeit* 17.03.1972.
33 Simon hatte aber auch etwas Glück: Bei anderen Rohstoffen und anderen Zeiträumen hätte Ehrlich gewonnen. Vgl. Katherine Kiel et al., »Luck or Skill? An Examination of the Ehrlich-Simon Bet«, in: *Ecological Economics* 69/2010, S. 1365–1367.
34 Meadows, *Limits to Growth*, S. 23.
35 *Spiegel* 16.11.1981, 23.11.1981, 30.11.1981, 14.02.1983, 09.01.1984; *Zeit* 19.10.1984.
36 Bernhard Ulrich, »The History and Possible Causes of Forest Decline in Central Europe, with Particular Attention to the German Situation«, in: *Environmental Reviews* 3/1995, S. 262–276: 270.
37 *Spiegel* 06.06.1994, 09.08.1999; *Zeit* 08.04.1998.
38 Gray, *Straw Dogs*, S. 14.
39 David L. Altheide, »Terrorism and the Politics of Fear«, in: *Cultural Studies ↔ Critical Methodologies* 6/2006, S. 415–439; Dawn Rothe/Stephen L. Muzzatti, »Enemies Everywhere: Terrorism, Moral Panic, and US Civil Society«, in: *Critical Criminology* 12/2004, S. 327–350; Ronald R. Krebs/Jennifer K. Lobasz, »Fixing the Meaning of 9/11: Hegemony, Coercion, and the Road to War in Iraq«, in: *Security Studies* 16/2007, S. 409–451; Louise Richardson, *Was Terroristen wollen. Die Ursachen der Gewalt und wie wir sie bekämpfen können*, Frankfurt a. M. 2007; IPPNW et al., *Casualty Figures after 10 Years of the »War on Terror« Iraq Afghanistan Pakistan*, 2015, http://www.ippnw.de/commonFiles/pdfs/Frieden/Body_Count_first_international_edition_2015_final.pdf>.
40 Gerd Gigerenzer, »Out of the Frying Pan into the Fire: Behavioral Reactions to Terrorist Attacks«, in: *Risk Analysis* 26/2006, S. 347–351: 350.
41 *Süddeutsche Zeitung* 20.12.2016; *Tagesspiegel* 26.12.2016.
42 In Deutschland gab es im Jahr 2015 9816 Todesfälle infolge häuslicher Unfälle. Vgl. Destatis, *Todesursachen in Deutschland. Fachserie 12, Reihe 4/2015. Gesundheit – Todesursachen in Deutschland*, Statistisches Bundesamt 2017, https://www.destatis.de/genesis?sequenz=statistikTabellen&selectionname=23211, S. 4. Legt man diese Zahl für 2016 ebenfalls zugrunde, kommt man auf 9816 / 26 = 377.
43 Dazu habe ich mit einem Webcrawler alle jemals in *Zeit* und *Spiegel* erschienenen Artikel in eine SQL-Datenbank eingeflechtet. Dies ermöglicht die Suche nach dem Vorhandensein bestimmter Wörter in diesen Artikeln. Es liegt nahe, dass Katastrophen stärker thematisiert werden, wenn das Wort »Katastrophe« öfter in den Medien vorkommt. Dabei kommt es weniger darauf an, was genau zu einem Thema geschrieben wird, sondern auf welche Themen überhaupt die

Aufmerksamkeit des Publikums gelenkt wird.
44 PRIO-UCDP-Datenbank, Archive *Zeit/Spiegel*.
45 Das können Sie mit Google Ngram testen. Probieren Sie es einmal aus! https://books.google.com/ngrams.
46 Die obere gepunktete Kurve zeigt, wie viele Menschen zu verschiedenen Zeiten mit weniger als 2 Dollar pro Tag in 1985er-Kaufkraft leben. Die untere gepunktete Linie zeigt, wie viel Prozent der Menschheit mit weniger als 1,9 Dollar pro Tag in 2011er-Kaufkraft leben. Absolute Armut wird von Bourguignon/Morrisson, »Inequality Among World Citizens: 1820–1992«, in: *American Economic Review* 92/2002, S. 727–744 als Anteil der Menschen gemessen, die mit weniger als 2 Dollar pro Tag in 1985er-Kaufkraft auskommen müssen (obere gepunktete Linie). Von der Weltbank wird der Anteil an Menschen in absoluter Armut gemessen als Anteil jener, die mit weniger als 1,9 Dollar pro Tag in Kaufkraft von 2011 auskommen muss. Keine der beiden Daten erstreckt sich über den gesamten Zeitraum, darum nutze ich beide, um die jeweiligen Trends klarzumachen.
47 Bourguignon/Morrisson, S. 731f.; Weltbank, 2016, *Mortality Rate, under-5 (per 1,000 live births)*, http://data.worldbank.org/indicator/SH.DYN.MORT?locations=AR, Archive *Zeit/Spiegel*.

**Geht unser Land den Bach runter? – Lebensqualität und Zufriedenheit in Deutschland**

1 Diese Daten stammen aus dem sogenannten Sozio-oekonomischen Panel (SOEP), das Jahr für Jahr über 10 000 Deutschen Hunderte Fragen stellt. Eine der Fragen ist, wie viel man verdient. Ich werde die Daten des SOEP in diesem Buch immer wieder nutzen, da sie seit 1984 zeigen, wie sich das Leben in Deutschland verändert hat.
2 SOEP v33.1, Daten von 2016.
3 Alexander Hagelüken, *Das gespaltene Land. Wie die Ungleichheit unsere Gesellschaft zerstört – und was die Politik ändern muss*, München 2017, S. 147.
4 Wobei das Sozio-oekonomische Panel Schwierigkeiten hat, die Superreichen aufzunehmen. Dafür hat es eine »Reichen«-Stichprobe aufgenommen. Nutzt man die Top World Incomes Database, um mit Steuerdaten zu berechnen, wie viel die Top 1 Prozent haben, kommt man auf ein durchschnittliches Bruttoeinkommen der Top 1 Prozent von 31 000 Euro im Monat, was ungefähr 16 000 Euro monatlich netto entspricht. Dabei handelt es sich dann allerdings auch nur um die Top 1 Prozent der Steuerzahler, die ja noch eine selektivere Gruppe als die Gesamtbevölkerung sind.
5 Deutsche Bundesbank, *Vermögen und Finanzen privater Haushalte in Deutschland: Ergebnisse der Vermögensbefragung 2014*. Monatsbericht, https://www.bundesbank.de/Redaktion/DE/Downloads/Veroeffentlichungen/Monatsberichte/2016/2016_03_monatsbericht.pdf?__blob=publicationFile (März 2016), S. 76.
6 http://www.stern.de/politik/deutschland/deutschland-und-die-luege-von-der-gerechtigkeit-7236330.html und https://www.jungewelt.de/2016/11-15/023.php.
7 Hagelüken, *Das gespaltene Land*, S. 121.

**Steigt unser Wohlstand?**
1 Dass wir schätzen können, wie wohlhabend Gesellschaften der letzten 2000 Jahre sind, verdanken wir dem englischen Wirtschaftshistoriker Angus Maddison. Der fand die Lebensbedingungen in seinem Geburtsort Newcastle-on-Tyne in den 1930er Jahren so deprimierend, dass er sein Leben der Frage widmete, warum manche Länder reich und andere arm sind. Doch ihm fehlten Daten, um diese Frage beantworten zu können. Niemand wusste, wie reich oder arm Länder eigentlich sind. Maddison hat darum in der Organisation für wirtschaftliche Zusammenarbeit und Entwicklung (OECD) dafür gesorgt, dass Länder überhaupt messen, wie viel sie pro Jahr produzieren. Doch das genügte ihm nicht. Er nutzte Statistiken und sogar historische Romane, Stillleben und Inventarlisten, um zu rekonstruieren, was Menschen in vergangenen Epochen besaßen. Umso weiter seine Schätzungen zurückgehen, umso ungenauer wurden sie jedoch. Nach Maddisons Tod im Jahr 2010 hat ein ganzes Heer an Forschern seine Daten auf eine realistischere Basis gestellt. Dadurch können wir nun auch für Deutschland rekonstruieren, wie viel pro Person jährlich zur Verfügung stand.
2 Dieser Maßstab, der sogenannte 1990-Dollar, hört sich erst einmal komisch an, ist aber notwendig, um Wohlstand zwischen Weltregionen und Zeiten vergleichen zu können. Um zu solchen Werten zu kommen, vergleicht man Güterpreise, beispielsweise den Brotpreis eines bestimmten Landes zu einer bestimmten Zeit mit dem Preis für Brot in den USA im Jahr 1990. Dadurch kann man umrechnen, wie viel lokales und historisches Einkommen nötig sind, um dieselben Güter, zum Beispiel eine bestimmte Menge Brot, in einem anderen Land und zu einer anderen Zeit zu kaufen. Kostete beispielsweise 1990 in den USA ein Pfund Brot 0,90 Dollar und kosten 453 Gramm vergleichbares Brot in Deutschland 1,50 Euro, so kann man davon ausgehen, dass die Kaufkraft eines Euros 2016 = 0,90/1,50 = 60 Prozent der Kaufkraft eines Dollars 1990 entspricht. Wiederholt man diese Berechnung mit verschiedenen Gütern (beispielsweise Eier, Häuser, Autos, Fahrräder usw.), so kann man Währungen in »Kaufkraftparitäten« umrechnen, die es ermöglichen, die Wertschöpfung unterschiedlicher Zeiten und Gesellschaften in US-Dollar von 1990 umzurechnen und damit zu vergleichen. Man muss sich natürlich vor Augen halten, dass solche Umrechnungen immer auch Schätzungen sind, die nur einen Anhaltspunkt liefern.
3 *Maddison Project Database*, http://www.ggdc.net/maddison/maddison-project/data/mpd_2013-01.xlsx, 2013; Jutta Bolt/Jan Luiten van Zanden, »The Maddison Project: Collaborative Research on Historical National Accounts«, in: *The Economic History Review* 67/2014, S. 627–651, http://dx.doi.org/10.1111/1468-0289.12032..
4 Fernand Braudel, *The Structures of Everyday Life: The Limits of the Possible (Civilization and Capitalism, 15th–18th Century, Bd. 1)*, London 1985, S. 73.
5 W. Robert Fogel, »Health, Nutrition, and Economic Growth«, in: *Economic Development and Cultural Change* 52/2004, S. 643–658: 652ff.
6 Thomas Rahlf, *Zeitreihendatensatz für Deutschland, 1834–2012.* ZA8603

Datenfile Köln 2015, http://www.gesis.org/histat/za8603.
7   John Gray, *False Dawn: The Delusions of Global Capitalism*, London 1998, S. 111.
8   Pim de Zwart et al., »Real Wages since 1820«, in: Zanden et al. (Hrsg.), *How Was Life? Global Well-Being Since 1820*, Paris 2014, S. 73–86: 75.
9   https://www.destatis.de/DE/ZahlenFakten/GesamtwirtschaftUmwelt/VerdiensteArbeitskosten/VerdiensteVerdienstunterschiede/Tabellen/Bruttomonatsverdienste.html, deflationiert nach Verbraucherpreisindex.
10  Robert J. Gordon, *The Rise and Fall of American Growth: The U.S. Standard of Living since the Civil War*, Princeton 2016.
11  Vgl. dazu Ridley, *The Rational Optimist: How Prosperity Evolves*, New York 2010, S. 36f.
12  Walter Roggenkamp, »Die Kieferkrankheiten Ludwigs XIV«, in: *zm* 10/1970, S. 517–520; Louis Bertrand, *Ludwig XIV. Eine Biographie*, Hamburg 2012 [1927], S. 299; Ridley, *The Rational Optimist*, Kapitel 1.
13  Bis 1990 Westdeutschland, ab 1990 Gesamtdeutschland. Quelle: SOEP-Daten v33.1, Daten bis 2016. Eigene Berechnungen. Deflationiert mit National income price index aus WID 2018.
14  Diese Berechnung beruht auf den SOEP-Daten.
15  Lawrence F. Katz/David H. Autor, »Changes in the Wage Structure and Earnings Inequality«, in: Ashenfelter/Card (Hrsg.), *Handbook of Labor Economics*, Amsterdam 1999, S. 1463–1555; Claudia Goldin/Lawrence F. Katz, *The Race between Education and Technology*, Cambridge 2008.
16  Zwar finden innerhalb der Gruppe derer, die eine schlechte Bildung haben, immer weniger Arbeit, doch gibt es immer weniger Menschen, die eine schlechte Bildung haben. Von denen, die 1980 zwischen 30 und 35 waren, hatte etwas über die Hälfte nur einen Hauptschul- oder gar keinen Schulabschluss und weniger als 20 Prozent hatten die Hochschulreife. Von Menschen, die 2010 zwischen 30 und 35 Jahre alt waren, hatten dahingegen 42 Prozent die Hochschulreife und nur 22 Prozent einen Hauptschul- oder gar keinen Schulabschluss. Innerhalb von 30 Jahren hat sich also in der Gruppe derselben Altersgruppe der Anteil an Menschen mit Hochschulreife mehr als verdoppelt und der Anteil an Menschen mit geringer Bildung mehr als halbiert (http://www.bpb.de/gesellschaft/kultur/zukunft-bildung/159282/welche-abschluesse-erreichten-schueler-frueher-und-heute).
17  Kathrin Fischer, *Generation Laminat. Mit uns beginnt der Abstieg … und was wir dagegen tun müssen*, München 2012, S. 10, 31, 34.
18  Hagelüken, *Das gespaltene Land*, S. 79.
19  Oliver Nachtwey, *Die Abstiegsgesellschaft. Über das Aufbegehren in der regressiven Moderne*, Berlin 2016, S. 140.
20  Ausgerechnet mit SOEP-Daten, als erwerbsfähiges Alter sehe ich das Alter von 25 bis 60.
21  Autorengruppe Bildungsberichterstattung, Bildung in Deutschland 2016. Ein indikatorengestützter Bericht mit einer Analyse zu Bildung und Migration, unter: https://www.bildungsbericht.de/de/datengrundlagen/resolveuid/44d45a5953e34f71a255521748c6c221, S. 135.

22 Christian Hohendanner et al., »Befristete Beschäftigung im öffentlichen Dienst. Entwicklung, Motive und rechtliche Umsetzung«, *IAB-Forschungsbericht 12/2015*, http://doku.iab.de/forschungsbericht/2015/fb1215.pdf, S. 43.
23 Nachtwey, *Abstiegsgesellschaft*, S. 121.
24 https://www.genesis.destatis.de/genesis/online;jsessionid=3A7B8795F2686A2DADDBA6108E6EE1C3.tomcat_GO_1_3?operation=previous&levelindex=2&levelid=1475012872953&step=2; https://www.destatis.de/DE/ZahlenFakten/GesellschaftStaat/BildungForschungKultur/BeruflicheBildung/Tabellen/AzubiRangliste.html.
25 Claudia Finke et al., »Verdienstunterschiede zwischen Männern und Frauen. Eine Ursachenanalyse auf Grundlage der Verdienststrukturerhebung 2014«, in: *Wista* 2/2017, S. 43–62: 59.
26 Destatis 2013, *Frauenverdienste – Männerverdienste: Wie groß ist der Abstand wirklich?*, https://www.destatis.de/DE/Publikationen/STATmagazin/Verdienste-Arbeitskosten/2013_03/PDF2013_03.pdf?__blob=publicationFile, S. 2.
27 Berta van Schoor/Susanne Seyda, »Die individuelle Perspektive. Die Zufriedenheit von Männern und Frauen mit Familie und Beruf«, in: Althammer et al. (Hrsg.), *Wie viel Familie verträgt die moderne Gesellschaft?*, München 2011, S. 23–42: 31.
28 Donald J. Treiman, *Occupational Prestige in Comparative Perspective*, New York 1977; Harry B. G. Ganzeboom/Donald J. Treiman, »Internationally Comparable Measures of Occupational Status for the 1988 International Standard Classification of Occupations«, in: *Social Science Research* 25/1996, S. 201–239; Bernd Wegener, »Gibt es Sozialprestige?«, in: *Zeitschrift für Soziologie* 14/1985, S. 209–235; Ders., »Concepts and Measurement of Prestige«, in: *Annual Review of Sociology* 18/1992, S. 253–280.
29 Martin Schröder, »How Working Hours Influence the Life Satisfaction of Childless Men and Women, Fathers and Mothers in Germany«, in: *Zeitschrift für Soziologie* 47/2018, S. 65–82; van Schoor/Seyda, *Die individuelle Perspektive*, S. 27.
30 van Schoor/Seyda, *Die individuelle Perspektive*, S. 36f.
31 Eigene Messungen mit dem SOEP, vgl. allerdings ebenfalls Gabriel Felbermayr et al., »Lebenszufriedenheit und ihre Verteilung in Deutschland: Eine Bestandsaufnahme«, in: *ifo Schnelldienst* 70/2017, S. 19–30: 25; van Schoor/Seyda, *Die individuelle Perspektive*, S. 25, 30.
32 Vgl. »Lange Zeitreihen« des Statistischen Bundesamtes, https://www.destatis.de/DE/ZahlenFakten/GesamtwirtschaftUmwelt/VerdiensteArbeitskosten/Verdienste Verdienstunterschiede/Tabellen/Bruttomonatsverdienste.html.
33 Barbara Vinken, *Die deutsche Mutter. Der lange Schatten eines Mythos*. Frankfurt a. M. 2001, S. 1.
34 http://www.spiegel.de/wirtschaft/soziales/armut-in-deutschland-das-risiko-steigt-wieder-obwohl-die-wirtschaft-laeuft-a-1112646.html; http://www.faz.net/agenturmeldungen/dpa/armut-trifft-in-westdeutschland-immer-mehr-menschen-14447679.html; http://www.der-paritaetische.de/presse/pressemeldungen/armutsbericht-2017-anstieg-der-armut-in-deutschland-auf-neuen-hoechststand-verbaende-beklagen-skanda/; https://www.destatis.de/DE/PresseService/Presse/Pressemitteilungen/2017/11/PD17_392_634.html;jsessionid=E3A1E-

50B1585625E335E34F8052DCBCD.InternetLive1
35 SOEP v33.1, Haushaltsnettoäquivalenzeinkommen angepasst an Kaufkraft des Jahres 2016.
36 Christoph Butterwegge, *Armut in einem reichen Land. Wie das Problem verharmlost und verdrängt wird*, Frankfurt a. M. 2016, S. 7, 22.

**Sind wir zufrieden mit unserem Einkommen?**
1 ALLBUS v12, gewichtet mit wghtptow. Alle Werte sind auf volle Zahlen gerundet, daher kann es sein, dass sich nicht alle Zahlen genau zu 100 zusammenaddieren. Für Jahre, in denen keine Umfrage durchgeführt wurde, habe ich die Daten interpoliert, das heißt, ich habe den Durchschnittswert aus den Nachbarjahren gebildet. Vorhanden sind immer die Jahre, die eingezeichnet sind, die restlichen Jahre sind interpoliert.
2 http://www.faz.net/aktuell/wirtschaft/arm-und-reich/mehr-als-40-prozent-der-deutschen-fuehlen-sich-zu-schlecht-bezahlt-14504823.html; http://www.focus.de/finanzen/karriere/studie-zum-gehalt-deutsche-fuehlen-sich-unterbezahlt_id_5502742.html; http://www.haygroup.com/de/press/details.aspx?id=46991.
3 Hagelüken, *Das gespaltene Land*, S. 112ff.
4 Dies habe ich mit den ALLBUS-Daten berechnet. Das Ergebnis bleibt fast unverändert, wenn ich Einkommen und Alter der Befragten kontrolliere.

**Was kann man gegen Ungleichheit tun?**
1 Ausgerechnet mit SOEP-Daten für eine Person am 5., am 50. und am 99. Einkommensperzentil, vgl. ebenfalls Stefan Bach et al., *Wer trägt die Steuerlast in Deutschland? Verteilungswirkungen des deutschen Steuer- und Transfersystems*, http://www.diw.de/documents/publikationen/73/diw_01.c.542120.de/diwkompakt_2016-114.pdf, S. 60.
2 Aus Facundo Alvaredo et al., *The World Top Incomes Database*, http://topincomes.g-mond.parisschoolofeconomics.eu/ (15.12.2016) geht hervor, dass das SOEP die obersten 0,1 Prozent der Einkommensbezieher nicht in ausreichendem Ausmaß sampelt. Die Einkommen der obersten 1 Prozent liegen um 60 Prozent höher als vom SOEP geschätzt. Vgl. dazu auch Charlotte Bartels/Carsten Schröder, *Zur Entwicklung von Top-Einkommen in Deutschland seit 2001*, https://www.diw.de/documents/publikationen/73/diw_01.c.523587.de/16-1-1.pdf, S. 7. Ich habe deswegen für die Abschätzung des Steueraufkommens die Einkommen der Top 1 Prozent mit 1,6 multipliziert. Da Studien für Deutschland eine Angebotselastizität des Steueraufkommens von 0,2 zeigen (vgl. Stefan Bach, »Kirchhof oder Hollande: Wie hoch soll der Spitzensteuersatz in Deutschland sein?«, in: *Vierteljahrshefte zur Wirtschaftsforschung* 82/2013, S. 77–99: 87f.), habe ich die Summe, die dabei herauskommt, um 20 Prozent verringert.
3 Vgl. für die Berechnung optimaler Spitzensteuersätze auch Bach, Kirchhof oder Hollande, S. 87f. sowie Johannes Hermle et al., »Ist die Antwort wirklich 42? Die Frage nach dem optimalen Spitzensteuersatz für Deutschland«, in: *IZA Standpunkte* 60/2013, S. 17. Für die IMF-Untersuchung siehe Ostry et al, *Redistribution, Inequality, and Growth*. IMF Staff Discussion Note 2014,

https://www.imf.org/external/pubs/ft/sdn/2014/sdn1402.pdf; zur Korrelation von Spitzensteuersätzen und Wirtschaftswachstum Thomas Piketty et al., »Optimal Taxation of Top Labor Incomes: A Tale of Three Elasticities«, in: *American Economic Journal: Economic Policy* 6/2014, S. 230–271: 256. Zur Grenze, ab welchem zusätzlichen Einkommen die Lebenszufriedenheit sich nicht mehr erhöht, siehe Keuschnigg/Wolbring, »Reich und zufrieden? Theorie und Empirie zur Beziehung von Wohlstand und Lebenszufriedenheit«, in: *Berliner Journal für Soziologie* 22/2012, S. 189–216; vgl. für die USA Daniel Kahneman/Angus Deaton, »High Income Improves Evaluation of Life but not Emotional Well-Being«, in: *Proceedings of the National Academy of Sciences* 107/2010, S. 16489–16493.

**Machen wir unsere Umwelt kaputt?**
1 Franz Joseph Dreyhaupt, *VDI-Lexikon Umwelttechnik*, Düsseldorf 1994, S. 1081.
2 Kees Klein Goldewijk, »Environmental Quality since 1820«, in: Zanden et al. (Hrsg.), *How Was Life? Global Well-Being Since 1820*, Paris 2014, S. 179–198: 188 für Schwefeldioxid. Daten direkt abrufbar unter http://dx.doi.rg/10.1787/888933097338 und http://dx.doi.org/10.1787/888933097414. Daten nach 2000 von Statista, konvertiert auf Pro-Kopf mit 82 Millionen Einwohnern. Kohlemissionen in $CO_2$-Emissionen konvertiert mit Faktor 3,67.
3 Umweltbundesamt 2009, *Entwicklung der Luftqualität in Deutschland*, Dessau-Roßlau: Umweltbundesamt, https://www.umweltbundesamt.de/sites/default/files/medien/publikation/long/3760.pdf, S. 3.
4 Daten sind basierend auf $NO_2$-Emissionen als $NO_2$ von 1990 bis 2015 (letzter Zeitpunkt) sowie basierend auf $PM_{2,5}$- und $PM_{10}$-Emissionen von 2000 bis 2015. Vgl. http://www.ceip.at/ms/ceip_home1/ceip_home/data_viewers/official_tableau/ und https://www.stateofglobalair.org/data sowie https://www.umweltbundesamt.de/daten/luft/feinstaub-belastung#textpart-1. Daten zu Todesfällen sind altersstandardisiert.
5 MAK-Kommission 2012, *Stickstoffdioxid [MAK Value Documentation in German Language, 2010]*, The MAK-Collection for Occupational Health and Safety, Bd. 49, https://onlinelibrary.wiley.com/doi/abs/10.1002/3527600418.mb1010244d0049.
6 http://www.deutschlandfunkkultur.de/vor-50-jahren-als-die-wasserqualitaet-zum-problem-wurde.984.de.html?dram:article_id=153423.
7 K. Banat et al., »Schwermetalle in Sedimenten von Donau, Rhein, Ems, Weser und Elbe im Bereich der Bundesrepublik Deutschland«, in: *Naturwissenschaften* 59/1972, S. 525–528: 527.
8 Ulrich Förstner/German Müller, *Auswirkungen von Schwermetallanreicherungen in Binnengewässern*, Berlin 1974, S. 159f. für die Belastungen von Fischen, S. 186 für die Warnung.
9 Karl-Geert Malle, »Wie schmutzig ist der Rhein?«, in: *Chemie in unserer Zeit* 12/1978, S. 111–122: 121.
10 http://www.dw.com/de/wie-deutsche-fl%C3%BCsse-wieder-sauber-wurden/a-17004305.
11 IKSR 2003, *Stromaufwärts. Bilanz Aktionsprogramm Rhein*, https://www.iksr.org/fileadmin/user_upload/DKDM/Dokumente/Fachberichte/DE/rp_De_0139.pdf,

S. 9, 20.
12 https://www.travelbook.de/ziele/seen/eu-bericht-wasserqualitaet-badestellen-deutschland-europa und https://www.focus.de/reisen/videos/badeplaetze-in-deutschland-mangelhafte-wasserqualitaet-an-diesen-fuenf-orten-sollten-sie-besser-nicht-baden_id_5578122.html.
13 European Environment Agency 2017, *Country Report. German Bathing Water Quality in 2016*, https://www.eea.europa.eu/ds_resolveuid/7f3532fec74741e8b-3cef5ce6edc0f60.
14 BMUB und UBA 2016, *Die Wasserrahmenrichtlinie – Deutschlands Gewässer 2015*, https://www.umweltbundesamt.de/sites/default/files/medien/1968/publikationen/final_broschure_wasserrahm_enrichtlinie_bf_112116.pdf, S. 14f., 18f.
15 http://www.wwf.de/themen-projekte/biologische-vielfalt/reichtum-der-natur/biodiversitaet-in-deutschland/; Bundesamt für Naturschutz, *Artenschutz-Report 2015. Tiere und Pflanzen in Deutschland*, https://www.bfn.de/fileadmin/BfN/presse/2015/Dokumente/Artenschutzreport_Download.pdf, S. 16.
16 Goldewijk, Environmental, S. 191.
17 Nachtwey, *Abstiegsgesellschaft*, S. 70.
18 Caspar A. Hallmann et al., »More than 75 Percent Decline over 27 Years in Total Flying Insect Biomass in Protected Areas«, in: *PLOS ONE* 12/2017, S. 14.

**Bedroht uns der Terrorismus?**
1 R+V-Infocenter 2017, *Unkalkulierbar und bedrohlich: Terror, Extremismus und Zuwanderung machen den Deutschen am meisten Angst*, https://www.ruv.de/static-files/ruvde/downloads/presse/aengste-der-deutschen-2017/ruv-aengste 2017-ergebnisse.pdf.
2 http://www.bento.de/gefuehle/angst-vor-attentat-psychologin-gibt-tipps-was-man-tun-kann-130159/.
3 Global Terrorism Database, Distribution 06.2017, die Zahlen für 2017 sind selbst recherchiert. Die Daten bis 1990 zeigen Westdeutschland, die Daten danach Gesamtdeutschland. Für Ostdeutschland sind kaum Terrorismustote ausgewiesen, deswegen ändert sich dadurch fast nichts.
4 Die Wahrscheinlichkeit im Jahr 2016, Opfer eines Terroranschlags zu werden, lag bei 26/82.000.000=0,00003171 Prozent, was eine Wahrscheinlichkeit von 99,999968 Prozent bedeutet, *nicht* Opfer eines Terroranschlags zu werden. Diese Zahl multipliziert sich mit jedem weiteren Jahr mit sich selbst. Nach 2,18 Millionen Jahren liegt die Chance, Opfer eines Terroranschlags zu werden, bei $0{,}99999968^{2180000} = 50$ Prozent.
5 Global Terrorism Database, Distribution 06.2017, Variable nkill, bis 1990 Westdeutschland, ab 1991 Gesamtdeutschland, für 2017 eigene Suche, für Verkehrsunfälle Destatis (2018).
6 http://www.heute.de/stauende-auf-der-autobahn-lebensgefahr-durch-auffahr-unfall-44848170.html.
7 Daten aus Gesundheitsberichterstattung des Bundes (getragen von RKI und Destatis), Kategorie »W65._.0 Ertrinken und Untergehen in der Badewanne: Zu Hause« alle Altersgruppen, Jahr 2015.

8 https://www.welt.de/debatte/kommentare/article160532506/Ueber-der-deutschen-Ruhe-schwebt-ein-Hauch-von-Fatalismus.html.
9 http://www.bento.de/gefuehle/terror-in-deutschland-warum-reagiere-ich-so-abgestumpft-und-kalt-1086723/#refsponi.
10 Richardson, *Was Terroristen wollen*; Max Abrahms, »What Terrorists Really Want: Terrorist Motives and Counterterrorism Strategy«, in: *International Security* 32/2008, S. 78–105; Simon Cottee/Keith Hayward, »Terrorist (E)motives: The Existential Attractions of Terrorism«, in: *Studies in Conflict & Terrorism* 34/2011, S. 963–986.

**Müssen wir Angst vor Kriminalität haben?**

1 Köcher, *Beunruhigt, aber gefasst*, S. 17; Dies., *Diffuse Ängste*, http://www.ifd-allensbach.de/uploads/tx_reportsndocs/FAZ_Februar016.pdf, S. 19; Allensbach, *Sicherheitsreport Bevölkerung 2016. Ergebnisse einer repräsentativen Umfrage*, https://www.telekom.com/resource/blob/440158/.../dl-sicherheitsreport2016-data.pdf, S. 8.
2 Vgl. Hagelüken, *Das gespaltene Land*, S. 127, sowie https://www.welt.de/politik/deutschland/article153930608/Mehr-als-500-Millionen-Euro-Schaden-durch-Einbrueche.html; http://www.spiegel.de/panorama/justiz/einbrueche-zahl-der-wohnungseinbrueche-steigt-erneut-stark-an-a-1084583.html; https://www.focus.de/politik/deutschland/gutes-leben-in-deutschland-bundesregierung-in-sorge-einbrueche-und-hassverbrechen-haben-deutlich-zugenommen_id_6112144.html.
3 Hier nimmt man an, dass die Polizei Verbrechen ungefähr in dem Maße verfolgt, wie sie tatsächlich vorkommen. Wie werden aber gleich sehen, warum dies keine unproblematische Annahme ist.
4 Rahlf (2015, Variablen x0437, x0438, x0431) bis 2011. Ab 2013 Amtliche Kriminalstatistik (pro 100 Einwohner).
5 Dietrich Oberwittler, »Kriminalstatistik: Lange Zeitreihen dokumentieren die Entwicklung von Verbrechen und Strafe«, in: *Informationsdienst Soziale Indikatoren* 55/2016, S. 1–6: 2; Peer Stolle, »Das (Un-)Sicherheitsgefühl – ein untauglicher Begründungszusammenhang für eine Politik der Inneren Sicherheit«, in: *Kritische Justiz* 44/2011, S. 16–24: 17.
6 Mathias Bug et al, »Regionale Kriminalitätsbelastung und Kriminalitätsfurcht: Befunde der WISIND-Studie«, in: *DIW Wochenbericht* 82/2015, S. 259–269.
7 Christoph Birkel, »Opfer einer Straftat werden nur wenige und das Risiko variiert mit dem Lebensstil«, in: *Informationsdienst Soziale Indikatoren* 55/2016, S. 11–16.
8 Rahlf (2015, Variable x0439) bis 2011. Ab 2013 Amtliche Kriminalstatistik (Mord und Totschlag, multipliziert mit Anteil erfolgreicher Mordversuche).
9 Manuel Eisner, »Long-Term Historical Trends in Violent Crime«, in: *Crime and Justice* 30/2003, S. 83–142: 99.
10 Norbert Elias, *Über den Prozess der Zivilisation: Soziogenetische und psychogenetische Untersuchungen*, Frankfurt a. M. 1976 [1939].
11 Thomas Hobbes, *Leviathan*, Oxford 2012 [1651]; Steven Pinker, *The Better Angels*

*of Our Nature: Why Violence Has Declined*, New York 2011.
12 Stolle, (Un-)Sicherheitsgefühl, S. 20.
13 Dietrich Oberwittler, »Kriminalität«, in: Steffen Mau (Hrsg.), *Handwörterbuch zur Gesellschaft Deutschlands*. Wiesbaden 2013, S. 477–491: 478.
14 Michael Windzio/Matthias Kleimann, »Die kriminelle Gesellschaft als mediale Konstruktion? Mediennutzung, Kriminalitätswahrnehmung und Einstellung zum Strafen«, in: *Soziale Welt* 57/2006, S. 193–215.
15 Bobby Duffy et al., »Closing the Gaps – Crime and Public Perceptions«, in: *International Review of Law, Computers & Technology* 22/2008, S. 17–44: 31.
16 Dietrich Oberwittler, *Gewaltkriminalität*: BPB, 2016, http://www.bpb.de/nachschlagen/zahlen-und-fakten/deutschland-in-daten/220345/gewaltkriminalitaet.

**Können wir all die Einwanderer verkraften?**
1 Jürgen Gerhards et al., *Einstellungen der BürgerInnen in Deutschland zur Aufnahme von Geflüchteten*, DIW Wochenbericht Nr. 21.2016, Berlin, http://hdl.handle.net/10419/141301, S. 467; http://www.gfk-verein.org/presse/sorge-um-zuwanderung-erreicht-hoechstwert.
2 Statistisches Bundesamt 2018, https://www.destatis.de/EN/FactsFigures/SocietyState/Population/Migration/Tables/MigrationTotal.html.
3 Michael A. Clemens, »Economics and Emigration: Trillion-Dollar Bills on the Sidewalk?«, in: *Journal of Economic Perspectives* 25/2011, S. 83–106: 84f.
4 David Card, »The Impact of the Mariel Boatlift on the Miami Labor Market«, in: *ILR Review* 43/1990, S. 245–257; George J. Borjas, »The Wage Impact of the Marielitos: A Reappraisal«, in: *ILR Review* 70/2017, S. 1077–1110; Sébastien Jean/Miguel Jiménez, »The Unemployment Impact of Immigration in OECD Countries«, in: *European Journal of Political Economy* 27/2011, S. 241–256.
5 Asylanträge laut BAMF (2018: 3), geteilt durch Bevölkerungszahl laut Statistischem Bundesamt 2018.
6 BAMF, *Aktuelle Zahlen zu Asyl*, Berlin 2018, http://www.bamf.de/SharedDocs/Anlagen/DE/Downloads/Infothek/Statistik/Asyl/aktuelle-zahlen-zu-asyl-maerz-2018.pdf?__blob=publicationFile, S. 8.
7 https://www.destatis.de/DE/ZahlenFakten/GesellschaftStaat/Soziales/Sozialleistungen/Asylbewerberleistungen/Tabellen/Tabellen_AusgabenEinnahmenEW.html.
8 https://www.bundesregierung.de/Content/DE/Lexikon/FAQ-Fluechtlings-Asylpolitik/2-was-bekommen-fluechtlinge/03-Leistungen.html.
9 Der Rest zu 100 Prozent besteht aus sonstigen Kategorien und Rundung. Das Bundesamt für Migration und Flüchtlinge fragt während der Asylantragstellung den Bildungsstand ab. Diese sogenannten »SoKo«-Daten (»Soziale Komponente«) geben Auskunft über ungefähr 75 Prozent der Flüchtlinge, die recht repräsentativ für die Flüchtlingspopulation zu sein scheinen. Die Daten müssen jedoch noch danach gewichtet werden, wer von diesen Bewerbern in Deutschland bleiben darf. So konnten beispielsweise 2016 98 Prozent aller Syrer in Deutschland bleiben, aber nur 0,4 Prozent der Albaner. Anna-Katharina Rich, *Asylantragsteller in Deutschland im Jahr 2015. Sozialstruktur, Qualifikationsniveau und Berufstätigkeit*, Ausgabe 3/2016 der Kurzanalysen des Forschungszentrums

Migration, Integration und Asyl des Bundesamtes für Migration und Flüchtlinge, Nürnberg, S. 9. Für die Bildungsdaten der Deutschen Bevölkerung siehe Krüger-Hemmer, »Bildungsbeteiligung, Bildungsniveau und Bildungsbudget«, in: BPB et al. (Hrsg.), *Datenreport 2016. Ein Sozialbericht für die Bundesrepublik Deutschland*, S. 79–101: 99. Weitere Daten kann man der IAB-BAMF-SOEP-Befragung der Geflüchteten entnehmen: Agnese Romiti et al., »Bildung und Sprache«, in: Brücker et al. (Hrsg.), *IAB-BAMF-SOEP-Befragung von Geflüchteten. Überblick und erste Ergebnisse. IAB-Forschungsbericht 14/2016*, Nürnberg 2016, S. 46–63: 58.

10 Herbert Brücker et al., *IAB-BAMF-SOEP-Befragung von Geflüchteten 2016: Studiendesign, Feldergebnisse sowie Analysen zu schulischer wie beruflicher Qualifikation, Sprachkenntnissen sowie kognitiven Potenzialen*, https://www.diw.de/documents/publikationen/73/diw_01.c.563710.de/diwkompakt_2017-123.pdf, S. 21.

11 Vgl. auch die Zahlen in Eric A. Hanushek/Ludger Woessmann, *Universal Basic Skills: What Countries Stand to Gain*, Paris 2015, S. 96ff.; Romiti, Bildung und Sprache, S. 60; Ehsan Vallizadeh et al., »Der Weg der Geflüchteten in den deutschen Arbeitsmarkt«, in: Brücker et al. (Hrsg.), *IAB-BAMF-SOEP-Befragung von Geflüchteten: Überblick und erste Ergebnisse. IAB-Forschungsbericht 14/2016*. Nürnberg 2016, S. 63–76.

12 Stefan Bach et al., *Abschätzung von Effekten der Integration von Flüchtlingen. Kurzexpertise für das Bundesministerium für Arbeit und Soziales*, https://www.diw.de/documents/publikationen/73/diw_01.c.550297.de/diwkompakt_2017-117.pdf, S. 2.

13 Ders. et al., *Fiskalische und gesamtwirtschaftliche Effekte. Investitionen in die Integration der Flüchtlinge lohnen sich*, https://www.diw.de/documents/publikationen/73/diw_01.c.550525.de/17-3-1.pdf>: 50; Vallizadeh, Weg der Geflüchteten, S. 68.

14 Jürgen Schupp et al., »Werte, Persönlichkeitsmerkmale, soziale Beziehungen und subjektives Wohlbefinden«, in: Brücker et al. (Hrsg.), *IAB-BAMF-SOEP-Befragung von Geflüchteten: Überblick und erste Ergebnisse. IAB-Forschungsbericht 14/2016*. Nürnberg 2016, S. 76–95, S. 78ff.

15 Forschungsgruppe Wahlen 2017, *Politbarometer Partielle Kumulation (1977–2015)*, GESIS Datenarchiv für Sozialwissenschaften.

16 Gerhards, Einstellungen der BürgerInnen, S. 467, 469ff.

**Wird die Gesellschaft kälter?**

1 Edward Banfield, *The Moral Basis of a Backward Society*, New York 1958, S. 25.
2 Robert Putnam, *Making Democracy Work. Civic Traditions in Modern Italy*, Princeton 1993.
3 Robert D. Putnam, *Bowling Alone: The Collapse and Revival of American Community*, New York 2000; Lawrence Harrison/Samuel Huntington (Hrsg.), *Culture Matters: How Values Shape Human Progress*, New York 2000.
4 Gray, *False Dawn*, S. 2.
5 https://www.augsburger-allgemeine.de/wertingen/sport/Fitnessstudio-oder-Verein-id28043357.html.

6 Rahlf, *Zeitreihendatensatz*. Von 1958 bis 1988 BRD/alte Bundesländer plus DDR/neue Bundesländer, ab 1991 vereinigtes Deutschland.
7 Mareike Alscher/Eckhard Priller, *Zivilgesellschaftliches Engagement*, Datenreport 2016. Ein Sozialbericht für die Bundesrepublik Deutschland, https://www.destatis.de/DE/Publikationen/Datenreport/Downloads/Datenreport 2016.pdf;jsessionid=B3A46A14E75F13A52A2619E2B1B4D779.cae3?__blob=-publicationFile, S. 384ff.
8 Die genaue Frage war: »Manche Leute sagen, dass man den meisten Menschen trauen kann. Andere meinen, dass man nicht vorsichtig genug sein kann im Umgang mit anderen Menschen. Was ist Ihre Meinung dazu?« Die restlichen Prozentpunkte entfielen auf »kommt darauf an« und sonstige Antworten, vgl. ALLBUS 2014.
9 Arlie Russell Hochschild, *Der 48-Stunden-Tag. Wege aus dem Dilemma berufstätiger Eltern*, München 1993; Nachtwey, *Abstiegsgesellschaft*, S. 165; http://www.faz.net/aktuell/gesellschaft/misstaende-an-deutschen-schulen-eine-lehrerin-berichtet-14871446.html?printPagedArticle=true#pageIndex_2; http://www.rp-online.de/panorama/deutschland/familien-brauchen-zeit-aid-1.6161451.
10 Die Zeit, die Eltern für Kinderbetreuung an Samstagen aufwenden, wird erst seit 1990 erfasst und entspricht jeweils fast genau der Zeit, die die verschiedenen Gruppen für Sonntage aufwenden. Darum habe ich sie hier weggelassen. Im Übrigen habe ich Kinderbetreuungszeiten von mehr als 16 Stunden pro Tag auf 16 Stunden begrenzt, da es unrealistisch erscheint, dass Eltern sich mehr als 16 Stunden pro Tag um ihre Kinder kümmern, schließlich müssen sie und nicht zuletzt ihre Kinder ja auch einmal schlafen. Die Ergebnisse sind davon jedoch auch nicht stark beeinflusst.
11 SOEP v33.1.
12 Giulia M. Dotti Sani/Judith Treas, »Educational Gradients in Parents' Child-Care Time Across Countries, 1965–2012«, in: *Journal of Marriage and Family* 78/2016, S. 1083–1096.
13 Empirische Studien zeigen sogar, dass Mütter, die meinen, ihre Kinder müssten im Mittelpunkt stehen, eine niedrigere Lebenszufriedenheit haben, vgl. Kathryn M. Rizzo et al., »Insight into the Parenthood Paradox: Mental Health Outcomes of Intensive Mothering«, in: *Journal of Child and Family Studies* 22/2013, S. 614–620: 618.
14 Kai-D. Bussmann, »Evaluating the Subtle Impact of a Ban on Corporal Punishment of Children in Germany«, in: *Child Abuse Review* 13/2014, S. 292–311: 296.
15 Daten aus dem SOEP. Da die Daten für Samstage nicht über den gesamten Zeitraum existieren, habe ich die wöchentliche Freizeit ausgerechnet, indem ich die Freizeit pro Wochentag mit 5,5 multipliziert habe und die Freizeit am Sonntag mit 1,5. Damit ergibt sich die Freizeit des Samstags zur Hälfte aus der Freizeit eines Wochentags und zur anderen Hälfte aus der Freizeit eines Sonntags. Dabei vergleiche ich die Daten von 2015 mit denen von 1984, da die Daten von 1984 zu 1985 stark abfallen, was dafür spricht, dass 1984 die Fragen nicht richtig beantwortet wurden.

16  Diese ergibt sich aus der Anzahl der jährlichen Scheidungen, geteilt durch die Anzahl der jährlichen Eheschließungen. Daraus kann man zwar nicht schließen, wie wahrscheinlich es ist, dass eine Ehe geschieden wird, es gibt aber Auskunft darüber, ob gesellschaftlich mehr Scheidungen oder Heiraten stattfinden. Dennoch muss man bei der Interpretation der Zahlen vorsichtig sein, denn wenn vorher weniger Leute geheiratet haben, können sich später nicht mehr so viel scheiden lassen. Die Daten stammen vom Statistischen Bundesamt 2018.
17  R. I. M. Dunbar, »Neocortex Size and Group Size in Primates: A Test of the Hypothesis«, in: *Journal of Human Evolution* 28/1995, S. 287–296: 274, 283; für verschiedenste Beispiele zu den Grenzen siehe ders., »Coevolution of Neocortical Size, Group Size and Language in Humans«, in: *Behavioral and Brain Sciences* 16/1993, S. 681–735; für eine Ableitung dieser Zahlen aus der Literatur siehe W.-X. Zhou et al., »Discrete Hierarchical Organization of Social Group Sizes«, in: *Proceedings of the Royal Society B: Biological Sciences* 272/2005, S. 439–444; für eine Anwendung auf Twitternutzer siehe Bruno Gonçalves et al, »Modeling Users' Activity on Twitter Networks: Validation of Dunbar's Number«, in: *PLOS ONE* 6/2011, e22656.
18  John F. Helliwell/Haifang Huang, »Comparing the Happiness Effects of Real and On-Line Friends«, in: *PLOS ONE* 8/2013, e72754.
19  1984 und 2015 sind jeweils das erste und letzte Jahr, für das wir Daten basierend auf dem Sozio-oekonomischen Panel haben.

**Sind wir zufrieden?**

1  Daniel Kahneman/Alan B. Krueger, »Developments in the Measurement of Subjective Well-Being«, in: *Journal of Economic Perspectives* 20/2006, S. 3–24: 8f. Richard Layard, *Die glückliche Gesellschaft. Kurswechsel für Politik und Wirtschaft*. Frankfurt a. M. 2005.
2  SOEP v33.1.
3  Auch die Streuung der Lebenszufriedenheit ist zurückgegangen. Die Deutschen sind sich also in ihrer Lebenszufriedenheit ähnlicher geworden. Lagen frühen ungefähr zwei Drittel aller Deutschen zwischen einem Wert von 5,3 und 9,6 (Bandbreite = 4,3), so liegen heute zwei Drittel zwischen 5,5 und 9,0 (Bandbreite = 3,5). Diese Ergebnisse decken sich mit den Ergebnissen bestehender Studien, beispielsweise Felbermayr, Lebenszufriedenheit.
4  Felbermayr, Lebenszufriedenheit, S. 24f.
5  Nachtwey, *Abstiegsgesellschaft*, S. 166.
6  Die Lebenszufriedenheitswerte sinken nicht, weil neue Menschen in die Umfrage aufgenommen wurden. Vielmehr sinkt die Lebenszufriedenheit eines typischen Befragten des Sozio-oekonomischen Panels tatsächlich mit den Jahren. Ich habe auch untersucht, ob das leichte Ansteigen der Unzufriedenheit auf eine bestimmte Gruppe begrenzt ist, wie Männer oder Frauen, Ost- oder Westdeutsche, Junge oder Alte usw. Dabei zeigt sich, dass kaum eine Gruppe vom Rückgang der Zufriedenheit ausgenommen ist. Nur Ostdeutsche und unter 40-Jährige sind davon ausgenommen.
7  Für die Daten von 1980 bis 2015 vgl. Destatis 2018. Für die Daten vor 1980 vgl.

WHO 2018, *Suicide, Age Adjusted, per 100 000 Standard Population*: Gapminder, http://www.who.int/healthinfo/mortality_data/en/.
8   http://www.sueddeutsche.de/panorama/suizid-in-deutschland-alle-minuten-ein-selbstmord-1.850885.
9   Destatis Genesis Datenbank 2018 für Sterberaten.
10  Der Krankenstand der Gesetzlichen Krankenkassen betrug 1993 4,7 Prozent, 2016 waren es 4,2 Prozent. Vgl. www.gbe-bund.de.
11  Vgl. beispielsweise auch Dunlap/Gallup/Gallup, »Of Global Concern: Results of the Health of the Planet Survey«, in: *Environment: Science and Policy for Sustainable Development* 35/1993, S. 7–39.

**Geht unser Wohlstand auf Kosten anderer?**
1   Gunnar Myrdal, *Asian Drama: An Inquiry into the Poverty of Nation*, New York 1968, S. 1444, 779, 934.
2   Die drei Länder ohne Wohlstandsanstieg sind Gambia, Japan und Libyen. Als Indikator habe ich GDP per capita (current US-Dollar) der Worldbank, *World Development Indicators* 2018 genommen und die Werte des Jahres 2000 mit den Durchschnittswerten 2014/15 verglichen.
3   The Maddison-Project (2013), Bolt (2014), internationale 1990 Geary–Khamis-Dollar.
4   Adam Smith, *An Inquiry into the Nature and Causes of the Wealth of Nations*, Oxford 1993 [1776], S. 21.
5   David Ricardo, *On the Principles of Political Economy and Taxation*, London 1817.
6   Zwart, Real Wages, S. 75.
7   James W. Vaupel et al., »It's Never Too Late«, in: *Science* 301/2003, S. 1679–1681.
8   Riley (2005: 538) seit 1775. Danach Daten der World Health Organization und der Weltbank, zusammengetragen in Roser (2016), https://ourworldindata.org.
9   Mithilfe von Skelettfunden, Grabsteinen und Mumien können Wissenschaftler recht genau rekonstruieren, wann Menschen früher verstorben sind. Außerdem wissen wir, dass Frauen historisch zwischen 0,03 und 0,05 Geburten pro Jahr hatten, was sehr viel ist. Aber die Weltbevölkerung ist bis zum Jahr 1600 kaum gewachsen. Bei einer so hohen Fertilität geht das nur, wenn das Leben der meisten Menschen endete, bevor sie selbst Leben in die Welt bringen konnten. E.A. Wrigley/R.S. Schofield, *The Population History of England 1541–1871*, Cambridge 1981; Samuel H. Preston, »Human Mortality Throughout History and Prehistory«, in: Simon (Hrsg.), *The State of Humanity*, London 1995, S. 30–36.
10  Angus Deaton, *The Great Escape: Health, Wealth, and the Origins of Inequality*, Princeton 2013, S. 61; James W. Vaupel, »Biodemography of Human Ageing«, in: *Nature* 464/2010, S. 536–542: 541.
11  Aaron Antonovsky, »Social Class, Life Expectancy and Overall Mortality«, in: *The Milbank Memorial Fund Quarterly* 45/1967, S. 31–73: 32.
12  Weltbank (2016).
13  Rosling, *Factfulness*, S. 32, 111ff.

14 United Nations, *The Millennium Development Goals Report 2015,* New York 2015, http://www.un.org/millenniumgoals/2015_MDG_Report/pdf/MDG%20 2015%20rev%20(July%201).pdf, S. 35.
15 Gray, *Straw Dogs,* S. 11.
16 Vgl. den Indikator Fertility rate, total (births per woman) in Worldbank, *World Development Indicators* 2018.
17 Erez Manela et al., »Smallpox Eradication and the Rise of Global Governance«, in: Ferguson et al. (Hrsg.), *The Shock of the Global: The 1970s in Perspective,* Cambridge 2010, S. 251–262: 251; David Koplow, *Smallpox: The Fight to Eradicate a Global Scourge,* Berkeley 2003, S. 1; Stefan Riedel, »Edward Jenner and the History of Smallpox and Vaccination«, in: *Proceedings of the National Academy of Sciences* 18/2005, S. 21–25; Frank Fenner et al., *Smallpox and its Eradication,* Genf 1988, S. VII.
18 UNICEF 2018, *Current Status + Progress,* https://data.unicef.org/topic/child-health/immunization/#.
19 CDC 2015, *Poliomyelitis. Epidemiology and Prevention of Vaccine-Preventable Diseases,* Washington, https://www.cdc.gov/vaccines/pubs/pinkbook/polio.html.
20 http://www.who.int/gho/neglected_diseases/dracunculiasis/en/.
21 United Nations, *Millennium Development Goals,* S. 6; WHO, *World Malaria Report 2016,* http://apps.who.int/iris/bitstream/10665/252038/1/9789241511711-eng.pdf, S. 40ff., 124; UNAIDS 2015, *How AIDS Changed Everything,* http://www.unaids.org/sites/default/files/media_asset/MDG6Report_en.pdf, S. 32.
22 UNAIDS 2017, *Global HIV Statistics,* http://www.unaids.org/sites/default/files/media_asset/UNAIDS_FactSheet_en.pdf, S. 6.
23 GBD 2016, *Global Burden of Disease Collaborative Network. Global Burden of Disease Study 2016,* http://ghdx.healthdata.org/gbd-results-tool?params=gbd-api-2016-permalink/33f5b8c128e9f95849174271277229c4; https://ourworldindata.org/smoking/.
24 J. P. Griffin, »Changing Life Expectancy throughout History«, in: *Journal of the Royal Society of Medicine* 101/2008, S. 577.
25 Vgl. die Gini Koeffizienten in Sam Peltzman, »Mortality Inequality«, in: *Journal of Economic Perspectives* 23/2009, S. 175–190: 180; vgl. ebenfalls Antonovsky, Social Class; Vaupel, Biodemography of Human Ageing, S. 541; Hagelüken, *Das gespaltene Land,* S. 59.
26 Xiao Dong et al., »Evidence for a Limit to Human Lifespan«, in: *Nature* 538/2016, S. 257–259.
27 Jim Oeppen/James W. Vaupel, »Broken Limits to Life Expectancy«, in: *Science* 296/2002, S. 1029.
28 Vaupel, Biodemography of Human Ageing, S. 536.
29 Fogel, Health, Nutrition, and Economic Growth, S. 645. Das trifft allerdings umso weniger zu, je älter wir sind. Denn insofern die Lebenserwartung durch eine geringere Kindersterblichkeit ansteigt, führt sie vor allem zu gesunden Lebensjahren. Wenn aber die Lebenserwartung ansteigt, weil ältere Menschen noch älter werden, steigt auch der Anteil der ungesunden Lebensjahre. Vgl. Joshua A. Salomon et al., »Healthy Life Expectancy for 187 Countries,

1990–2010: A Systematic Analysis for the Global Burden Disease Study 2010«, in: *The Lancet* 380/2012, S. 2144–2162.
30 Hannelore Neuhauser et al., »Hypertension in Germany – Data from Seven Population-Based Epidemiological Studies (1994–2012)«, in: *Deutsches Ärzteblatt International* 113/2016, S. 809–815: 810, 812.
31 Dies., *Hoher Blutdruck: Ein Thema für alle*, GBE Kompakt. Zahlen und Trends aus der Gesundheitsberichterstattung des Bundes. Berlin 2015, https://www.rki.de/DE/Content/Gesundheitsmonitoring/Gesundheitsberichterstattung/GBEDownloadsK/2015_4_bluthochdruck.pdf?__blob=publicationFile, S. 4; vgl. ebenfalls H. Gilbert Welch et al., *Die Diagnosefalle. Wie Gesunde zu Kranken erklärt werden*. München 2013, S. 23ff.
32 Rahlf, *Zeitreihendatensatz*.
33 P. Grasgruber et al., »The Role of Nutrition and Genetics as Key Determinants of the Positive Height Trend«, in: *Economics & Human Biology* 15/2014, S. 81–100: 99.
34 Vaupel, It's Never Too Late.
35 Joerg Baten/Matthias Blum, »Growing Tall but Unequal: New Findings and New Background Evidence on Anthropometric Welfare in 156 Countries, 1810–1989«, in: *Economic History of Developing Regions* 27/2012, S. 66–85: 77.
36 Wenn Menschen so arm sind, dass sie überhaupt kein Geld haben, wird einfach berechnet, ob ihr Konsum umgerechnet 1,90 Dollar pro Tag entspricht. Wenn Sie sich einmal klarmachen wollen, was es bedeutet, mit einer bestimmten Summe an Geld pro Monat zu leben, schauen Sie sich auf https://www.gapminder.org/dollar-street/matrix eine Dokumentation an, wie Familien in unterschiedlichen Ländern bei einem gegebenen Einkommenslevel essen und schlafen und was sie als nächstes kaufen wollen, von der Familie Butoyi, die in Burundi von 27 Dollar pro Monat lebt, bis zur Familie Sdambulyak, die in der Ukraine mit monatlich 10 090 Dollar lebt.
37 Für die Kategorie »absolut arm« legt die Weltbank zugrunde, mit wie wenig Geld man in den 15 ärmsten Ländern der Welt als arm gilt. Sie rechnet dann diese lokalen Armutsgrenzen in eine Währung um, mit der wir alle etwas anfangen können, den US-Dollar. Dabei stellt sie in Rechnung, dass man in armen Ländern für einen US-Dollar mehr kaufen kann als in den USA selbst. So kann man beispielsweise auf dem Währungsmarkt 7 chinesische Renminbi in ungefähr einen Dollar umtauschen. Doch in China bekommt man für 7 Renminbi fast doppelt so viel wie in den USA für einen Dollar, auch wenn beides auf dem Währungsmarkt gleich viel wert ist. Dies berücksichtigt die Weltbank, indem sie die Landeswährung in sogenannte Kaufkraftparitäten umrechnet, also nicht nach dem offiziellen Wechselkurs, sondern danach, wie viel das Geld in dem jeweiligen Land tatsächlich wert ist. Bekommt man in China beispielsweise für 7 Renminbi doppelt so viel wie in den USA für einen Dollar, rechnet man den Lebensstandard der Chinesen so um, dass man 3,5 Renminbi in einen Dollar konvertiert, auch wenn der Wechselkurs 7 zu 1 ist. Zudem stellt die Weltbank in Rechnung, dass jede Währung über die Zeit an Wert verliert, weswegen sie alles in den Wert umrechnet, den ein Dollar in den

USA zu einer bestimmten Zeit hatte. Diese nennt man dann 2011-Geary–Khamis-Dollar. Die Weltbank rechnet also lokale Einkommen in Dollarkaufkraft in den USA im Jahr 2011. Wer nach dieser Umrechnung seiner lokalen Währung weniger als 1,90 US-Dollar zur Verfügung hat, gilt also absolut arm. Absolut arm sind somit alle, die sich mit ihrem lokalen Einkommen nicht das leisten können, was in den USA im Jahr 2011 1,90 Dollar kosten würde. Mit 1,90 Dollar konnte man 2011 in den USA beispielsweise 615 Gramm Weißbrot, 288 Gramm Rinderhack, 1,32 Kilo Zucker oder 1,43 Kilo Kartoffeln kaufen. Eben so viel, dass man damit einen Tag seinen Kalorienbedarf decken kann.

38  Lampert/Papadongonas, *Glocalities*.
39  Bourguignon/Morrisson 2002 für die Daten von 1820 bis 1992; Weltbank 2016 für die Daten bis 2013; Cruz et al. 2015: 2 für die Datenprojektion 2015; für Hunger: United Nations 2015: 20.
40  Diese Definition extremer Armut wird von den Ökonomen Bourguignon und Morrisson genutzt. Mit einem Dollar in 1985er-Kaufkraft konnte man sich beispielsweise 823 Gramm Weißbrot, 265 Gramm Rinderhack, 1,26 Kilo Zucker oder 2,2 Kilo Kartoffeln kaufen. Am ehesten ist noch die untere der beiden linken Kurven (1 Dollar in 1985er-Kaufkraft) mit der rechten mittleren Kurve vergleichbar (1,9 Dollar in 2011er-Kaufkraft). Denn 1 Dollar 1985 hatte so viel Kaufkraft wie 2,09 Dollar 2011 (siehe http://data.worldbank.org/indicator/FP.CPI.TOTL?end=2011&locations=US&start=1985).
41  Die Kurve führt exakt die Kurve des Prozentanteils der Menschen weiter, die mit weniger als einem 1985er-Dollar täglich auskommen müssen. Das macht Sinn, denn die Kurven sollen ja dasselbe messen: Wie viele Menschen so wenig haben, dass sie Hunger leiden müssen. Doch dass 2015 zwar 13 Prozent der Menschheit unterernährt sind, aber nur 10 Prozent unter der absoluten Armutsschwelle der Weltbank, legt nahe, dass Letztere zu niedrig angesetzt ist. Zur Ernte: Wurden im Jahr 1961 noch 1,35 Tonnen Getreide pro Hektar Ackerland geerntet, so waren es im Jahr 2016 3,97 Tonnen. Vgl. FAO 2018, *FAOSTAT*: Food and Agricultural Organization of the United Nations, http://www.fao.org/faostat/en/#data/QC: Crops yield, world.
42  Maxim Pinkovskiy/Xavier Sala-i-Martin, »Parametric Estimations of the World Distribution of Income«, in: *National Bureau of Economic Research Working Paper Series* 2009, No. 15433, S. 64ff.
43  Fogel, Health, Nutrition, and Economic Growth, S. 644.
44  Stephen S. Lim et al., »A Comparative Risk Assessment of Burden of Disease and Injury Attributable to 67 Risk Factors and Risk Factor Clusters in 21 Regions, 1990–2010: A Systematic Analysis for the Global Burden of Disease Study 2010«, in: *The Lancet* 380/2012, S. 2224–2260: 2244f.
45  Pinkovskiy/Sala-i-Martin, Parametric Estimations, S. 64f.; Dies., »Africa is on Time«, in: *Journal of Economic Growth* 19/2014, S. 311–338: 335; United Nations, *Millennium Development Goals*, S. 58, 60f.
46  http://www.spiegel.de/politik/ausland/g20-gipfel-in-hamburg-merkel-plan-zu-afrika-mit-hintergedanken-a-1155875.html.
47  Gapminder 2014: Gapminder. The Ignorance Project. Ignorance Survey:

Germany. August 2014, S. 8; UNICEF, 2018: *Current Status + Progress.*
48 https://www.oxfam.de/presse/pressemitteilungen/2016-09-22-99-prozent-deutschen-unterschaetzen-erfolge-armutsbekaempfung.
49 Deaton, *Great Escape*, S. 14.
50 Daron Acemoglu/James A. Robinson, *Why Nations Fail: The Origins of Power, Prosperity and Poverty*, New York 2012.
51 United Nations, *Millennium Development Goals*, S. 67.
52 Vgl. Worldbank, *World Development Indicators* 2018: Tariff rate, applied, simple mean, all products (%), World.
53 United Nations, *Millennium Development Goals*, S. 62ff.; Worldbank, *World Development Indicators* 2018: Total debt service (% of GNI), heavily indebted poor countries.
54 Raghuram G. Rajan/Arvind Subramanian, »Aid and Growth: What Does the Cross-Country Evidence Really Show?«, in: *Review of Economics and Statistics* 90/2008, S. 643–665; Michael A. Clemens et al., »Counting Chickens when they Hatch: Timing and the Effects of Aid on Growth«, in: *The Economic Journal* 122/2012, S. 590–617.
55 Bourguignon/Morrisson, Inequality Among World Citizens, S. 728; Branko Milanovic, »Global Income Inequality in Numbers: In History and Now«, in: *Global Policy* 4/2013, S. 198–208, S. 204; Pinkovskiy/Sala-i-Martin, Parametric Estimations, S. 55.
56 Deaton, *Great Escape*, Kapitel »Global Growth«; François Bourguignon, »Inequality and Globalization«, in: *Foreign Affairs* 95/2016, S. 11–15: 11; vgl. Kishore Mahbubani, *The Great Convergence: Asia, the West, and the Logic of One World*, New York 2013.
57 Daten aus Alvaredo et al., 2018: 51, http://wid.world/static/data-for-figures-and-tables.zip Datei C2.1xlsx, Tabelle F2.1.4.
58 Vgl. diese Daten mit denen von Lakner und Milanovic, »Global Income Distribution: From the Fall of the Berlin Wall to the Great Recession«, in: *The World Bank Economic Review* 30/2016, S. 203–232.
59 Lant Pritchett, »Divergence, Big Time«, in: *The Journal of Economic Perspectives* 11/1997, S. 3–17: 15.
60 Rosling, *Factfulness*, S. 47–52.
61 Auf http://www.globalrichlist.com/ können Sie selbst schauen, in welchem Perzentil Sie stehen.
62 Marx/Engels, *Kommunistisches Manifest*; Karl Marx, *Das Kapital*, 1867; Thomas Piketty, *Capital in the Twenty-First Century*, Cambridge 2014.
63 Katz/Autor, Changes in the Wage Structure; Goldin/Katz, *The Race*; Facundo Alvaredo et al., *World Wealth and Income Database*, http://www.wid.world (22.11.2016).
64 Vgl. Alvaredo, *World* Wealth, Variable »Top1incomeshare«.
65 Kahneman/Deaton, High Income; Keuschnigg/Wolbring, Reich und zufrieden?.
66 Ostry, *Redistribution*, S. 26; Emmanuel Saez et al., »The Elasticity of Taxable Income with Respect to Marginal Tax Rates: A Critical Review«, in: *Journal of Economic Literature* 50/2012, S. 3–50: 43; Bach, Kirchhof oder Hollande;

Hermle, Ist die Antwort wirklich 42?, S. 13.
67  Ein eher moderater Anstieg zeigt sich ebenfalls, wenn man sich anschaut, wie viel mal mehr die reichsten 20 Prozent der Haushalte gegenüber den ärmsten 20 Prozent haben. Und auch wenn man die Einkommen der reichsten 10 Prozent der Haushalte mit denen der untersten 50 Prozent vergleicht, ebenso in Bezug auf den Prozentanteil der Bevölkerung, der mit 60, 50 oder 40 Prozent des Medianeinkommens auskommen muss. Man kann auch den Gini Koeffizienten messen, der angibt, einen wie hohen Anteil der Nettoeinkommen man umverteilen müsste, um zu einer vollkommenen Gleichverteilung der Einkommen zu kommen. Der Gini Koeffizient ist also höher, wenn es mehr Ungleichheit gibt.
68  Vgl. Luxembourg Income Study.

**Geht unser Wohlstand auf Kosten der Natur?**
1  Philip J. Landrigan et al., »The Lancet Commission on Pollution and Health«, in: *The Lancet* 391/2018, S. 462–512: 470.
2  Gray, *Straw Dogs*, S. 11.
3  Goldewijk (2014: 186), Clio Infra Daten abrufbar unter http://dx.doi.org/10.1787/888933096084.
4  https://www.umweltbundesamt.de/daten/luft/luftschadstoff-emissionen-in-deutschland/schwefeldioxid-emissionen#textpart-1.
5  http://www.ceip.at/ms/ceip_home1/ceip_home/data_viewers/official_tableau/. Die Daten basieren auf $SO_x$-Emissionen als $SO_2$ für die EU 28 und Deutschland von 1990 bis 2015 (letzter Zeitpunkt). Für die USA siehe https://www.epa.gov/air-trends/sulfur-dioxide-trends.
6  http://www.ceip.at/ms/ceip_home1/ceip_home/data_viewers/official_tableau/ Daten sind basierend auf $NO_2$-Emissionen als $NO_2$ für die EU 28 von 1990 bis 2015 (letzter Zeitpunkt) sowie basierend auf $PM_{2,5}$- und $PM_{10}$-Emissionen von 2000 bis 2015.
7  Die Daten sind aus der Global Burden of Disease Study IHME 2016: *Global Burden of Disease Study 2015. Global Burden of Disease Study 2015*, Evaluation, http://vizhub.healthdata.org/gbd-compare/; IHME 2017: *Global Burden of Disease Study 2015. Global Burden of Disease Study 2016*, Evaluation, http://vizhub.healthdata.org/gbd-compare/, zusammengestellt in https://ourworldindata.org/air-pollution.
8  Jesús Crespo Cuaresma et al., »Economic Development and Forest Cover: Evidence from Satellite Data«, in: *Scientific Reports* 7/2017, S. 5.
9  WWF 2016: *Living Planet Report 2016. Risk and Resilience in a New Era*, http://awsassets.panda.org/downloads/lpr_living_planet_report_2016.pdf, S. 18; Gerardo Ceballos et al., »Biological Annihilation via the Ongoing Sixth Mass Extinction Signaled by Vertebrate Population Losses and Declines«, in: *Proceedings of the National Academy of Sciences* 114/2017, E6089–E6096: E6089, E6095.
10  Vgl. die Tabelle in Goldewijk, Environmental Quality, S. 190 und die ausführliche Beschreibung des GLOBIO 3 Modells in Alkemade et al., »GLOBIO3:

A Framework to Investigate Options for Reducing Global Terrestrial Biodiversity Loss«, in: *Ecosystems* 12/2009, S. 374–390.
11 Rodolfo Dirzo et al., »Defaunation in the Anthropocene«, in: *Science* 345/2014, S. 401–406, Table S1 im Online Annex.
12 Vgl. für die Studie Magurran et al., »Divergent Biodiversity Change within Ecosystems«, in: *Proceedings of the National Academy of Sciences* 115/2018, S. 1843–1847; vgl. auch den Kommentar dazu: Yoccoz/Ellingsen/Tveraa, »Biodiversity May Wax or Wane Depending on Metrics or Taxa«, in: *Proceedings of the National Academy of Sciences*, 115/2018. Vgl. für die Überschätzung der Extinktionsraten aus lokalen Populationen He/Hubbell, »Species–Area Relationships always Overestimate Extinction Rates from Habitat Loss«, in: *Nature* 473/2011, S. 368.
13 Tim Newbold et al., »Has Land Use Pushed Terrestrial Biodiversity beyond the Planetary Boundary? A Global Assessment«, in: *Science* 353/2016, S. 288–291: 291.
14 Vgl. für die Science-Studie Dornelas et al., »Assemblage Time Series Reveal Biodiversity Change but Not Systematic Loss«, in: *Science* 344/2014, S. 296–299; vgl. für Umdenken von Biodiversitätsforschern Vellend, »The Biodiversity Conservation Paradox«, in: *American Scientist* 105/2017, S. 94–101.
15 Worldbank, *World Development Indicators* 2018, Terrestrial protected areas as % of total land area, 1990–2016.
16 Daten aus Roser (2018), basierend auf Marland/Boden/Andres (2016).
17 Gray, *Straw Dogs*, S. 9.
18 William R. L. Anderegg et al., »Expert Credibility in Climate Change«, in: *Proceedings of the National Academy of Sciences* 107/2010, S. 12107–12109.
19 IPCC, *Climate Change 2014 Synthesis Report. Summary for Policymakers*, https://www.ipcc.ch/pdf/assessment-report/ar5/syr/AR5_SYR_FINAL_SPM.pdf, S. 4; Cook John et al., »Consensus on Consensus: A Synthesis of Consensus Estimates on Human-Caused Global Warming«, in: *Environmental Research Letters* 11/2016.
20 IPCC, »Summary for Policymakers«, in: Barros et al. (Hrsg.), *Climate Change 2014: Impacts, Adaptation, and Vulnerability. Part B: Regional Aspects. Contribution of Working Group II to the Fifth Assessment Report of the Intergovernmental Panel of Climate Change,* Cambridge 2014, S. 12f.
21 R. S. Kovats et al., »Europe«, in: Barros et al. (Hrsg.), *Climate Change 2014: Impacts, Adaptation, and Vulnerability. Part B: Regional Aspects. Contribution of Working Group II to the Fifth Assessment Report of the Intergovernmental Panel of Climate Change,* Cambridge 2014, S. 1267–1326: 1276; IPCC, *Climate Change 2014.*
22 IPCC, Summary, S. 18, 22; Zaichun Zhu et al., »Greening of the Earth and its Drivers«, in: *Nature Climate Change* 6/2016, S. 791.
23 IPCC, *Climate Change 2014*, S. 20.
24 François Lafond et al., »How Well Do Experience Curves Predict Technological Progress? A Method for Making Distributional Forecasts«, in: *Technological Forecasting and Social Change* 128/2018, S. 104–117: 116; Christoph Kost et al.,

*Stromgestehungskosten. Erneuerbare Energien.* März 2018, https://www.ise.
fraunhofer.de/content/dam/ise/de/documents/publications/studies/DE2018_
ISE_Studie_Stromgestehungskosten_Erneuerbare_Energien.pdf, S. 2f.; IRENA
2018, *Renewable Power Generation Costs in 2017*, https://www.irena.org/-/
media/Files/IRENA/Agency/Publication/2018/Jan/IRENA_2017_Power_
Costs_2018.pdf, S. 14f., 18.

**Gibt es weltweit immer mehr Gewalt?**
1 Pinker, *Better Angels of Our Nature.*
2 Joerg Baten et al., »Personal Security since 1820«, in: Zanden et al. (Hrsg.), *How Was Life?,* S. 139–158: 143f.
3 Bis 1994 Eisner (2003: 99), ab 1994 Fink-Jensen 2016; Baten et al. 2014: 147; Worldbank 2018.
4 Pinker, *Better Angels of Our Nature*, S. 99.
5 Eisner, Violent Crime, S. 123, 128f.
6 Vgl. für den Begriff und die dahinterstehende Fabel John Lewis Gaddis, »The Long Peace: Elements of Stability in the Postwar International System«, in: *International Security* 10/1986, S. 99–142: 99f.
7 Für alle Zitate siehe Steven Pinker, *Enlightenment Now: The Case for Reason, Science, Humanism, and Progress*, New York 2018, Kapitel 19.
8 Pinker, *Better Angels of Our Nature*; Ausnahmen sind evtl. Südvietnam 1975 und Ungarn 1956, wenn man diese Fälle als interstaatliche Kriege und nicht als Bürgerkriege mit internationaler Beteiligung wertet.
9 Yuval Noah Harari, *Eine kurze Geschichte der Menschheit,* München 2013.
10 Es gibt ein paar Fälle, die man – bei viel gutem Willen – als demokratische Kriege verstehen kann, vgl. bspw. Pinker, *Better Angels of Our Nature*, S. 278–284. Eine etwas abgemilderte Variante dieses Gesetzes ist deswegen die These, dass Demokratien – genauso wie Länder, die mehr Handel treiben und in mehr internationalen Organisationen vertreten sind – mit extrem niedriger Wahrscheinlichkeit Krieg führen. Vgl. dazu John R. Oneal/Bruce Russett, »The Kantian Peace: The Pacific Benefits of Democracy, Interdependence, and International Organizations, 1885–1992«, in: *World Politics* 52/2011, S. 1–37.
11 Geoffrey Blainey, *The Causes of War,* London 1973, S. 3.
12 Immanuel Kant, *Zum ewigen Frieden. Ein philosophischer Entwurf*, Leipzig 1919 [1795], S. 14.
13 Gemessen mit Statista 2018: Ranking der 15 Länder mit den weltweit höchsten Militärausgaben im Jahr 2016 (in Milliarden US-Dollar). Darunter Demokratien: USA, Indien, Frankreich, Vereinigtes Königreich, Japan, Deutschland, Südkorea, Italien, Australien, Brasilien, Israel; keine Demokratien: China, Russland, Saudi-Arabien, Vereinigte Arabische Emirate.
14 Indikator Military expenditure (% of GDP) (MS.MIL.XPND.GD.ZS), Daten von SIPRI; Worldbank, *World Development Indicators* 2018.
15 Das Peace Research Institute Oslo (PRIO) hat von 1946 bis 2008 dokumentiert, wie viele Zivilisten und Soldaten durch militärische Zusammenstöße umgekommen sind, schließt aber Verluste aus, die im Gefolge solcher Zusammenstöße

entstehen können, z. B. durch Genozid, erhöhte Kriminalität, Hungersnöte oder Unruhen aufgrund von Hungersnöten. Vgl. Bethany Lacina/Nils Petter Gleditsch, »Monitoring Trends in Global Combat: A New Dataset of Battle Deaths«, in: *European Journal of Population / Revue européenne de Démographie* 21/2005, S. 145–166: 148f., 162. Ab 1989 hat das Uppsala Conflict Data Program (UCDP) diese Datenreihe weitergeführt, vgl. Therése Pettersson/Peter Wallensteen, »Armed Conflicts, 1946–2014«, in: *Journal of Peace Research* 52/2015, S. 536–550. Ich nutze für PRIO-Daten bis 2008 die konservative Schätzung und ersetze diese mit dem Mittelwert der niedrigsten und höchsten Schätzung für ein Jahr, wenn PRIO selbst keine Schätzung vorgenommen hat. Für die UCDP-Daten nutze ich dahingegen immer die höchste Schätzung und inkludiere ebenfalls unklare Fälle, sodass die Opferzahlen ab 2009 am oberen Rand der Schätzungen angesiedelt sein sollten.

16 Quelle: bdeadbes bzw. wenn nicht vorhanden (bdeadhig+bdeadlow)/2 aus PRIO-Datenbank 3.0 bis 2008. Ab 2009 bdhigh aus ucdp-brd-conf-50-2016.dta plus highfatalityestimate aus ucdp-onesided-14-2016.dta plus UCDP Webseite für 2016.

17 Wenn Sie staunen wollen, schauen Sie sich die kurze Doku *The Fallen of World War II* an, die die jährlichen Gefallenen des Zweiten Weltkriegs in Relation zu den späteren Kriegstoten setzt: http://www.fallen.io/ww2/.

18 2015 sind 123 000 Menschen in Kriegen gestorben. Zum Zeitpunkt der letzten verfügbaren Daten sind 2010 300 000 Menschen durch die gesundheitlichen Folgen gezuckerter Getränke gestorben, wie die Global Burden of Disease Study 2010 zeigt. Vgl. Lim, Comparative Risk Assessment, S. 2239.

19 bdeadbes bzw. wenn nicht vorhanden (bdeadhig+bdeadlow)/2 aus PRIO-Datenbank 3.0 bis 2008. Ab 2009 bdhigh aus ucdp-brd-conf-50-2016.dta plus highfatalityestimate aus ucdp-onesided-14-2016.dta plus UCDP Webseite für 2016. Alle Opferzahlen geteilt durch Weltbevölkerung 100 000 aus United Nations, 2015, *World Population Prospects: The 2015 Revision*. POP/DB/WPP/Rev.2015/POP/F01-1, Department of Economic and Social Affairs. Population Division. DVD Edition, https://esa.un.org/unpd/wpp/DVD/. Weltbevölkerung und UN Webseite für 2016. Daten von 1946 bis 1949 interpoliert aus Michael Kremer, »Population Growth and Technological Change: One Million B.C. to 1990«, in: *The Quarterly Journal of Economics* 108/1993, S. 681–716: 683, http://www.jstor.org/stable/2118405.

20 Dies basiert darauf, dass der Zweite Weltkrieg innerhalb von annähernd 6 Jahren circa 60 Millionen Opfer bei einer Weltbevölkerung von circa 2,3 Milliarden hatte. Dies bedeutet, in einem durchschnittlichen Jahr einen Opferanteil von 10.000.000/2.300.000.000 = 0,00435. Dies sind 435 von 100 000 Personen pro Jahr. Dies wiederum ist 18,4-mal so viel wie der höchste Opferanteil von 23,6 von 100 000 Personen im Jahr 1950. Multipliziert man die zehn Zentimeter mit 18,4, kommt man auf 184 Zentimeter.

21 Pinker, *Better Angels of Our Nature*, S. 195; Matthew White, *The Great Big Book of Horrible Things: The Definitive Chronicle of History's 100 Worst Atrocities*, New York 2012.

221

22 In diesen vorstaatlichen Gesellschaften kamen nach Zusammenstellungen jährlich 100 bis mehr als 1000 Menschen von 100 000 durch Gewalt um. Vgl. https://ourworldindata.org/ethnographic-and-archaeological-evidence-on-violent-deaths/. Der Zweite Weltkrieg brachte jedes Jahr 400 von 100 000 Menschen um.
23 Eine der beiden Studien zählt Kriegsflüchtlinge zu »Opfern«, was von späteren Studien als »Todesopfer« verstanden wurde, die andere Studie ist eine reine Schätzung, die zudem Opfer durch Hungersnöte miteinschließt. Adam Roberts, »Lives and Statistics: Are 90% of War Victims Civilians?«, in: *Survival* 52/2010, S. 115–136: 118f.
24 Siehe dazu die Daten und Fallstudien zur tschetschenischen Unabhängigkeitsbewegung, 9/11 und der ersten Intifada in Abrahms, »Why Terrorism Does Not Work«, in: *International Security* 31/2006, S. 42–78.
25 Beispielsweise gab es Terrororganisationen, die ein unabhängiges Armenien forderten. Mit dem Kollaps der Sowjetunion ergab sich dieses Ziel auch ohne Handeln der Terrororganisationen und sie lösten sich auf. Vgl. Seth G. Jones/Martin C. Libicki, *How Terrorist Groups End: Lessons for Countering Al Qa'ida.*, Santa Monica 2008, S. 15, 33. Eine Ausnahme dazu ist der Rückzug Spaniens aus dem Irak als Folge der Terrorangriffe auf spanische Züge. Davon abgesehen realisieren Terrororganisationen ihre Ziele nie, wenn sie Zivilisten angreifen – aus den oben genannten Gründen.
26 Stattdessen sind Terroristen in Terrororganisation, weil sie eine soziale Gemeinschaft sowie Aufregung, Sinn und Ruhm suchen. Vgl. Abrahms, What Terrorists Really Want, sowie Cottee/Hayward, Attractions of Terrorism.
27 Die Global Terrorism Database ist die umfangreichste Datenbank zu Terroranschlägen. Vergleiche die Beschreibungen der verschiedenen Datenbanken in Sheehan, »Assessing and Comparing Data Sources for Terrorism Research«, in: Lum/Kennedy (Hrsg.), *Evidence-Based Counterterrorism Policy,* New York 2012, S. 13–40.
28 Global Terrorism Database, Distribution 06.2017, Variable nkill.
29 Siehe dazu Gigerenzer, »Dread Risk, September 11, and Fatal Traffic Accidents«, in: *Psychological Science* 15/2004, S. 286–287; vgl. auch die Anwendung auf Madrid 2004 in López-Rousseau, »Avoiding the Death Risk of Avoiding a Dread Risk«, in: *Psychological Science* 16/2005, S. 426–428, sowie die Debatte zwischen Su et al., »Driving Under the Influence (of Stress)«, in: *Psychological Science* 20/2009, S. 59–65 und Gaissmaier/Gigerenzer, »9/11, Act II«, in: *Psychological Science* 23/2012, S. 1449–1454.

**Ist die Demokratie auf dem Rückzug?**
1 Colin Crouch, *Postdemokratie,* Frankfurt a. M. 2008; https://www.welt.de/welt_print/article1646722/Stirbt-die-Demokratie.html; http://www.spiegel.de/spiegel/vorab/bertelsmann-studie-sieht-demokratie-weltweit-in-gefahr-a-1079518;html; http://www.zeit.de/gesellschaft/2014-01/demokratie-studie-bertelsmann-proteste-arm-reich; http://www.deutschlandradiokultur.de/rechte-politische-stroemungen-ist-die-demokratie-am-ende.1270.de.html?dram:article_id=383367.

2   Dazu nutzt das Polity Project verschiedene Indikatoren für Länder über 500 000 Einwohner. Beispielsweise codiert es nach vorher festgelegten Kriterien, ob Bürger durch Institutionen und Prozeduren das politische Personal bestimmen können, ob Institutionen das Handeln der Regierung einschränken und ob es im privaten und politischen Leben Bürgerrechte gibt. Demgegenüber steht ein Autokratie-Ranking, das höhere Werte annimmt, wenn Bürger ihr Staatsoberhaupt nicht wählen können und das Staatsoberhaupt unbeschränkte Rechte hat. Zieht man von den Demokratiewerten die Autokratiewerte ab, sieht man auf einer Skala von −10 bis +10, wie demokratisch oder undemokratisch ein Land ist. Vgl. Monty G. Marshall et al., *Polity IV Project. Political Regime Characteristics and Transitions, 1800-2016. Dataset Users' Manual*, http://www.systemicpeace.org/inscr/p4manualv2016.pdf.
3   Manuel Eisner, »Killing Kings: Patterns of Regicide in Europe, AD 600–1800«, in: *The British Journal of Criminology* 51/2011, S. 556–577: 563.
4   Prozentanteil der Länder, die einen Wert von mindestens 5 auf der polity2 Variable des Polity IV Project haben Monty G. Marshall/Ted Robert Gurr/Keith Jaggers, *Polity IV Project: Political Regime Characteristics and Transitions, 1800-2016:* Center for Systemic Peace, 2017, http://www.systemicpeace.org/inscr/p4v2016.xls; dies., *Polity IV Project. Political Regime Characteristics and Transitions, 1800-2016. Dataset Users' Manual:* Center for Systemic Peace, 2017, http://www.systemicpeace.org/inscr/p4manualv2016.pdf.
5   Moynihan, The American Experiment, S. 6.
6   Daniel Philpott, »Christianity and Democracy: The Catholic Wave«, in: *Journal of Democracy* 15/2004, S. 32–46: 33ff.
7   Samuel P. Huntington, »Democracy's Third Wave«, in: *Journal of Democracy* 2/1991, S. 12–34.
8   Ralf Dahrendorf in *Die Zeit*, 14. November 1997, http://www.zeit.de/1997/47/thema.txt.19971114.xml/komplettansicht.
9   Gray, Illusion with a Future, S. 14.
10  Gray, *Straw Dogs*, S. 12.
11  Einen exzellenten Überblick über die derzeitige Demokratisierungsforschung liefern beispielsweise Haggard/Kaufman, »Democratization During the Third Wave«, in: *Annual Review of Political Science* 19/2016, S. 125–144.
12  Der Index der NGO Freedom House dokumentiert im Wesentlichen denselben Trend: Anstieg bis 2006, dann Stagnation auf hohem Level. Freedom House teilt Länder in »frei«, »teilweise frei« und »unfrei« ein. Gibt man freien Ländern einen Wert von 1, teilweise freien Ländern einen Wert von 0,5 und unfreien Ländern einen Wert von 0, steigt der Durchschnittswert aller Länder von 1972 (dem ersten Jahr mit Daten) von dem Wert 0,42 bis 2006 auf 0,62 an und hatte 2015 zuletzt den Wert 0,6.
13  Lediglich in Osteuropa und der Sowjetunion gab es ab 1980 einen Rückgang. Vgl. Sarah Carmichael et al., »Gender Inequality since 1820«, in: Zanden et al. (Hrsg.), *How Was Life?*, S. 217–248: 230, 238.
14  Roberto Stefan Foa/Yascha Mounk, »The Signs of Deconsolidation«, in: *Journal of Democracy* 28/2017, S. 5–16: 6.

15 Vier bekannte Demokratisierungsforscher haben versucht, Foa und Mounks Ergebnisse zu bestätigen. Niemand folgt ihrer Argumentation, da auch ihnen die teils haarsträubenden Fehler aufgefallen sind. Vgl. Pippa Norris, »Is Western Democracy Backsliding? Diagnosing the Risks«; Amy C. Alexander/Christian Welzel, »The Myth of Deconsolidation: Rising Liberalism and the Populist Reaction«; Erik Voeten, »Are People Really Turning Away from Democracy?«, alle in: *Journal of Democracy. Online Exchange on »Democratic Deconsolidation«*, 2017.

16 Christopher J. Fariss, »Respect for Human Rights has Improved Over Time: Modeling the Changing Standard of Accountability«, in: *American Political Science Review* 108/2014, S. 297–318.

17 Seymour Martin Lipset, »Some Social Requisites of Democracy: Economic Development and Political Legitimacy«, in: *The American Political Science Review* 53/1959, S. 69–105: 75ff.; Adam Przeworski, »Democracy as an Equilibrium«, in: *Public Choice* 123/2005, S. 253–273.

18 Denn obwohl das Pro-Kopf-Einkommen der Türkei eher das Doppelte der 6000 Dollar beträgt, ist die Türkei von einer vermeintlich gefestigten Demokratie zu einem Wert von –4 abgerutscht, der »anokratische« Länder kennzeichnet. Diese kann man nicht mehr demokratisch, aber auch noch nicht vollkommen autokratisch nennen. Weit entfernt ist die Türkei allerdings nicht mehr von einer Autokratie, die ab –6 Punkten beginnt.

19 Gray, *False Dawn*, S. 21.

20 Carles Boix, »Democracy, Development, and the International System«, in: *American Political Science Review* 105/2011, S. 809–828: 820ff.

21 R. J. Rummel, »Democracy, Power, Genocide, and Mass Murder«, in: *Journal of Conflict Resolution* 39/1995, S. 3-26; Barbara Harff, »No Lessons Learned from the Holocaust? Assessing Risks of Genocide and Political Mass Murder since 1955«, in: *American Political Science Review* 97/2003, S. 57–73: 70.

**Wird die Welt dümmer?**

1 Heiner Rindermann, »The G-Factor of International Cognitive Ability Comparisons: The Homogeneity of Results in Pisa, Timss, Pirls and IQ-Tests across Nations«, in: *European Journal of Personality* 21/2008, S. 667–706; Stig Hebbelstrup/Rye Rasmussen, »Cognitive Ability Rivals the Effect of Political Sophistication on Ideological Voting«, in: *Political Research Quarterly* 69/2016, S. 773–787; Noah A. Shamosh/Jeremy R. Gray, »Delay Discounting and Intelligence: A Meta-Analysis«, in: *Intelligence* 36/2008, S. 289–305; Aron K. Barbey et al., »Distributed Neural System for Emotional Intelligence Revealed by Lesion Mapping«, in: *Social Cognitive and Affective Neuroscience* 9/2014, S. 265–272; Brie Diamond et al.; »Individual and Group IQ Predict Inmate Violence«, in: *Intelligence* 40/2012, S. 115–122.

2 Read D. Tuddenham, »Soldier Intelligence in World Wars I and II«, in: *American Psychologist* 3/1948, S. 54–56.

3 James R. Flynn, »The Mean IQ of Americans: Massive Gains 1932 to 1978«, in: *Psychological Bulletin* 95/1984, S. 29–51; ders., »Massive IQ Gains in 14 Nations:

What IQ Tests Really Measure«, in: *Psychological Bulletin* S, 1987, S. 171–191; J. Pietschnig/M. Voracek, »One Century of Global IQ Gains: A Formal Meta-Analysis of the Flynn Effect (1909-2013)«, in: *Perspectives on Psychological Science* 10/2015, S. 282–306.
4 Alexander Luria, *Cognitive Development: Its Cultural and Social Foundations*, Cambridge 1976, S. 108ff.
5 Für die Nutzung der Daten vgl. Silverman, »Simple Reaction Time: It Is Not What It Used to Be«, in: *The American Journal of Psychology* 123/2010, S. 39–50. Für die Ableitung des IQ-Niedergangs und das dysgenische Argument vgl. Woodley/te Nijenhuis/Murphy, »Were the Victorians Cleverer than Us? The Decline in General Intelligence Estimated from a Meta-Analysis of the Slowing of Simple Reaction Time«, in: *Intelligence* 41/2013, S. 843–850: 848.
6 Peter H. Venables/Adrian Raine, »The Impact of Malnutrition on Intelligence at 3 and 11 Years of Age: The Mediating Role of Temperament«, in: *Developmental Psychology* 52/2016, S. 205–220.
7 James Flynn, »Secular Changes in Intelligence«, in: Kaufman/Sternberg (Hrsg.), *The Cambridge Handbook of Intelligence*, Cambridge 2011, S. 647–665: 652ff.
8 Leeuwen/Leeuwen-Li 2014: 94, Daten aus Clio Infra Project.
9 United Nations, *Millennium Development Goals*, S. 25.
10 Carmichael, Gender Inequality, S. 237.
11 Kaushik Basu, »Child Labor: Cause, Consequence, and Cure, with Remarks on International Labor Standards«, in: *Journal of Economic Literature* 37/1999, S. 1.083–1.119: 1087; ILO 2017: *Global Estimates of Child Labour: Results and Trends, 2012-2016*, http://www.ilo.org/wcmsp5/groups/public/---dgreports/---dcomm/documents/publication/wcms_575499.pdf, S. 38, hier werden 11,7 Prozent der 12- bis 14-Jährigen genannt, es ist anzunehmen, dass die Zahl für 10- bis 14-Jährige etwas niedriger ist.
12 Vgl. allgemein für Bildung Gapminder, The Ignorance Project, S. 6, vgl. für Mädchen Rosling, *Factfulness*, S. 42.
13 Weltbank Daten 2017, https://data.worldbank.org/indicator/SE.TER.ENRR.
14 Vgl. David M. Fergusson, »Show Me the Child at Seven II: Childhood Intelligence and Later Outcomes in Adolescence and Young Adulthood«, in: *Journal of Child Psychology and Psychiatry* 46/2005, S. 850–858; Gil Greengross/Geoffrey Miller, »Humor Ability Reveals Intelligence, Predicts Mating Success, and is Higher in Males«, in: *Intelligence* 39/2011, S. 188–192.
15 Siehe die Konzeption mechanischer Solidarität bei Emile Durkheim, *Über soziale Arbeitsteilung. Studie über die Organisation höherer Gesellschaften*, Frankfurt a. M. 1977 [1893], S. 6f. und die traditionalen Handelns bei Max Weber, *Wirtschaft und Gesellschaft. Grundriß der verstehenden Soziologie*, 1976 [1922], S. 12.
16 Goldin/Katz, *The Race*. Wobei natürlich auch wichtig ist, denen zu helfen, die im Rennen nicht mehr mithalten können.
17 Richard Lynn/John Harvey, »The Decline of the World's IQ«, in: *Intelligence* 36/2008, S. 112–120; James R. Flynn, »The ›Flynn Effect‹ and Flynn's Paradox«, in: *Intelligence* 41/2013, S. 851–857: 852ff.

18 Edward Dutton et al., »The Negative Flynn Effect: A Systematic Literature Review«, in: *Intelligence* 59/2016, S. 163-169.

**Wird die Welt unglücklicher?**

1 Barry Schwartz, *The Paradox of Choice: Why More Is Less*, New York 2004, insbesondere Kapitel 10; Alain Ehrenberg, *Das erschöpfte Selbst. Depression und Gesellschaft in der Gegenwart*, Frankfurt a. M. 2008, S. 20; vgl. zur Sicht der kritischen Theorie ebenfalls Herman, *Propheten des Niedergangs*, S. 340; P. Susan Jackson/Jean Peterson, »Depressive Disorder in Highly Gifted Adolescents«, in: *Journal of Secondary Gifted Education* 14/2003, S. 175-186: 181.
2 Dirk Richte et al., »Nehmen psychische Störungen zu? Eine systematische Literaturübersicht«, in: *Psychiatrische Praxis* 35/2008, S. 321-330: 327.
3 WHO, *Suicide*.
4 Dies zeigt sich auch, wenn man die Lebenszufriedenheit der Menschen einfach damit erklärt, ob ihr Land sich in der Gruppe der Länder mit mehr als 17 000 US-Dollar Wohlstand pro Person befindet oder nicht. Bevölkerungen von Ländern, die jährlich pro Person mehr als 17 000 US-Dollar haben, sind auf der Skala von 1 bis 10 um ganze 1,7 Punkte zufriedener als Bevölkerungen in Ländern mit weniger als 17 000 US-Dollar jährlich pro Person. Im letzten Schritt kann man sich dann noch fragen, ob das daran liegt, dass eine Bevölkerung zufriedener ist, wenn sie schon immer zum Club der reichen Länder gehört hat oder ob eine Bevölkerung auch zufriedener wird, wenn sie anfängt, neu dazuzugehören (ein sogenannter *between und within* Effekt). Dabei zeigt sich, dass beides eine Rolle spielt: Nicht nur sind Bevölkerungen von Ländern, die schon immer mehr als 17 000 US-Dollar pro Person hatten, über alle Zeitpunkte hinweg 1,2 Punkte zufriedener als Bevölkerungen von Ländern, die noch nie zum Club der reichen Länder gehörten. Auch gewinnt die Bevölkerung eines Landes im Schnitt ebenfalls 0,5 Lebenszufriedenheitspunkte hinzu, wenn sie anfängt, zu den Ländern mit mehr 17 000 US-Dollar pro Person zu gehören.
5 World Values Survey 2016, Variable A170; Penn World Tables 9.0, Variable rgdpe, geteilt durch pop.
6 Dass der Zusammenhang logarithmisch ist, bedeutet, dass eine Verdoppelung der Wirtschaftskraft unabhängig vom Ausgangslevel immer den gleichen Effekt hat. Ein armes Land, in dem ein durchschnittlicher Einwohner nur 1000 Dollar hat, kann die Lebenszufriedenheit seiner Bevölkerung durch eine Verdoppelung des Wohlstands auf 2000 Dollar genauso steigern wie ein reiches Land, das seinen Wohlstand von 30 000 Dollar auf 60 000 verdoppelt. In beiden Fällen hat sich der Wohlstand verdoppelt, aber einmal durch eine Steigerung um 1000 auf 2000 Dollar und einmal durch eine Steigerung um 30 000 auf 60 000 Dollar. Das heißt, auch reichere Länder können durch mehr Wohlstand eine zufriedenere Bevölkerung bekommen. Aber sie müssen immer mehr Geld in die Hand nehmen, um denselben Zuwachs zu erreichen.
7 Die Standardabweichung der Lebenszufriedenheit zeigt, wie stark sich die

Lebenszufriedenheit zwischen Menschen unterscheidet. Vgl. Andrew E. Clark, »Happiness, Income and Poverty«, in: *International Review of Economics*, 2017, S. 1–14.
8 Gray, Illusion with a Future.

**Warum wir die Welt nur besser machen können, wenn wir sie sehen, wie sie wirklich ist**
1 Einige der von Tetlock befragten Experten machten jedoch auch Vorhersagen, die häufiger zutrafen, als dies durch Zufall passiert wäre. Was also haben diese Experten anders gemacht? Sie waren nicht von einer Idee geleitet, sondern haben Daten aus verschiedenen Quellen aggregiert. Sie haben in Wahrscheinlichkeiten gedacht. Sie haben andere gebeten, ihre Vorhersagen und ihren Denkweg zu kritisieren, und so versucht, eigene Fehler nicht zu verdecken, sondern aus diesen zu lernen, um gegebenenfalls ihre Meinung zu ändern (siehe Philip E Tetlock/Dan Gardner, *Superforecasting: The Art and Science of Prediction*, New York, 2015). Diese Art zu denken, also aufgrund von empirischen Daten und nicht aufgrund großer Ideen auf die Zukunft zu schließen, scheint die einzig gangbare Möglichkeit zu sein, zumindest mehr über die Zukunft aussagen zu können als ein per Zufall auswählender Schimpanse (wenn auch nicht viel mehr).
2 Niklas Luhmann, *Die Realität der Massenmedien,* Opladen 1996, S. 9.
3 Dunlap/Gallup/Gallup, Of Global Concern, S. 6.
4 Birgit van Eimeren et al., »Medienvertrauen und Informationsverhalten von politischen Zweiflern und Entfremdeten. Analysen auf Basis der Studie ›Medien als Träger politischer Information‹ (›Medien und ihr Publikum‹) 2017 und der BR-Studie ›Informationen fürs Leben‹ 2016«, in: *Media Perspektiven* 11/2017, S. 538–554: 54F1f.; TNS Emnid: *Umfrage im Auftrag von »Auf einen Blick«*. 2015; *Glaubwürdigkeit der Medien. Eine Studie im Auftrag des Westdeutschen Rundfunks,* https://presse.wdr.de/plounge/wdr/unternehmen/2017/01/_pdf/ WDR-Glaubwuerdigkeit_final.pdf, S. 6.
5 Eimeren, Medienvertrauen, S. 542; *Bürgerbefragung Öffentlicher Dienst. Einschätzungen, Erfahrungen und Erwartungen,* https://www.dbb.de/fileadmin/ pdfs/2016/forsa_2016.pdf, S. 11; *Glaubwürdigkeit der Medien,* S. 6; *Wenig Vertrauen in Medienberichterstattung,* https://www.infratest-dimap.de/umfragen-analysen/bundesweit/umfragen/aktuell/wenig-vertrauen-in-medienberichterstattung/.
6 *Glaubwürdigkeit der Medien,* S. 8. Eimeren, Medienvertrauen, S. 546.
7 Ulrik Haagerup, *Constructive News: Warum »bad news« die Medien zerstören und wie Journalisten mit einem völlig neuen Ansatz wieder Menschen berühren,* Salzburg 2015.
8 http://www.ndr.de/kultur/kulturdebatte/NDR-Debatte-Zu-viele-Probleme-zu-wenige-Perspektiven,constructivejournalism104.html. Kritisch muss man jedoch auch anmerken, dass bisher weitreichende Belege, wonach konstruktiver Journalismus die Quote erhöht, fehlen.
9 Das Statistische Bundesamt dokumentierte 9816 tödliche Haushaltsunfälle für

2015, vgl. Destatis 2017: 4. Geht man damit von 9816/365 = 26,9 täglichen Todesfällen aus, kommt man annähernd auf das doppelte der 14 Terrortoten.
10  Gordon, *Rise and Fall*; Piketty, *Capital*; Lawrence H. Summers, »The Age of Secular Stagnation: What It Is and What to Do About It«, in: *Foreign Affairs 2016*.
11  Eimeren, Medienvertrauen, S. 546.
12  Deborah A. Small et al. »Sympathy and Callousness: The Impact of Deliberative Thought on Donations to Identifiable and Statistical Victims«, in: *Organizational Behavior and Human Decision Processes* 102/2007, S. 143–153; Hagelüken, *Das gespaltene Land*, S. 9.
13  Gray, Illusion with a Future, S. 11.

Die Links innerhalb der Anmerkungen wurden zuletzt im Sommer 2018 überprüft. Sollten Sie dennoch auf einen nicht funktionierenden Link stoßen – was in der Welt der Statistiken durchaus passieren kann –, so bitten wir Sie, dies zu entschuldigen und uns die entsprechende Stelle für etwaige Nachauflagen mitzuteilen.